中華古籍保護計劃

ZHONG HUA GU JI BAO HU JI HUA CHENG GUO

·成果·

湖南省八家收藏單位古籍普查登記目録

（衡陽市·永州市·郴州市）

全國古籍普查登記目録

國家圖書館出版社
National Library of China Publishing House

圖書在版編目(CIP)數據

湖南省八家收藏單位古籍普查登記目録. 衡陽市・永州市・郴州市/《湖南省八家收藏單位古籍普查登記目録. 衡陽市・永州市・郴州市》編委會編. —北京:國家圖書館出版社,2020.12
(全國古籍普查登記目録)
ISBN 978-7-5013-7129-7

Ⅰ.①湖… Ⅱ.①湖… Ⅲ.①古籍—圖書目録—彙編—湖南 Ⅳ.①Z838

中國版本圖書館 CIP 數據核字(2020)第 240856 號

書　　名 湖南省八家收藏單位古籍普查登記目録(衡陽市・永州市・郴州市)
著　　者 《湖南省八家收藏單位古籍普查登記目録(衡陽市・永州市・郴州市)》編委會 編
責任編輯 王 雷

出版發行 國家圖書館出版社(北京市西城區文津街 7 號 100034)
(原書目文獻出版社 北京圖書館出版社)
010-66114536 63802249 nlcpress@nlc.cn(郵購)
網　　址 http://www.nlcpress.com
排　　版 京荷(北京)科技有限公司
印　　裝 河北三河弘翰印務有限公司
版次印次 2020 年 12 月第 1 版 2020 年 12 月第 1 次印刷

開　　本 787×1092(毫米) 1/16
印　　張 20.25
字　　數 420 千字
書　　號 ISBN 978-7-5013-7129-7
定　　價 200.00 圓

《全國古籍普查登記目録》

工作委員會

主　任： 周和平

副主任： 張永新　詹福瑞　劉小琴　李致忠　張志清

委　員（按姓氏筆畫排序）：

于立仁	王水喬	王　沛	王紅蕾	王筱雯
方自今	尹壽松	包菊香	任　競	全　勤
李西寧	李　彤	李忠昊	李春來	李　培
李曉秋	吴建中	宋志英	努　木	林世田
易向軍	周建文	洪　琰	倪曉建	徐欣禄
徐　蜀	高文華	郭向東	陳荔京	陳紅彦
張　勇	湯旭岩	楊　揚	賈貴榮	趙　嫄
鄭智明	劉洪輝	歷　力	鮑盛華	韓　彬
魏存慶	鍾海珍	謝冬榮	謝　林	應長興

《全國古籍普查登記目録》

序　言

全國古籍普查登記工作是“中華古籍保護計劃”的首要任務,是全面開展古籍搶救、保護和利用工作的基礎,也是有史以來第一次由政府組織、參加收藏單位最多的全國性古籍普查登記工作。

2007年國務院辦公廳發布《關於進一步加强古籍保護工作的意見》(國辦發[2007]6號),明確了古籍保護工作的首要任務是對全國公共圖書館、博物館和教育、宗教、民族、文物等系統的古籍收藏和保護狀况進行全面普查,建立中華古籍聯合目録和古籍數字資源庫。2011年12月,文化部下發《文化部辦公廳關於加快推進全國古籍普查登記工作的通知》(文辦發[2011]518號),進一步落實了全國古籍普查登記工作。根據文化部2011年518號文件精神,國家古籍保護中心擬訂了《全國古籍普查登記工作方案》,進一步規範了古籍普查登記工作的範圍、内容、原則、步驟、辦法、成果和經費。目前進行的全國古籍普查登記工作的中心任務是通過每部古籍的身份證——“古籍普查登記編號”和相關信息,建立古籍總臺賬,全面瞭解全國古籍存藏情况,開展全國古籍保護的基礎性工作,加强各級政府對古籍的管理、保護和利用。

《全國古籍普查登記工作方案》規定了全國古籍普查登記工作的三個主要步驟:一、開展古籍普查登記工作;二、在古籍普查登記基礎上,編纂出版館藏古籍普查登記目録,形成《全國古籍普查登記目録》;三、在古籍普查登記工作基本完成的前提下,由省級古籍保護中心負責編纂出版本省古籍分類聯合目録《中華古籍總目》分省卷,由國家古籍保護中心負責編纂出版《中華古籍總目》統編卷。

在黨和政府領導下,在各地區、各有關部門和全社會共同努力下,古籍普查登記工作得以扎實推進。古籍普查已在除臺、港、澳之外的全國各省級行政區域開展,普查内容除漢文古籍外,還包括各少數民族文字古籍,特别是於2010年分别啓動了新疆古籍保護和西藏古籍保護專項,因地制宜,開展古籍普查登記工作;國家古籍保護中心研製的“全國古籍普查登記平臺”已覆蓋到全國各省級古籍保護中心,并進一步研發了“中華古籍索引庫”,爲及時展現古籍普查成果提供有力支持;截至目前,已有11375部古籍進入《國家珍貴古籍名録》,浙江、江蘇、山東、河北等省公布了省級《珍貴古籍名録》,古籍分級保護機制初步形成。

《全國古籍普查登記目録》是古籍普查工作的階段性成果,旨在摸清家底,揭示館藏,反映古籍的基本信息。原則上每申報單位獨立成册,館藏量少不能獨立成册者,則在本省範圍内幾個館目合并成册。無論獨立成册還是合并成册,均編製獨立的書名筆畫索引附於書後。著録的必填基本項目有:古籍普查登記編號、索書號、題名卷數、著者(含著作方式)、版本、册數及存缺卷數。其他擴展項目有:分類、批校題跋、版式、裝幀形式、叢書子目、書影、破損狀况等。有條件的收藏單位多著録的一些擴展項目,也反映在《全國古籍普查登記目録》上。目録編排按古籍普查登記編號排序,内在順序給予各古籍收藏單位較大自由度,可按分類排列古籍普查登記編號,也可按排架號、按同書名等排列古籍普查登記編號,以反映各館特色。

此次全國古籍普查登記工作,克服了古籍數量多、普查人員少、普查難度大等各種困難,也得到了全國古籍保護工作者的極大支持。在古籍普查登記過程中,國家古籍保護中心、各省古籍保護中心爲此舉辦了多期古籍普查、古籍鑒定、古籍普查目録審校等培訓班,全國共1600餘家單位參加了培訓,爲古籍普查登記工作培養了大量人才。同時在古籍普查登記工作中,也鍛煉了普查員的實踐能力,爲將來古籍保護事業發展奠定了良好的基礎。

《全國古籍普查登記目録》的出版,將摸清我國古籍家底,爲古籍保護和利用工作提供依據,也將是古籍保護長期工作的一個里程碑。

國家古籍保護中心
2013年10月

《全國古籍普查登記目録》

編纂凡例

一、收録範圍爲我國境内各收藏機構或個人所藏，産生於1912年以前，具有文物價值、學術價值和藝術價值的文獻典籍，包括漢文古籍和少數民族文字古籍以及甲骨、簡帛、敦煌遺書、碑帖拓本、古地圖等文獻。其中，部分文獻的收録年限適當延伸。

二、以各收藏機構爲分册依據，篇幅較小者，適當合并出版。

三、一部古籍一條款目，複本亦單獨著録。

四、著録基本要求爲客觀登記、規範描述。

五、著録款目包括古籍普查登記編號、索書號、題名卷數、著者、版本、册數、存缺卷等。古籍普查登記編號的組成方式是：省級行政區劃代碼—單位代碼—古籍普查登記順序號。

六、以古籍普查登記編號順序排序。

《湖南省古籍普查登記目録》

工作委員會

主　任： 賀美華

委　員： 伍　藝　雷樹德　鄒序明　伍　濤　王旭明

任　重　陳姣鳳　王蘭偉　劉雪平

《湖南省八家收藏單位古籍普查登記目録（衡陽市·永州市·郴州市）》

編纂委員會

主　編：賀美華

副主編：雷樹德　李　嬌　龔雨璐

編　委（按姓氏筆畫排序）：

于天喜　王芳慧　王　翔　文　慧　李向陽

李曉文　胡安順　郭麗濤　陳紅艷　黄光群

寧一龍　劉忠平　謝祁滿　曠　丹　譚長青

審　校：尋　霖

《湖南省古籍普查登記目録》

前　言

文獻是文化的載體，文化因文獻而得以保存與傳播。湖湘文化之所以綿延千載而不絶，實得益于湖南文獻的傳承。湖南省藏有古舊文獻約150萬册（件），主要集中在湖南圖書館、湖南師範大學圖書館、湖南省社會科學院圖書館，而湖南省博物館、湖南大學嶽麓書院、邵陽市松坡圖書館、邵陽市武岡市圖書館、湘西土家族苗族自治州鳳凰縣圖書館、永州市祁陽縣圖書館、懷化市溆浦縣圖書館、婁底市新化縣圖書館等單位的古籍數量亦以萬計。全省古籍善本達6000部，其中宋元刻本約40部，明刻本2000餘部，湖湘名人稿本、信札、家譜等富有地方特色的文獻蔚爲大觀。

自2007年“中華古籍保護計劃”啓動以來，湖南省古籍普查工作大致經歷了三個階段，其中既有曲折，也有經驗。自2007年10月湖南省文化廳發布《關于做好古籍普查和保護工作的意見》，至2009年6月湖南省人民政府編制辦同意湖南圖書館加挂“湖南省古籍保護中心”的牌子，湖南省古籍保護中心正式成立，此爲湖南省古籍普查工作的宣傳及調查時期。通過宣傳、摸底及各單位自行申報，統計全省約有60餘家單位藏有古籍。2009年7月第九期全國古籍普查培訓班在湖南圖書館舉辦，湖南省古籍普查工作也隨之全面展開。爲了保證普查工作的順利進行，湖南省古籍保護中心除派員參加國家古籍保護中心舉辦的各種培訓班外，也在湖南圖書館及衡陽市、邵陽市、湘西土家族苗族自治州等地區舉辦了多期古籍著録培訓班。之後數年，全省有30餘家單位向省中心提交了館藏古籍目録，然除湖南圖書館、湖南省社會科學院圖書館、湖南中醫藥大學圖書館、湘潭市圖書館、衡陽市圖書館、邵陽市松坡圖書館、祁陽縣圖書館、溆浦縣圖書館等單位原有目録較爲完善外，其餘許多單位的目録，或因著録差錯較多，或因著録項目不完備，都有重核及補充的必要。而此時期國家古籍保護中心的著録規則及項目也在不斷調整變更完善之中。這一時期爲湖南省古籍普查工作的探索發展時期。2013年以後，湖南省古籍保護中心針對古籍著録須具備較豐富的古文獻知識，而各基層圖書館缺乏古籍專業人員，短期培訓無法達到預期目標的現狀，不再要求各單位自行著録、上交數據，而是直接派員下至各單位親自進行著録。這種方式既可保證著録質量，加快工作進展，又可瞭解基層單位古籍保護狀況，發現隱患并及時指出糾正，同時也便于省中心掌握各單位古籍質量，發現其珍貴館藏。至 2016 年 12 月，湖南省古籍保護中心共完成了全省 30 餘家單位的古籍著録，基本上完成了全省的古籍普查登記工作。這一時期，是湖南省古籍普查工作的快速發展時期。

各單位古籍普查登記後，其數據上交省中心，由省中心審校後再遞交國家中心。以往湖南省古籍保護中心每接收一家單位數據後即進行審校，每條數據皆須一一校對。由于數量巨大，不同單位的同條數據往往須重複審核若干次，進展極其緩慢。2016 年 7 月第十五期《全國古籍普查登記目録》審校人員培訓班結業後，我們將所有單位數據按著者統一排列，可將不同單位同一著者的所有著作及其版本集中于一處，既便于發現异同及問題，又可一次性更改。凡有疑問處，則核對"全國古籍普查登記基本數據庫"及"學苑汲古——高校古文獻資源庫"等大型數據庫；無法確定者，則需返回各單位核對原書。此舉大大提高了工作效率，2017 年 3 月完成全省數據的審校工作。

古籍普查是古籍保護及開發的基礎，是全面瞭解各單位古籍收藏數量、版本等情况的重要工作。通過普查，各單位加强了古籍保護意識，瞭解了古籍保護知識，摸清了家底。一些原不爲人所知或原以爲失傳的珍貴文獻也在普查中得以發現，如 2014 年 10 月，湖南省古籍保護中心在對湖南大學嶽麓書院古籍普查中發現元泰定三年（1326）廬陵武溪書院刻《新編古今事文類聚新集》三十六卷《外集》十五卷一部十四册，使湖南省宋元刻本收藏單位增至三家。又如清攸縣胡作傳《獨秀軒文集》一卷（清康熙刻本）、酃縣周士儀《史貫》十一卷（清康熙刻本）、湘潭劉授易《損齋詩集》十二卷（清康熙刻本）、長沙廖元度《覆巢餘筆》一卷（清乾隆長沙際恒堂刻本）、安鄉劉之珩《劉鈍軒先生格物集》四卷（清乾隆刻本），皆爲乾隆禁毁書，此次普查中分别在湖南圖書館、湘潭市圖書館、澧縣圖書館得以發現。清乾隆間寧鄉王文清爲清初湖南經學大師，所著《儀禮分節句讀》爲湘人治《儀禮》最早者，原以爲此書已失傳，今在湖南師範大學圖書館發現清乾隆十二年（1747）刻本一部。邵陽賀金聲爲清末扶清滅洋軍首領，今于邵東縣圖書館發現其文集抄本一册。而中共湖南省委黨校圖書館所藏王夫之《夕堂永日緒論》二卷《船山鼓棹》一卷，乃清康熙四十九年（1710）湘西草堂刻本，爲該書最早的版本。鳳凰縣圖書館藏有清同光間知名人物致貴州提督鳳凰田興恕書信數百頁，多有關貴州平苗及教案史料。普查工作也使省中心對各館藏書質量、特色及保護狀况有了大致的瞭解，如鳳凰縣圖書館多民族文獻，武岡市圖書館多科舉試卷等。

古籍普查之外，湖南省古籍保護中心的其他工作也順利進行。全省共有 319 部古籍入選一至六批《國家珍貴古籍名録》，湖南圖書館、湖南師範大學圖書館、湖南省社會科學院圖書館等3家單位入選“全國古籍重點保護單位”，文獻修復、古籍數字化、整理出版、人才培養、宣傳推廣等方面亦扎實推進，古籍保護意識深入人心，古籍保護成果有目共睹。

《湖南省古籍普查登記目録》是湖南省古籍保護工作的階段性成果，具有里程碑意義。收録古籍普查數據近2.2萬條，按地區分爲五卷，分别爲長沙市・株洲市・湘潭市卷、衡陽市・永州市・郴州市卷、邵陽市・婁底市卷、岳陽市・常德市・益陽市・懷化市卷、湘西土家族苗族自治州卷。古籍目録的重要性和實用性不言而喻，我們希望《湖南省古籍普查登記目録》的出版爲傳承國粹經典、弘揚傳統文化發揮更大的作用。黨和政府對古籍保護工作空前重視，投入大量人力、物力、財力，古籍保護的黄金時期已經到來，湖南省古籍從業人員也將抓住機遇，秉持“人不負書，書以人傳”的信念，在具體而煩瑣的工作中擔當好“守護者”的角色。

《湖南省八家收藏單位古籍普查登記目録(衡陽市・永州市・郴州市)》共收入古籍3932部47498册。

湖南省古籍保護中心
2020年1月

目　録

衡陽市圖書館古籍普查登記目録

全國古籍普查登記目録

國家圖書館出版社
National Library of China Publishing House

430000－2403－0000001　0001－0151
重刊宋本十三經註疏附校勘記　(清)阮元編　清光緒十八年(1892)務本書局刻本　一百五十一冊

430000－2403－0000002　0152－0307
重刊宋本十三經註疏附校勘記　(清)阮元編　清道光六年(1826)刻本　一百五十六冊

430000－2403－0000003　0308－0316
皇清經解　(清)阮元輯　清道光九年(1829)廣東學海堂刻咸豐十一年(1861)補刻本　九冊　存二百七十四卷(六百六十八下、六百七十六上、一千二百五十七至一千五百二十八)

430000－2403－0000004　0317－0479
重刊宋本十三經註疏附校勘記　(清)阮元編　清嘉慶二十年(1815)刻本　一百六十三冊

430000－2403－0000005　0480－0597
十三經註疏　清同治十年(1871)廣東書局刻本　一百十八冊

430000－2403－0000006　0974－1273
皇清經解　(清)阮元編　清刻本　三百冊　存一千三百九十三卷(一至一千二百七十二、一千二百八十至一千四百)

430000－2403－0000007　1274－1297
皇清經解　(清)阮元輯　清光緒十一年(1885)點石齋石印本　二十四冊　存一百九十卷(一至一百九十)

430000－2403－0000008　1298－1398
皇朝五經彙解二百七十卷　(清)抉經心室主人輯　清光緒三年(1877)上海寶文書局石印本　三十二冊

430000－2403－0000009　1330－1807
通志堂經解　(清)納蘭成德輯　清同治十二年(1873)粵東書局刻本　四百七十八冊

430000－2403－0000010　1808－1883
古經解彙函(附小學彙函)　(清)鍾謙鈞等輯　清光緒十四年(1888)上海蜚英館石印本　七十六冊

430000－2403－0000011　1884－1903
古經解彙函附小學彙函　(清)鍾謙鈞等輯　清光緒十四年(1888)上海蜚英館石印本　二十冊

430000－2403－0000012　1904－1923
古經解彙函附小學彙函　(清)鍾謙鈞等輯　清光緒十四年(1888)上海蜚英館石印本　二十冊

430000－2403－0000013　1943－1980
皇清經解　(清)阮元編　清道光九年(1829)廣東學海堂刻咸豐十一年(1861)補刻本　三十八冊

430000－2403－0000014　1931－1953
十三經註疏　清刻本　二十三冊

430000－2403－0000015　2909－2956
經籍籑詁一百六卷　(清)阮元纂輯　清嘉慶三年(1798)刻本　四十八冊

430000－2403－0000016　2957－2967
經籍籑詁並補遺一百六卷　(清)阮元纂輯　清光緒二十年(1894)鴻寶齋石印本　十一冊　存九十八卷(一至五十八、六十七至一百六)

430000－2403－0000017　14822－14825
經典釋文三十卷　(唐)陸德明撰　清光緒八年(1882)刻本　四冊

430000－2403－0000018　3124－3135
經典釋文三十卷　(唐)陸德明撰　清光緒十五年(1889)湖南書局刻本　十二冊

430000－2403－0000019　3136
浙士解經錄四卷　(清)阮元輯　清光緒二十八年(1902)再到亭刻本　一冊　存二卷(一至二)

430000－2403－0000020　3137－3138
經傳釋詞十卷　(清)王引之撰　清道光二十七年(1847)刻本　二冊

430000－2403－0000021　3168－3183
石經彙函十種四十五卷　(清)王秉恩輯　清

光緒十六年(1890)四川新尊經書局刻本　十五冊

430000－2403－0000022　628－659
仿宋相臺五經五種九十六卷　清刻本　三十二冊

430000－2403－0000023　35699－35700
六經奧論六卷首一卷　(宋)鄭樵撰　清康熙京師通志堂刻本　二冊

430000－2403－0000024　3064－3111
經義攷三百卷　(清)朱彝尊撰　清乾隆二十一年(1756)刻本　四十八冊

430000－2403－0000025　9513－9514
述學内篇三卷補遺一卷外篇一卷别錄一卷附錄校刊記　(清)汪中撰　清光緒二十二年(1896)刻本　二冊

430000－2403－0000026　1954－1957
費易　清刻本　四冊

430000－2403－0000027　1958－1963
周易或問六卷　(清)文天駿撰　清同治十三年(1874)湖北崇文書局刻本　六冊

430000－2403－0000028　1970－1973
周易□訣義六卷　(唐)史徵撰　(清)孫星衍註　清嘉慶二年(1797)蘭陵孫氏兖州刻岱南閣叢書本　三冊

430000－2403－0000029　1974－1977
鄭承衮先生易譜十二卷　(清)鄭旒編　清道光六年(1826)刻本　四冊

430000－2403－0000030　1978－1985
讀易初稿八卷　(清)丁敘忠撰　清同治二年(1863)長沙丁氏白芙堂木活字印本　八冊

430000－2403－0000031　1986－1991
黎氏易學五卷　(清)黎定攀撰　清同治三年(1864)木活字本　六冊

430000－2403－0000032　2004－2011
批點周易圖注十五卷　(明)來知德註　清道光二年(1822)同志堂刻本　八冊

430000－2403－0000033　2012－2014
易憲四卷　(明)沈泓撰　清光緒十四年(1888)卓氏刻本　三冊

430000－2403－0000034　2015－2018
周易經義審七卷　(清)盧浙輯註　清同治四年(1865)三芝山房刻本　四冊　存四卷(二至五)

430000－2403－0000035　2019
周易本義二卷　(宋)朱熹撰　清狀元閣刻本　一冊

430000－2403－0000036　2020
周易變通解二卷首一卷末一卷　(清)萬裕沄註　清同治四年(1865)刻本　一冊

430000－2403－0000037　1964－1965
周易□訣義六卷　(唐)史徵撰　清乾隆四十五年(1780)刻本　二冊

430000－2403－0000038　1966－1967
易說六卷　(宋)司馬光撰　清乾隆三年(1738)刻四色套印本　二冊

430000－2403－0000039　1968－1970
吴園周易解九卷　(宋)張根撰　清重刻武英殿聚珍版叢書本　三冊

430000－2403－0000040　1992－1999
大易参訂折中講義補象十卷　(清)朱用行撰　清乾隆二十七年(1762)刻本　八冊

430000－2403－0000041　2000－2003
易經圖注全解　(明)來知德撰　清雍正七年(1729)刻本　四冊

430000－2403－0000042　36213
橫渠先生易說三卷　(宋)張載撰　清康熙刻本　一冊

430000－2403－0000043　2034－2035
書經衷論四卷　(清)張英撰　清光緒二十三年(1897)桐城張氏刻本　二冊

430000－2403－0000044　2036－2039
狀元尚書六卷　(宋)蔡沈集傳　清光緒十九年(1893)金陵奎壁齋刻本　四冊

430000－2403－0000045　2044－2046
尚書二十卷　(漢)孔安國傳　清道光二十三年(1843)刻本　三冊　存十二卷(一至十二)

430000－2403－0000046　2047－2051
尚書孔傳參正三十六卷　王先謙撰　清光緒三十年(1904)虛受堂刻本　五冊

430000－2403－0000047　2052－2055
通德遺書所見錄七十二卷　(清)孔廣林輯　清光緒二十八年(1902)山東書局刻本　四冊

430000－2403－0000048　2056－2065
古文尚書撰異三十三卷　(清)段玉裁撰　清七葉衍祥堂刻本　十三冊　存三十二卷(一至三十二)

430000－2403－0000049　2071－2074
欽定書經圖說五十卷　(清)孫家鼐等纂　清光緒三十一年(1905)石印本　四冊

430000－2403－0000050　35645－35660
欽定書經圖說五十卷　(清)孫家鼐等纂　清光緒三十一年(1905)刻本　十六冊

430000－2403－0000051　35896
禹貢三江攷三卷　(清)程瑤田撰　清抄本　一冊

430000－2403－0000052　2083－2086
毛詩故訓傳鄭箋三十卷　(漢)鄭玄箋　清同治十一年(1872)五雲堂刻本　四冊

430000－2403－0000053　2111－2117
毛詩詁訓二十卷　(漢)毛亨傳　(漢)鄭玄箋　(唐)陸德明音義　(唐)孔穎達疏　清光緒四年(1878)雲南省刻本　七冊　存十八卷(三至二十)

430000－2403－0000054　2087－2098
呂氏家塾讀詩記三十二卷　(宋)呂祖謙撰　清嘉慶十六年(1811)刻本(溪上聽彝堂藏板)　十二冊

430000－2403－0000055　2179－2184
周禮註疏四十二卷　(漢)鄭玄註　(唐)陸德明音義　(唐)賈公彥疏　清同治十三年(1874)湖南書局刻本　六冊　存十七卷(一至十七)

430000－2403－0000056　2185－2186
周禮折衷四卷　(宋)魏了翁撰　清望三益齋刻本　二冊

430000－2403－0000057　2201
丁祭禮樂備考三卷　(清)邱之稑撰　清道光二十年(1840)刻本　一冊

430000－2403－0000058　2210－2212
禮說十四卷　(清)惠士奇撰　清嘉慶三年(1798)蘭陔書屋刻本　三冊　存九卷(一至九)

430000－2403－0000059　2213－2219
禮記纂言三十六卷　(元)吳澄撰　(清)朱軾校補　清刻本　七冊　存十二卷(四至八、十一至十二、十四至十六、二十八、三十六)

430000－2403－0000060　3220－3222
直省釋奠禮樂記六卷　(清)應寶時等撰　清光緒十七年(1891)廣東藩署刻本　三冊

430000－2403－0000061　2223－2228
讀禮叢鈔十六種　(清)汪琬等著　清光緒十七年(1891)長沙刻本　六冊

430000－2403－0000062　2229－2249
欽定禮記義疏八十二卷首一卷　(清)高宗弘曆敕撰　清光緒十六年(1890)刻本　二十一冊　存五十卷(一至二十四、二十七至二十九、五十八至六十五、六十八至八十二)

430000－2403－0000063　2250－2261
欽定禮記義疏八十二卷首一卷　(清)高宗弘曆敕撰　清光緒二十年(1894)刻本　十一冊　存五十六卷(一至二十二、四十九至八十二)

430000－2403－0000064　2118－2123
周禮六卷　(漢)鄭玄註　(唐)陸德明音義　清嘉慶十二年(1807)刻本　五冊

430000－2403－0000065　2124－2143
欽定三禮義疏　(清)允祿等撰　清乾隆十九

年(1754)京師武英殿刻本　二十冊

430000－2403－0000066　2202－2203
參讀禮志疑二卷　(清)汪紱撰　清乾隆三十六年(1771)刻本(棲碧山房藏板)　二冊

430000－2403－0000067　35672
周禮輯義十二卷　(清)姜兆錫輯義　清刻本　一冊

430000－2403－0000068　36211
禮記集說十卷　(元)陳澔集說　清刻本　一冊

430000－2403－0000069　36220
大戴禮記十三卷　(漢)戴德撰　(北周)盧辯註　清同治八年(1869)江蘇書局刻本　一冊　存八卷(六至十三)

430000－2403－0000070　8690－8736
五禮通攷二百六十二卷　(清)秦蕙田編　清咸豐七年(1857)四明鮑氏刻本　四十七冊

430000－2403－0000071　8737－8776
讀禮通考一百二十卷　(清)徐乾學撰　清光緒二十四年(1898)新化三味堂刻本　四十冊

430000－2403－0000072　8570－8689
五禮通攷二百六十二卷　(清)秦蕙田編　清宣統二年(1910)上海掃葉山房石印本　一百二十冊

430000－2403－0000073　2262－2265
春秋大事表摘要四卷　(清)顧棟高編　清光緒二十九年(1903)曉雲山房刻本　四冊

430000－2403－0000074　2301－2306
春秋公羊傳十一卷　(漢)何休撰　(唐)陸德明音義　清光緒十七年(1891)思賢書局刻本　六冊

430000－2403－0000075　2307－2310
春秋穀梁傳十二卷　(晉)范甯集解　清宣統二年(1910)上海會文堂石印本　四冊

430000－2403－0000076　3058－3063
春秋繁露義證十七卷　(漢)董仲舒撰　清宣統二年(1910)刻本　六冊

430000－2403－0000077　2266－2269
半農先生春秋說十五卷　(清)惠士奇撰　清道光二十六年(1846)刻本　四冊

430000－2403－0000078　2270－2286
春秋五傳十七卷首一卷　(明)張岐然編　清乾隆六年(1741)刻本　十七冊

430000－2403－0000079　2291－2300
左傳經世鈔二十三卷　(清)魏禧評點　清乾隆十三年(1748)刻本(聊墨堂藏板)　十冊

430000－2403－0000080　35673－35676
春秋穀梁傳註疏二十卷　(晉)范甯集解　(唐)楊士勛疏　明崇禎八年(1635)毛氏汲古閣刻本　四冊

430000－2403－0000081　36212
則唐先生春秋集傳詳說三十卷綱領一卷　(宋)家鉉翁撰　清康熙六十年(1721)刻本　一冊　存六卷(十七至二十二)

430000－2403－0000082　2381－2386
四書補注備旨十卷　(明)鄧林著　清同治四年(1865)刻本　六冊

430000－2403－0000083　2391－2396
四書釋文十九卷　(清)王賡言增補　清道光二年(1822)諸城王氏刻本　六冊

430000－2403－0000084　2387－2390
四書集注十八卷　(宋)朱熹集註　明刻本　四冊

430000－2403－0000085　2311－2316
爾雅郭注佚存補訂二十卷　(清)王樹枏撰　清光緒十八年(1892)資陽文莫室刻本　六冊

430000－2403－0000086　2317－2318
爾雅經注三卷　(清)龍啟瑞纂　清光緒七年(1881)京廣刻本　二冊

430000－2403－0000087　2341－2348
廣雅疏證十卷　(清)王念孫撰　清光緒五年(1879)淮南書局刻本　八冊

430000－2403－0000088　2349－2356
廣雅疏證十卷　(清)王念孫撰　清光緒五年

(1879)淮南書局刻本　八册

430000－2403－0000089　2357－2364
駢雅訓纂十六卷　(明)朱謀瑋撰　清光緒十二年(1886)知不足齋刻本　八册

430000－2403－0000090　2397－2398
小學六卷　(清)陳選集註　清刻本　二册

430000－2403－0000091　2399－2408
小學類編七種　(清)惠棟撰　清同治十年(1871)刻本(近文堂藏板)　十册

430000－2403－0000092　2417
小學纂注　(清)武廷珍編　三學公局刻本　一册

430000－2403－0000093　2426－2427
六書正譌五卷　(元)周伯琦註　清同治五年(1866)刻本　二册

430000－2403－0000094　2428－2433
說文解字注十五卷　(清)段玉裁撰　清光緒十四年(1888)上海蜚英館石印本　六册

430000－2403－0000095　2446－2453
許氏說文十五卷　(漢)許慎撰　清同治十年(1871)刻本　八册

430000－2403－0000096　2454－2471
說文解字注十五卷　(清)段玉裁撰　清同治十一年(1872)湖北崇文書局刻本　十八册

430000－2403－0000097　2472－2489
說文解字注十五卷　(清)段玉裁撰　清同治十一年(1872)湖北崇文書局刻本　十八册

430000－2403－0000098　2490－2507
汲古閣說文訂十五卷　(清)段玉裁撰　清同治十一年(1872)湖北崇文書局刻本　十八册

430000－2403－0000099　2508－2539
說文解字注箋十四卷　(清)段玉裁撰　清光緒二十年(1894)桂林刻民國三年(1914)京師補刻本　三十二册

430000－2403－0000100　2540－2543
說文段注撰要九卷　(清)馬壽齡撰　清光緒九年(1883)金陵胡氏愚園刻本　四册

430000－2403－0000101　2544－2575
說文解字桂氏義證五十卷　(清)桂馥註　清同治九年(1870)湖北崇文書局刻本　三十二册

430000－2403－0000102　2576－2607
說文解字桂氏義證五十卷　(清)桂馥註　清同治九年(1870)湖北崇文書局刻本　三十二册

430000－2403－0000103　2508－2638
說文解字桂氏義證五十卷　(清)桂馥註　清同治九年(1870)湖北崇文書局刻本　三十一册

430000－2403－0000104　2639－2704
說文通檢十四卷　(清)黎永椿撰　清光緒二年(1876)崇文書局刻本　二册

430000－2403－0000105　2707－2716
說文釋例二十卷　(清)王筠撰　清光緒九年(1883)成都禦風樓刻本　十册

430000－2403－0000106　2717－2718
廣潛研堂說文荅問疏證八卷　(清)承培元撰　清光緒十八年(1892)廣雅書局刻本　二册

430000－2403－0000107　2719－2720
說文解字述誼二卷　(清)毛際盛撰　清刻本　二册

430000－2403－0000108　2721－2722
說文解字通正十四卷　(清)潘奕雋述　清光緒貴池劉氏刻本　二册

430000－2403－0000109　2723－2725
說文發疑七卷　(清)張行孚撰　清宣統二年(1910)上海掃葉山房石印本　三册

430000－2403－0000110　2726－2729
說文校議十五卷　(清)姚文田　(清)嚴可均撰　清同治十三年(1874)歸安姚氏刻本　四册

430000－2403－0000111　2730－2731
說文解字韻譜十卷　(五代)徐鍇撰　清同治

三年(1864)刻本　二册

430000－2403－0000112　2732－2737
說文解字斠詮十四卷　(清)錢坫撰　清光緒淮南書局刻本　六册

430000－2403－0000113　2738－2739
說文解字斠詮十四卷　(清)錢坫撰　清光緒淮南書局刻本　六册

430000－2403－0000114　2756－2758
復古編二卷　(宋)張有撰　清光緒八年(1882)淮南書局刻本　三册

430000－2403－0000115　2767－2774
隸辨八卷　(清)顧藹吉撰　清同治十二年(1873)江西漁古山房刻本　八册

430000－2403－0000116　2319－2324
爾雅註疏參義六卷　(清)姜兆錫撰　清雍正三年(1725)刻本　六册

430000－2403－0000117　2331－2340
爾雅三卷　(晉)郭璞註　清刻本　十册

430000－2403－0000118　2759－2766
隸辨八卷　(清)顧藹吉撰　清乾隆八年(1743)刻本　八册

430000－2403－0000119　3005－3007
龍龕手鑒四卷　(遼)釋行均撰　清乾隆刻本　三册

430000－2403－0000120　3008－3012
廣韻五卷　(宋)陳彭年等修　清康熙四十三年(1704)刻本　五册

430000－2403－0000121　35677－35678
等韻鈔集　(清)□□撰　清朱墨抄本　二册

430000－2403－0000122　35679－35690
直音篇六卷　(明)章道常輯　明嘉靖三十八年(1559)刻本　十二册

430000－2403－0000123　36139－36148
六書分類十二卷　(清)傅世堯輯　(清)傅世磊參訂　清嘉慶六年(1801)刻本　十册

430000－2403－0000124　1
正字通十二卷首一卷附十二字頭　(明)張自烈撰　(清)廖文英輯　清康熙刻本　四十册

430000－2403－0000125　9436
方言十三卷　(漢)揚雄撰　清光緒元年(1875)湖北崇文書局刻本　一册

430000－2403－0000126　2972－2981
集韻十卷　(宋)丁度等修定　清光緒二年(1876)川東官舍刻本　十册

430000－2403－0000127　3026－3029
律音彙攷八卷　(清)邱之稑撰　清宣統三年(1911)瀏陽禮樂局刻本　四册

430000－2403－0000128　3030－3039
古今韻會舉要三十卷　(元)熊忠撰　清光緒九年(1883)淮南書局刻本　十册

430000－2403－0000129　3040－3042
玉篇三十卷　(南朝梁)顧野王撰　清道光三十年(1850)寶慶東山精舍刻本　三册

430000－2403－0000130　3043－3045
廣韻五卷　(宋)陳彭年等編　清刻本　三册

430000－2403－0000131　3046－3051
康熙字典　(清)張玉書等編撰　清光緒二十年(1894)上海寶善局石印本　六册

430000－2403－0000132　28080－28093
韻府拾遺一百六卷　(清)張廷玉等撰　清刻本　十四册　存八十六卷(二十一至一百六)

430000－2403－0000133　0612－0627
四書古注群義彙解九種　(三國魏)何晏撰　(南朝梁)皇侃義疏　清光緒十四年(1888)上海點石齋石印本　十六册

430000－2403－0000134　0660－0973
皇清經解續編一千四百三十卷　王先謙編　清光緒十四年(1888)南菁書院刻本　三百十四册　存一千四百一卷(一至一千四十五、一千七十五至一千四百三十)

430000－2403－0000135　2144－2164
欽定三禮義疏一百七十八卷　(清)允祿等撰　清刻本　二十一册　存四十二卷(三至六、

十一至十六、二十六至二十九、三十四至三十五、四十一至四十六、四十九至五十、五十七至五十八、六十二至六十七、六十九至七十八)

430000－2403－0000136　2187－2200
經韻樓叢書　(清)段玉裁撰　清乾隆、道光間金壇段氏刻本　十三册

430000－2403－0000137　2795－2878
字帖　清同治七年(1868)刻本　十五册

430000－2403－0000138　2968－2971
禮部韻略五卷　(宋)歐陽德隆等原輯　(宋)郭守正校補　清光緒二年(1876)川東官舍刻本　四册

430000－2403－0000139　3141－3144
漢碑引經考六卷　(清)皮錫瑞撰　清光緒三十年(1904)刻本　四册

430000－2403－0000140　3145－3158
師伏堂叢書　(清)皮錫瑞撰　清同治、光緒間刻本　十四册

430000－2403－0000141　3159－3163
漢碑引經考六卷　(清)皮錫瑞撰　清同治十年(1871)刻本　五册

430000－2403－0000142　3164－3167
汗簡箋證七卷　(五代)郭忠恕撰　清光緒十五年(1889)廣雅書局刻本　四册

430000－2403－0000143　2069－2070
洪範圖說四卷　(清)舒俊鯤撰　清乾隆三十七年(1772)刻本　二册

430000－2403－0000144　3320－4030
二十四史　清光緒二十九年(1903)五洲同文書局石印本　七百七十册

430000－2403－0000145　4732－4983
二十四史　清光緒三十四年(1908)上海集成圖書公司鉛印本　二百五十二册

430000－2403－0000146　4984－5023
二十四史　清同治五省官書局刻本　四十册

430000－2403－0000147　5024－5048
二十四史　清光緒十八年(1892)武林竹簡齋石印本　二十四册

430000－2403－0000148　5049－5065
二十四史　上海同文書局石印本　十七册

430000－2403－0000149　5066－5089
十七史商榷一百卷　(清)王鳴盛撰　清光緒二十九年(1903)上海點石齋石印本　二十四册

430000－2403－0000150　9913－9930
歷代名賢列女氏姓譜一百五十七卷　(清)蕭智漢纂　清乾隆五十七年(1792)聽濤山房刻本　存十八册

430000－2403－0000151　4031－4622
二十一史　清乾隆武英殿刻本　五百九十二册

430000－2403－0000152　4623－4731
十七史　(明)毛晉編　明崇禎至清順治琴川毛氏汲古閣刻本　十四册

430000－2403－0000153　5106－5126
十七史　(明)毛晉編　明崇禎至清順治琴川毛氏汲古閣刻本　十七册

430000－2403－0000154　5336－5349
十七史　(明)毛晉編　明崇禎至清順治琴川毛氏汲古閣刻本　十四册

430000－2403－0000155　5321－5331
舊五代史一百五十卷　(宋)薛居正等撰　清乾隆四十年(1775)刻本　十一册　存三十八卷(一至三十八)

430000－2403－0000156　5350－5366
明史三百三十二卷　(清)張廷玉等撰　清刻本　十七册

430000－2403－0000157　5367－5439
明史三百三十二卷　(清)張廷玉等撰　清刻本　七十三册

430000－2403－0000158　5093－5097
史記一百三十卷　(漢)司馬遷撰　石印本

五冊　存三十卷（十三至四十二）

430000－2403－0000159　5127－5142
前漢書一百卷　（漢）班固撰　清同治八年（1869）金陵書局刻本　十六冊

430000－2403－0000160　5143－5158
後漢書一百二十卷　（南朝宋）范曄撰　（唐）李賢註　**志三十卷**　（晉）司馬彪撰　（南朝梁）劉昭註　清同治八年（1869）金陵書局刻本　十六冊

430000－2403－0000161　5159－5190
前漢書補注一百卷　王先謙撰　清光緒二十六年（1900）長沙王氏校刻本　三十二冊

430000－2403－0000162　5191－5206
前漢書一百卷　（漢）班固撰　清同治十二年（1873）嶺東使署刻本　十六冊

430000－2403－0000163　5207－5222
後漢書一百二十卷　（南朝宋）范曄撰　（唐）李賢註　**續志**　（晉）司馬彪撰　（南朝梁）劉昭註　清同治十二年（1873）嶺東使署校刻本　十六冊

430000－2403－0000164　5253－5254
續漢書三十卷　（南朝梁）劉昭註補　清同治八年（1869）金陵書局刻本　二冊

430000－2403－0000165　5255－5268
後漢書一百二十卷　（南朝宋）范曄撰　（唐）李賢註　**續志**　（晉）司馬彪撰　（南朝梁）劉昭註　清光緒十年（1884）上海同文書局石印本　十四冊　存五十一卷（七十至一百二十）

430000－2403－0000166　5269－5274
後漢書一百二十卷　（南朝宋）范曄撰　（唐）李賢註　**續志**　（晉）司馬彪撰　（南朝梁）劉昭註　清光緒三十一年（1905）武林竹簡齋石印本　六冊　存八十一卷（四十至一百二十）

430000－2403－0000167　5275－5276
三國志六十五卷　（晉）陳壽撰　清光緒三十一年（1905）武林竹簡齋石印本　二冊　存三十卷（一至三十）

430000－2403－0000168　5277－5286
三國志六十五卷　（晉）陳壽撰　清光緒三十一年（1905）江南書局仿汲古閣刻本　十冊

430000－2403－0000169　5287－5288
三國志六十五卷　（晉）陳壽撰　清光緒十八年（1892）武林竹簡齋石印本　二冊

430000－2403－0000170　5289－5297
晉書一百三十卷　（唐）房玄齡等撰　清江南書局刻本　九冊　存五十四卷（五至十、二十七至三十、四十六至七十四、一百十六至一百三十）

430000－2403－0000171　5298－5315
隋書八十五卷　（唐）魏徵等撰　清同治十年（1871）淮南書局刻本　十八冊　存七十八卷（一至十一、十五至三十、三十五至八十五）

430000－2403－0000172　5316
隋書經籍志考證十三卷　（清）章宗源撰　清光緒三年（1877）湖北崇文書局刻本　一冊　存六卷（一至六）

430000－2403－0000173　5317－5320
隋書經籍志考證十三卷　（清）章宗源撰　清光緒三年（1877）湖北崇文書局刻本　四冊

430000－2403－0000174　6497－6504
遼史拾遺二十四卷　（清）厲鶚撰　清光緒二十五年（1899）江蘇書局刻本　八冊

430000－2403－0000175　6505－6506
遼史拾遺補五卷　（清）楊復吉輯　清光緒三年（1877）江蘇書局刻本　二冊

430000－2403－0000176　6710
曾侯日記一卷　（清）曾紀澤撰　清光緒七年（1881）上海申報館聚珍仿宋鉛印本　一冊

430000－2403－0000177　6857－6865
歷代名臣言行錄二十四卷　（清）朱桓輯　清光緒二十九年（1903）上海吳雲記鉛印本　九冊

430000－2403－0000178　6866－6890
歷代名臣言行錄二十四卷　（清）朱桓輯

(清)潘永季核定　清光緒十一年(1885)刻本　二十五册

430000－2403－0000179　6891－6904
宋名臣言行錄前集十卷後集十四卷　(宋)朱熹輯　**續集八卷外集十七卷别集二十六卷**　(宋)李幼武補輯　清同治七年(1868)臨川桂氏刻本　十四册

430000－2403－0000180　6917－6940
國朝先正事略六十卷　(清)李元度纂　清同治五年(1866)循陔草堂刻本　二十四册

430000－2403－0000181　6947
金陵先正言行錄六卷　(清)陳作霖撰　清光緒江楚書局刻本　一册

430000－2403－0000182　6436－6459
尚史七十卷　(清)李鍇撰　清刻本　二十三册

430000－2403－0000183　6770－6823
弘簡錄二百五十四卷　(明)邵經邦撰　清康熙二十七年(1688)刻本　五十四册

430000－2403－0000184　6833－6848
歷代名臣傳三十五卷　(清)朱軾輯　清雍正七年(1729)刻本　十六册

430000－2403－0000185　6849－6852
歷代名儒傳八卷　(清)朱軾等編　清雍正七年(1729)刻本　四册

430000－2403－0000186　6853－6856
歷代循吏傳八卷　(清)朱軾輯　清雍正七年(1729)刻本　四册

430000－2403－0000187　6905－6916
宋名臣言行錄前集十卷　(宋)朱熹撰　(宋)李幼武補編　明崇禎十一年(1638)刻本　十二册

430000－2403－0000188　35739－35761
北史一百卷　(唐)李延壽撰　清乾隆四年(1739)刻本　二十三册

430000－2403－0000189　35776－35795
函史下編二十一卷　(明)鄧元錫撰　清康熙二十一年(1682)刻本　二十册

430000－2403－0000190　35796－35843
函史上編八十一卷　(明)鄧元錫撰　清康熙十年(1671)刻本　四十八册

430000－2403－0000191　30075－30078
增補姓氏族譜箋釋八卷　(清)熊峻運撰　清刻本(文光堂藏板)　四册

430000－2403－0000192　5540－5549
欽定明鑒二十四卷　(清)托津等編纂　清同治四年(1865)崇文書局刻本　十册

430000－2403－0000193　5562－5581
明紀六十卷　(清)陳鶴撰　清同治七年(1868)刻本　二十册

430000－2403－0000194　5550－5556、5582－5614
明通鑑一百二十卷　(清)夏燮編　清光緒二十三年(1897)湖北官書處刻本　四十册

430000－2403－0000195　5615－5714
資治通鑑二百九十四卷　(宋)司馬光撰　清同治八年(1869)江蘇書局刻本　一百册

430000－2403－0000196　2
續資治通鑑長編三百二十卷　(宋)李燾撰　清光緒七年(1881)浙江書局刻本　一百二十册

430000－2403－0000197　5835－5894
續資治通鑑二百二十卷　(清)畢沅編　清同治八年(1869)江蘇書局刻本　五十九册

430000－2403－0000198　5895－5904
資治通鑑　(宋)司馬光撰　清刻本　十册

430000－2403－0000199　5905－5910
續資治通鑑二百二十卷　(清)畢沅編　清刻本　六册

430000－2403－0000200　5911－5937
資治通鑑二百九十四卷　(宋)司馬光撰　清光緒二十四年(1898)積山書局石印本　二十七册　存二百十九卷(一至二十五、二十九至二百四、二百七十七至二百九十四)

430000－2403－0000201　5938－5959
續資治通鑑三百二十卷　(清)畢沅編　清光緒二十四年(1898)積山書局石印本　二十二册

430000－2403－0000202　5960
通鑑釋文辯誤十二卷　(元)胡三省撰　清光緒十六年(1890)積山書局石印本　一册

430000－2403－0000203　5962－5993
了凡綱鑒補三十九卷　(明)袁黄編纂　清光緒二十九年(1903)經綸森寶刻本　三十二册

430000－2403－0000204　6026－6034
御批通鑑綱目正編五十九卷　(清)聖祖玄燁敕纂　清刻本　九册

430000－2403－0000205　6035－6094
御批通鑑輯覽一百二十卷　(清)高宗弘曆敕撰　清同治八年(1869)湖北書局刻本　五十一册

430000－2403－0000206　6095－6154
御批通鑑輯覽一百二十卷　(清)高宗弘曆敕撰　清光緒二十四年(1898)湖北書局刻本　六十册

430000－2403－0000207　6155－6170
御批歷代通鑑輯覽一百二十卷　(清)高宗弘曆敕撰　清刻本　十六册　存一百十卷(十一至一百二十)

430000－2403－0000208　6171－6188
御批歷代通鑑輯覽一百二十卷　(清)傅恒等纂　清光緒三十一年(1905)商務印書館鉛印本　十八册　存八十六卷(一至五、十一至二十五、四十、五十一至八十五、九十一至一百二十)

430000－2403－0000209　6189－6207
御批歷代通鑑輯覽一百二十卷　(清)傅恒等纂　清光緒十三年(1887)同文書局石印本　十九册　存一百十五卷(一至六十七、七十三至一百二十)

430000－2403－0000210　6208－6227
御批通鑑輯覽一百二十卷　(清)傅恒等纂　清光緒二十七年(1901)慎記書莊石印本　十册

430000－2403－0000211　6228－6247
御批通鑑輯覽一百二十卷　(清)傅恒輯　清光緒二十九年(1903)通元書局石印本　二十册　存一百十九卷(一至八十二、八十四至一百二十)

430000－2403－0000212　6277－6288
御批分類歷代通鑑輯覽六十四卷末一卷　(清)陳善勗撰　清光緒二十九年(1903)上海點石齋書局石印本　十二册

430000－2403－0000213　29727－29741
續資治通鑑綱目二十七卷　(明)陳仁錫評閲　清刻本　十五册

430000－2403－0000214　35704－35738
資治通鑑綱目五十九卷　(明)陳仁錫評閲　清刻本　三十四册

430000－2403－0000215　6665－6704
東華續録一百二十卷　王先謙編　清刻本　四十册　存四十四卷(一至四十四)

430000－2403－0000216　9072－9075
資治通鑑釋文三十卷　(宋)史炤撰　清光緒五年(1879)吴興陸氏十萬卷樓刻本　四册

430000－2403－0000217　9076－9079
綱鑑總論二卷　(清)陳受頤撰　清光緒二十三年(1897)澹雅書局刻本　三册

430000－2403－0000218　9146－9149
稽古録二十卷　(宋)司馬光撰　清同治十一年(1872)湖北崇文書局刻本　四册

430000－2403－0000219　2288－2290
春秋別典十五卷　(明)薛虞畿撰　清康熙刻本　三册

430000－2403－0000220　5440－5539
通鑑綱目一百十二卷　(明)陳仁錫評閲　明崇禎三年(1630)刻本　一百册

430000－2403－0000221　6289－6300

左傳紀事本末五十三卷 （清）高士奇撰 清同治十二年(1873)江西書局刻本 十二册

430000－2403－0000222 6301－6311
通鑑紀事本末二百三十九卷 （宋）袁樞撰 清同治十二年(1873)江西書局刻本 十一册 存七十四卷(一至三十二、一百三十六至一百七十七)

430000－2403－0000223 6312－6331
宋史紀事本末一百九卷 （明）馮琦編 （明）陳邦瞻增訂 清同治十三年(1874)江西書局刻本 二十册

430000－2403－0000224 6332－6335
元史紀事本末二十七卷 （明）陳邦瞻撰 （明）張溥論正 清同治十三年(1874)江西書局刻本 四册

430000－2403－0000225 6336－6355
明史紀事本末八十卷 （清）谷應泰編輯 清同治十三年(1874)江西書局刻本 二十册

430000－2403－0000226 6356－6391
通鑑紀事本末二百三十九卷 （宋）袁樞編輯 清同治十三年(1874)江西書局刻本 三十六册 存六十六卷(一至六十四、二百三十八至二百三十九)

430000－2403－0000227 6392－6411
宋史紀事本末一百九卷 （明）馮琦編 （明）陳邦瞻增訂 清同治十三年(1874)江西書局刻本 二十册

430000－2403－0000228 6412－6415
元史紀事本末二十七卷 （明）陳邦瞻撰 （明）張溥論正 清同治十三年(1874)江西書局刻本 四册

430000－2403－0000229 6416－6434
明史紀事本末八十卷 （清）谷應泰編輯 清同治十三年(1874)江西書局刻本 十九册 存七十六卷(四至七十九)

430000－2403－0000230 6601－6610
明季南略十八卷 （清）計六奇撰 清光緒北京半松居士刻本 十册

430000－2403－0000231 6611－6620
明季北略二十四卷 （清）計六奇撰 清光緒北京半松居士刻本 十册

430000－2403－0000232 29870－29889、35762
繹史一百六十卷 （清）馬驌撰 清康熙十年(1671)刻本 二十一册 存八十六卷(一至八十六)

430000－2403－0000233 6417－6471
天聖明道本國語二十一卷 （三國吳）韋昭註 清同治八年(1869)湖北崇文書局重刻黄氏讀未見書齋本 五册

430000－2403－0000234 6472－6476
戰國策三十三卷 （漢）高誘註 （宋）姚宏補註 清同治八年(1869)湖北崇文書局刻本 五册

430000－2403－0000235 6587－6590
明季稗史彙編十六種二十七卷 （清）留雲居士輯 清光緒二十二年(1896)上海圖書集成印書局鉛印本 三册

430000－2403－0000236 6591－6594
烈皇小識八卷 （明）文秉撰 清都城琉璃廠留雲居士木活字本 四册

430000－2403－0000237 6705－6706
平浙紀略十六卷 （清）陳鍾英等編 清光緒元年(1875)上海申報館鉛印本 二册

430000－2403－0000238 6460－6466
路史四十七卷 （宋）羅泌纂 明萬曆三十九年(1611)刻本 七册

430000－2403－0000239 35903－35906
東觀漢記二十四卷 （漢）劉珍等撰 清道光七年(1827)刻本 四册

430000－2403－0000240 36240
續藏書二十七卷 （明）李贄撰 （明）陳仁錫評正 明萬曆三十九年(1611)刻本 一册

430000－2403－0000241 6477－6496
十六國春秋一百卷 （北魏）崔鴻撰 清乾隆

四十六年(1781)刻本　十九册

430000－2403－0000242　9050
歷代帝王年表三卷　(清)齊召南編　(清)阮福續編　清刻本　一册　存二卷(一至二)

430000－2403－0000243　9051－9054
四裔編年表四卷　(美國)林樂知　(清)嚴良勛譯　(清)李鳳苞編　清光緒二十三年(1897)江南製造局鉛印本　四册

430000－2403－0000244　35763－35766
史記鈔四卷　(清)高嵣集評　清乾隆五十三年(1788)刻本(善成堂藏板)　四册

430000－2403－0000245　9155－9174
岣嶁鑒撮四卷　(清)曠敏本撰　清乾隆四十年(1775)刻本　二十册

430000－2403－0000246　17662－17665
十國雜事詩十七卷敘目二卷　(清)饒智元撰　清光緒十七年(1891)刻本　四册

430000－2403－0000247　9080－9083
史通通釋二十卷　(清)浦起龍撰　清乾隆十七年(1752)求放心齋刻本　四册

430000－2403－0000248　9126－9145
十七史商榷一百卷　(清)王鳴盛撰　清乾隆五十二年(1787)刻本　二十册

430000－2403－0000249　9084－9097
廿二史劄記三十六卷　(清)趙翼撰　清光緒二十六年(1900)新化西畲山館刻本　十四册

430000－2403－0000250　9438
獨斷一卷　(漢)蔡邕撰　清光緒元年(1875)湖北崇文書局刻本　一册

430000－2403－0000251　7637－7676
通典二百卷　(唐)杜佑撰　清乾隆十二年(1747)刻本　四十册

430000－2403－0000252　7677－7796
文獻通考三百四十八卷　(元)馬端臨撰　清乾隆十二年(1747)刻本　一百二十册

430000－2403－0000253　7797－7936
通志二百卷　(宋)鄭樵撰　清乾隆十四年(1749)京師武英殿刻本　一百四十册

430000－2403－0000254　8537－8562
通志二十略五十二卷　(宋)鄭樵撰　明嘉靖二十九年(1550)陳宗夔刻清乾隆十三年(1748)重印本　二十六册

430000－2403－0000255　7636
三通序一卷　蔣德鈞輯　清光緒十四年(1888)蔣氏求实齋刻本　一册

430000－2403－0000256　7637－7676
皇朝通典一百卷　(清)高宗弘曆敕撰　清光緒浙江書局刻本　四十册

430000－2403－0000257　7677－8136
皇朝文獻通考三百卷　(清)高宗弘曆敕撰　清光緒浙江書局刻本　一百六十册

430000－2403－0000258　8137－8177
皇朝通志一百三十六卷　(清)高宗弘曆敕撰　清光緒浙江書局刻本　四十册

430000－2403－0000259　8177－8216
欽定續通典一百五十卷　(清)高宗弘曆敕撰　清光緒浙江書局刻本　四十册

430000－2403－0000260　8127－8366
欽定續通考二百五十卷　(清)高宗弘曆敕撰　清光緒浙江書局刻本　一百二十册

430000－2403－0000261　8367－8536
欽定續通志六百四十卷　(清)高宗弘曆敕撰　清光緒浙江書局刻本　一百七十册

430000－2403－0000262　8563－8569
通典二百卷　(唐)杜佑撰　清乾隆十二年(1747)刻本　七册

430000－2403－0000263　8777－8784
籌濟編三十二卷　(清)楊景仁輯　清光緒四年(1878)治硯齋刻本　八册

430000－2403－0000264　8785－8800
康濟譜二十五卷　(明)潘遊龍輯　清道光七年(1827)京都琉璃廠刻本　十六册

430000－2403－0000265　8801－8820
政藝叢書三編六十四卷　(清)上海政藝通報社編　清光緒二十七年(1901)刻本　二十册

430000－2403－0000266　8829－8830
荒政輯要九卷首一卷　(清)汪志伊纂　清道光二十九年(1849)刻本(尚義堂藏板)　二册

430000－2403－0000267　8831－8838
籌濟編三十二卷　(清)楊景仁輯　清光緒九年(1883)武昌書局刻本　八册

430000－2403－0000268　8839－8867
三通考輯要七十六卷　(清)湯壽潛輯　清光緒二十五年(1899)圖書集成局鉛印本　二十九册

430000－2403－0000269　8868－8876
文獻通考詳節二十四卷　(元)馬端臨撰　石印本　九册　存二十卷(五至二十四)

430000－2403－0000270　8975－9006
列國政要一百三十二卷首一卷　(清)戴鴻慈　(清)端方輯　清光緒三十三年(1907)上海商務印書館鉛印本　三十二册

430000－2403－0000271　9018－9027
中國古今法治表十五卷　孫榮編　清光緒三十三年(1907)印本　十册

430000－2403－0000272　9034
大清刑律分則草案不分卷　(清)□□輯　清光緒鉛印本　一册

430000－2403－0000273　9037－9041
大清律集解附例三十卷　(清)朱軾等纂　清刻本　五册

430000－2403－0000274　15964－15971
胡文忠公政書十四卷首一卷　(清)胡林翼撰　清光緒元年(1875)湖南糧儲道署刻本　八册　缺三卷(一至二、首一卷)

430000－2403－0000275　15975－15980
胡文忠公政書十四卷首一卷　(清)胡林翼撰　清光緒元年(1875)湖南糧儲道署刻本　六册　存五卷(一至三、五至六)

430000－2403－0000276　15981－15996
胡文忠公政書十四卷首一卷　(清)胡林翼撰　清光緒元年(1875)湖南糧儲道署刻本　十六册

430000－2403－0000277　35911－35918
補註洗冤錄集證六卷　(宋)宋慈撰　清道光二十三年(1843)刻四色套印本　五册

430000－2403－0000278　35919－35923
重刊補註洗冤錄集證六卷　(宋)宋慈撰　(清)王又槐增輯　清道光二十四年(1844)刻本　五册

430000－2403－0000279　7028－7030
明大司馬盧公奏議十卷　(明)盧象昇撰　清道光九年(1829)祠堂刻本　三册

430000－2403－0000280　6579－6586
籌海圖編十三卷　(明)胡宗憲編　明天啟四年(1624)刻本　八册

430000－2403－0000281　6948－7027
歷代名臣奏議三百二十卷　(明)張溥輯　清刻本　八十册

430000－2403－0000282　13286－13290
鴻雪因緣圖記二集　(清)麟慶撰　清光緒十年(1884)上海點石齋石印本　五册

430000－2403－0000283　6707
滬城備考六卷　(清)褚華撰　申報館鉛印本　一册

430000－2403－0000284　6709
東槎紀略五卷　(清)姚瑩撰　申報館鉛印本　一册

430000－2403－0000285　6711
雲間據目抄五卷　(明)范濂撰　清光緒四年(1878)上海申報館鉛印本　一册

430000－2403－0000286　6712－6715
東藩紀要十二卷補錄一卷　(清)薛培榕編　清光緒上海申報館鉛印本　四册

430000－2403－0000287　6733－6738
俄游彙編十二卷　(清)繆祐蓀撰　清光緒二

十四年(1898)上海書局石印本　六冊　存八卷(一至八)

430000－2403－0000288　6515－6522
東都事略一百三十卷　(宋)王偁撰　清光緒九年(1883)淮南書局刻本　八冊

430000－2403－0000289　7062－7101
太平寰宇記二百卷　(宋)樂史撰　清刻本　四十冊

430000－2403－0000290　7340－7355
合校水經注四十卷首一卷附錄二卷　(北魏)酈道元著　王先謙校　清光緒十八年(1892)思賢講舍刻本　十六冊

430000－2403－0000291　7356－7371
合校水經注四十卷首一卷附錄二卷　(北魏)酈道元著　王先謙校　清光緒十八年(1892)思賢講舍刻本　十六冊

430000－2403－0000292　7372－7379
水經注彙校四十卷首一卷　(北魏)酈道元撰　清光緒七年(1881)福州楊希閔刻本　八冊

430000－2403－0000293　7381－7388
歷代地理韻編二十卷　(清)李兆洛輯　清同治九年(1870)合肥李氏刻本　八冊

430000－2403－0000294　7389－7452
讀史方輿紀要一百三十卷輿圖要覽四卷　(清)顧祖禹撰　(清)彭元瑞校　清光緒五年(1879)蜀南桐華書屋薛氏家塾刻本　六十三冊

430000－2403－0000295　7465－7520
天下郡國利病書一百二十卷　(清)顧炎武撰　清光緒五年(1879)蜀南桐花書屋薛氏家塾刻本　五十五冊

430000－2403－0000296　7521－7540
輿地沿革表四十卷　(清)楊丕復撰　清光緒十四年(1888)刻本　二十冊

430000－2403－0000297　7541－7550
問影樓輿地書第一集　(清)胡思敬編　清光緒二十四年(1898)鉛印本　十冊

430000－2403－0000298　7551
滇南勘界籌邊記二卷　(清)姚文棟編　清春思書室刻本　一冊

430000－2403－0000299　7552－7557
西域水道記五卷　(清)徐松撰　清刻本　六冊　存四卷(卷一下至卷四上)

430000－2403－0000300　7558
漢西域圖考七卷　(清)李光廷撰　清同治九年(1870)春思書室刻本　一冊

430000－2403－0000301　7559－7560
黑龍江外記八卷　(清)西清撰　清光緒二十一年(1895)刻本　二冊

430000－2403－0000302　7561－7564
吉林外記十卷　(清)薩英額撰　清光緒二十一年(1895)漸西村舍刻本　四冊

430000－2403－0000303　7565－7576
歷代地理韻編全釋二十卷　(清)李兆洛輯　清光緒元年(1875)羊城馬氏集益堂刻本　十二冊

430000－2403－0000304　7581－7584
江蘇海塘新志八卷　(清)李慶雲等纂　(清)蔣師轍輯　清光緒十六年(1890)刻本　四冊

430000－2403－0000305　7585－7606
續纂江蘇水利全案四十卷　(清)李慶雲編　清光緒十五年(1889)江蘇水利工程局刻本　二十二冊

430000－2403－0000306　7607－7612
瀛環志略十卷　(清)徐繼畬撰　清同治五年(1866)總理衙門刻本　六冊

430000－2403－0000307　7617
[同治]新化縣志三十五卷　(清)關培鈞　(清)劉洪澤纂修　清同治十一年(1872)刻本　一冊

430000－2403－0000308　9042－9049
歷代陵寢備考五十卷　(清)朱孔陽輯　清光緒上海申報館鉛印本　八冊　存四十二卷(一至四十二)

430000－2403－0000309　6824－6832
楚寶四十卷外篇五卷　(明)周聖楷原輯　(清)鄧顯鶴增輯　清道光九年(1829)刻本　九册

430000－2403－0000310　2879－2886
金石屑不分卷　(清)鮑昌熙摹　清光緒二年(1876)刻本　八册

430000－2403－0000311　2887－2894
陶齋吉金録八卷　(清)端方撰　清光緒三十四年(1908)正有書局石印本　八册

430000－2403－0000312　2895－2908
金石聚十六卷　(清)張德容編　清同治十一年(1872)二銘草堂刻本　十四册　存十四卷(三至十六)

430000－2403－0000313　3184－3251
金石萃編一百六十卷目録一卷　(清)王昶撰　清同治十一年(1872)刻本　六十八册　存九十一卷(一至九十一)

430000－2403－0000314　3252－3315
金石萃編一百六十卷目録一卷　(清)王昶撰　清同治十一年(1872)刻本　六十四册　存一百五十五卷(六至一百六十)

430000－2403－0000315　3316－3319
寰宇訪碑録十二卷　(清)孫星衍　(清)邢澍撰　清光緒九年(1883)江蘇書局刻本　四册

430000－2403－0000316　18687－18761
潛研堂全書　(清)錢大昕撰　清光緒十年(1884)長沙龍氏家塾刻本　七十五册

430000－2403－0000317　9055－9056
兩罍軒彝器圖釋十二卷　(清)吴雲撰　清同治十二年(1873)刻本　二册　存三卷(一至二、六)

430000－2403－0000318　9057
古泉彙　(清)李佐賢撰　清同治刻本　一册

430000－2403－0000319　9058－9071
古今錢略三十二卷　(清)倪模撰　清光緒三年(1877)望江倪氏兩疆勉齋刻本　十三册

430000－2403－0000320　15452－15455
開有益齋讀書志六卷　(清)朱緒曾撰　清光緒六年(1880)金陵翁氏茹古閣刻本　四册

430000－2403－0000321　16172－16181
郡齋讀書志二十卷附志一卷校補一卷　(宋)晁公武撰　清光緒十年(1884)長沙王氏刻本　十册

430000－2403－0000322　26167－26182
欽定天禄琳瑯書目七卷後編二十卷　(清)于敏中等編　(清)彭元瑞續編　清光緒十年(1884)長沙王氏刻本　十六册

430000－2403－0000323　26215－26224
郡齋讀書志二十卷附志一卷校補一卷　(宋)晁公武撰　清光緒十年(1884)長沙王氏刻本　十册

430000－2403－0000324　6744－6796
弘簡録二百五十四卷　(明)邵經邦撰　清刻本　二十六册

430000－2403－0000325　6595－6600
南天痕二十六卷　(清)凌雪纂修　清宣統二年(1910)復古社鉛印本　六册

430000－2403－0000326　6621－6622
楚黔防苗四卷　(清)胡光容撰　清同治七年(1868)刻本(杏蔭樓藏板)　二册

430000－2403－0000327　6623－6626
洋防説略四卷　(清)徐家幹撰　清光緒刻本　四册

430000－2403－0000328　7031
唐陸宣公奏議讀本四卷　(唐)陸贄撰　(清)汪銘謙編　(清)馬傳庚評　清光緒二十四年(1898)上海著易堂鉛印本　一册

430000－2403－0000329　7032－7035
陸宣公翰苑集注二十四卷　(唐)陸贄撰　(清)張佩芳註　清平潭李氏師竹堂刻本(李氏藏板)　四册

430000－2403－0000330　7453－7464
增訂廣輿記二十四卷　(清)蔡方炳輯　清刻

本　十二册

430000－2403－0000331　15207－15216
俎豆集三十卷　（清）潘承焯撰　清乾隆四十四年（1779）汲古閣刻本　十册

430000－2403－0000332　9175－9284
百子全書　清光緒元年（1875）湖北崇文書局刻本　一百十册

430000－2403－0000333　9370－9371
晏子春秋七卷　（春秋）晏嬰撰　清光緒十八年（1892）思賢講舍刻本　二册

430000－2403－0000334　9372－9375
潛夫論十卷　（漢）王符撰　清光緒十七年（1891）思賢講舍刻本　四册

430000－2403－0000335　9397－9402
荀子集解二十卷　王先謙撰　清光緒十七年（1891）思賢講舍刻本　六册

430000－2403－0000336　9407－9418
荀子集解二十卷首一卷　王先謙撰　清光緒十七年（1891）思賢講舍刻本　十二册

430000－2403－0000337　9422－9427
荀子二十卷　（戰國）荀況撰　（唐）楊倞注　清光緒二年（1876）刻本　六册

430000－2403－0000338　9428
新序十卷　（漢）劉向撰　清光緒元年（1875）湖北崇文書局刻本　一册

430000－2403－0000339　9429
新書十卷　（漢）賈誼撰　（清）盧文弨校　清光緒元年（1875）湖北崇文書局刻本　一册

430000－2403－0000340　9432
胡子知言六卷　（宋）胡宏撰　清光緒元年（1875）湖北崇文書局刻本　一册

430000－2403－0000341　9434
伸蒙子三卷　（唐）林慎思撰　清光緒元年（1875）湖北崇文書局刻本　一册

430000－2403－0000342　9435
素履子二卷　（唐）張弧撰　清光緒元年（1875）湖北崇文書局刻本　一册

430000－2403－0000343　9437
商子五卷　（戰國）商鞅撰　清光緒元年（1875）湖北崇文書局刻本　一册

430000－2403－0000344　9439
中論二卷　（漢）徐幹撰　清光緒元年（1875）湖北崇文書局刻本　一册

430000－2403－0000345　9440
新語二卷　（漢）陸賈撰　清光緒元年（1875）湖北崇文書局刻本　一册

430000－2403－0000346　9441
申鑒五卷　（漢）荀悦撰　清光緒元年（1875）湖北崇文書局刻本　一册

430000－2403－0000347　9442
揚子法言一卷　（漢）揚雄撰　清光緒元年（1875）湖北崇文書局刻本　一册

430000－2403－0000348　9443
孔叢子二卷　（漢）孔鮒撰　清光緒元年（1875）湖北崇文書局刻本　一册

430000－2403－0000349　9446
忠經一卷　（漢）馬融撰　清光緒元年（1875）湖北崇文書局刻本　一册

430000－2403－0000350　9478
傅子二卷　（晉）傅玄撰　（清）錢保塘輯　清光緒八年（1882）海寧錢氏清風室刻本　一册

430000－2403－0000351　9479
新纂門目五臣注揚子法言十卷　（漢）揚雄撰　（唐）李軌　（唐）柳宗元註　（宋）司馬光重添註　清刻本　一册　存六卷（五至十）

430000－2403－0000352　9485－9486
鹽鐵論十卷　（漢）桓寬撰　清光緒十七年（1891）思賢講舍刻本　二册

430000－2403－0000353　9487－9488
鹽鐵論十卷　（漢）桓寬撰　清光緒十七年（1891）思賢講舍刻本　二册

430000－2403－0000354　9515－9522

五種遺規　(清)陳弘謀編輯　清刻本　八冊

430000－2403－0000355　9523－9529
五種遺規　(清)陳弘謀編輯　清刻本　七冊

430000－2403－0000356　9530－9534
五種遺規摘鈔　(清)陳弘謀編輯　清同治七年(1868)楚北崇文書局刻本　五冊

430000－2403－0000357　9535－9540
從政遺規二卷　(清)陳弘謀編輯　清刻本　六冊

430000－2403－0000358　9541－9548
學仕遺規四卷　(清)陳弘謀編輯　清光緒十八年(1892)桂垣書局刻本　八冊

430000－2403－0000359　9555－9558
近思錄十四卷　(宋)朱熹撰　(宋)呂祖謙輯　(清)江永集注　清同治七年(1868)楚北崇文書局刻本　四冊

430000－2403－0000360　9559
教女遺規三卷　(清)陳弘謀輯　清刻本　一冊

430000－2403－0000361　13295－13298
增評補圖石頭記一百二十回首一卷　(清)曹雪芹撰　清刻本　四冊　存三十二回(二十五至三十二、六十五至八十八)

430000－2403－0000362　13908－13930
西山先生真文忠公讀書記四十卷　(宋)真德秀撰　清同治三年(1864)刻本(本祠藏板)　二十三冊

430000－2403－0000363　15479－15482
過庭錄十六卷　(清)宋鳳翔撰　清光緒七年(1881)會稽章氏刻本　四冊

430000－2403－0000364　17092－17103
分類字錦六十四卷　(清)張廷玉等纂　清刻本　十二冊

430000－2403－0000365　3000－3002
韻府群玉二十卷　(元)陰時夫編輯　清康熙二十六年(1687)刻本　五冊

430000－2403－0000366　9420－9421
列子八卷　(唐)盧重元註　清嘉慶八年(1803)江都秦氏刻本　二冊

430000－2403－0000367　9446－9453
二程全書　(宋)程顥　(宋)程頤撰　(宋)程德尊等編　清刻本　八冊

430000－2403－0000368　9454－9457
二程全書　(宋)程顥　(宋)程頤撰　明弘治十一年(1498)陳宣刻本　四冊

430000－2403－0000369　9458－9470
淵鑒齋纂朱子全書六十六卷　(宋)朱熹撰　(清)李光地等編　清康熙五十三年(1714)京師內府刻本　十三冊

430000－2403－0000370　9482－9483
晏子春秋七卷音義二卷　(春秋)晏嬰　(清)孫星衍撰　清乾隆五十三年(1788)陽湖孫氏校刻本　二冊

430000－2403－0000371　9480
叔苴子四卷　(明)莊元臣撰　清光緒元年(1875)湖北崇文書局刻本　一冊

430000－2403－0000372　9395－9396
墨子十五卷目録一卷　(清)畢沅校註　清乾隆四十九年(1784)刻本　二冊

430000－2403－0000373　9445
亢倉子一卷　(唐)王士元撰　清光緒元年(1875)湖北崇文書局刻本　一冊

430000－2403－0000374　9474
關尹子二卷　(周)尹喜撰　(宋)陳顯微註　清光緒七年(1881)刻本　一冊

430000－2403－0000375　9326
莊子內篇注四卷　(清)釋德清著　清光緒十二年(1886)金陵刻經處刻本　一冊　存二卷(三至四)

430000－2403－0000376　9331－9338
莊子集釋十卷　(清)郭慶藩著　清光緒二十年(1894)掃葉山房石印本　八冊

430000－2403－0000377　9345－9350

韓非子集解二十卷首一卷　（清）王先慎撰　清光緒二十二年(1896)刻本　六冊

430000－2403－0000378　9352－9357
韓非子集解二十卷首一卷　（清）王先慎撰　清光緒二十二年(1896)刻本　六冊

430000－2403－0000379　9364－9369
韓非子集解二十卷　（清）王先慎撰　清光緒二十二年(1896)刻本　六冊

430000－2403－0000380　9098－9113
讀史兵略四十六卷　（清）胡林翼撰　清咸豐十一年(1861)武昌刻本　十六冊

430000－2403－0000381　9114－9123
讀史兵略續編十卷　（清）胡林翼撰　清光緒二十八年(1902)湘省學堂刻本　十冊

430000－2403－0000382　9666
治蝗全法四卷　（清）顧彦輯　清光緒十四年(1888)刻本　一冊

430000－2403－0000383　31354－31356
傷寒纘論二卷　（清）張璐撰　清康熙六年(1667)刻本　三冊

430000－2403－0000384　9717－9731
黄氏醫書八種七十七卷　（清）黄元御撰　清刻本　十五冊

430000－2403－0000385　9734
廣達生編　（清）亟齋居士撰　清光緒二十五年(1899)湖南書局刻本　一冊

430000－2403－0000386　9737
本草三家合注六卷　（清）郭汝驄註　清刻本　一冊

430000－2403－0000387　9739
蘭臺軌範八卷　（清）徐大椿撰　清刻本　一冊

430000－2403－0000388　9741
壽世彙編八卷　（清）祝韻梅輯　清光緒十一年(1885)刻本(金陵評事街楊宅藏板)　一冊

430000－2403－0000389　9674－9697
馮氏錦囊秘錄四十九卷　（清）馮兆張撰　清嘉慶十八年(1813)刻本　二十四冊

430000－2403－0000390　15117－15120
張楊園先生集十六卷　（清）張履祥撰　清乾隆四十七年(1782)刻本　四冊

430000－2403－0000391　31238
長沙藥解四卷　（清）黄元御撰　清刻本　一冊

430000－2403－0000392　31248－31283
醫宗金鑒九十卷　（清）吳謙等輯　清乾隆五年(1740)刻本　三十六冊　存八十六卷(一至三十六、四十至五十一、五十三至九十)

430000－2403－0000393　31324－31325
重訂濟陰綱目四卷　（明）武之望輯撰　（清）汪淇箋釋　清雍正十一年(1733)刻本　二十九冊

430000－2403－0000394　9746－9751
學算筆談十二卷　（清）華蘅芳撰　清光緒十一年(1885)金匱華氏刻本　六冊

430000－2403－0000395　9752－9791
御製數理精蘊上編五卷下編四卷　（清）聖祖玄燁敕撰　清光緒八年(1882)刻本　四十冊

430000－2403－0000396　9792－9798
算迪八卷　（清）何夢瑤撰　清道光二十五年(1845)南海伍氏刻本　七冊　存六卷(一至五、八)

430000－2403－0000397　9799－9806
幾何原本十五卷　（意大利）利瑪竇　（明）徐光啟等譯　清同治四年(1865)金陵曾國藩署刻本　八冊

430000－2403－0000398　9807－9812
重學二十卷圓錐曲線説三卷　（英國）艾約瑟　（清）李善蘭譯　清同治五年(1866)湘乡左楨署刻本　六冊

430000－2403－0000399　9813－9816
則古昔齋算學十三種二十四卷　（清）李善蘭撰　清同治六年(1867)金陵李氏刻本　四冊

430000－2403－0000400　9820－9825
地理正宗十二卷　(清)蔣國編　清刻本　六冊

430000－2403－0000401　9826－9829
地理本源　(清)□□輯　抄本　四冊

430000－2403－0000402　9830－9836
地理玉髓真經　(宋)張洞玄撰　(宋)劉允中注　清刻本(龍虎山藏板)　七冊

430000－2403－0000403　9846－9847
地理鐵案五卷　(唐)司馬潛撰　清光緒閎博書局刻本　二冊

430000－2403－0000404　12501－12516
格致鏡原一百卷　(清)陳元龍編　清光緒十四年(1888)上海大同書局石印本　十六冊

430000－2403－0000405　12517－12527
格致鏡原一百卷　(清)陳元龍編　清光緒十四年(1888)上海大同書局石印本　十一冊

430000－2403－0000406　36039
孫子算經三卷　(唐)李淳風等註　清乾隆四十一年(1776)刻本　一冊

430000－2403－0000407　36199－36200
陽明先生經濟集五卷　(明)王守仁撰　清乾隆濟美堂刻本　二冊

430000－2403－0000408　38719－38733
欽定協紀辨方書三十六卷　(清)允祿等纂　清刻本　十五冊

430000－2403－0000409　12425－12484(缺12427－12428)
潛確居類書一百二十卷　(明)陳仁錫纂　明崇禎五年(1632)長洲陳氏刻本　五十八冊

430000－2403－0000410　12528－12551
格致鏡原一百卷　(清)陳元龍編　清雍正十三年(1735)刻本　二十四冊

430000－2403－0000411　36034－36035
澗泉日記三卷　(宋)韓淲撰　清重刻武英殿聚珍版叢書本　二冊

430000－2403－0000412　17784－17785
八賢手劄　(清)郭慶藩輯　清光緒二十九年(1903)上海點石齋石印本　二冊

430000－2403－0000413　35007
傅子一卷　(晉)傅玄撰　清刻武英殿聚珍版本　一冊

430000－2403－0000414　15501－15504
讀書雜識十二卷　(清)勞格撰　清光緒四年(1878)吳興丁氏刻本　四冊

430000－2403－0000415　15505－15512
養吉齋叢錄二十六卷餘錄十卷　(清)吳振棫撰　清光緒二十二年(1896)刻本　八冊

430000－2403－0000416　9940－9971
廣群芳譜一百卷　(清)汪灝等編　清同治七年(1868)刻本　三十一冊

430000－2403－0000417　9988－9998
弈潛齋集譜　(清)施紹闇　(清)范世勛撰　清光緒十一年(1885)弈潛齋刻本　二冊

430000－2403－0000418　10048－10051
歐陽書考十二卷　(清)袁繼翰編　清光緒二十年(1894)長沙袁繼翰述歐之室刻本　四冊

430000－2403－0000419　10052
國朝書徵錄三卷續錄二卷　(清)張庚著　清同治刻本　一冊

430000－2403－0000420　9380－9387
墨子閒詁十五卷　(清)孫詒讓輯　清光緒二十一年(1895)蘇州毛上珍木活字本　八冊

430000－2403－0000421　9391－9394
墨子十六卷　(春秋)墨翟撰　(清)畢沅校註　清光緒二年(1876)浙江書局據畢氏靈岩山館本刻本　四冊

430000－2403－0000422　9430－9431
淮南子二十一卷　(漢)劉安撰　清光緒元年(1875)湖北崇文書局刻本　二冊

430000－2403－0000423　9433
海樵子一卷　(明)王崇慶撰　清光緒元年(1875)湖北崇文書局刻本　一冊

430000－2403－0000424　9444
尸子二卷　(清)孫星衍輯　清光緒元年(1875)湖北崇文書局刻本　一册

430000－2403－0000425　9484
諸子平議三十五卷　(清)俞樾撰　清刻本　一册

430000－2403－0000426　9571－9578
十駕齋養新録二十卷餘録三卷　(清)錢大昕撰　清光緒二年(1876)浙江書局刻本　八册

430000－2403－0000427　13210－13213
夢溪筆談二十六卷補筆談三卷續筆談一卷　(宋)沈括撰　清光緒三十二年(1906)番禺陶氏愛廬刻本　四册

430000－2403－0000428　13931－13937
西山先生真文忠公讀書記四十卷　(宋)真德秀撰　清刻本　七册

430000－2403－0000429　14987－14992
居易録三十四卷　(清)王士禎撰　清刻本　五册

430000－2403－0000430　15464－15469
讀書叢録二十四卷　(清)洪頤煊撰　清刻本　六册

430000－2403－0000431　26208－26213
輶軒語一卷　(清)張之洞撰　清光緒二十三年(1897)刻本(濠上書齋藏板)　六册

430000－2403－0000432　2365－2380
通雅五十二卷　(明)方以智撰　清康熙刻本　十六册

430000－2403－0000433　36036－36038
學林十卷　(宋)王觀國撰　清道光十年(1830)刻本　三册

430000－2403－0000434　9388－9390
墨子十五卷目録一卷　(清)畢沅校註　清乾隆四十九年(1784)刻本　三册

430000－2403－0000435　9560－9564
五種遺規　(清)陳弘謀輯　清乾隆七年(1742)刻本　五册

430000－2403－0000436　9579－9584
困學紀聞二十卷　(元)王應麟撰　清康熙三十七年(1698)刻本　六册

430000－2403－0000437　9742－9745
本草備要　(清)汪昂輯　清刻本　四册

430000－2403－0000438　14945－14958
庸書二十卷　(清)張貞生撰　清康熙刻本　十册

430000－2403－0000439　15107－15116
管城碩記三十卷　(清)徐文靖撰　清乾隆九年(1744)刻本　十册

430000－2403－0000440　35701－35703
三才發秘九卷　(清)陳雯撰　清雍正十一年(1733)刻本　三册

430000－2403－0000441　35767－35775
日知録三十二卷　(清)顧炎武撰　清康熙刻本　九册　存二十五卷(一至五、八至十、十三至十九、二十三至三十二)

430000－2403－0000442　12684－12695
讀書紀數略五十四卷　(清)宫夢仁編　清康熙五十年(1711)刻本　十二册

430000－2403－0000443　13214－13218
因樹屋書影十卷　(清)周亮工撰　清雍正二年(1724)刻本　五册

430000－2403－0000444　3139－3140
漢儒通義七卷　(清)陳澧撰　清咸豐六年(1856)刻本　二册

430000－2403－0000445　8821－8828
原富　(英國)斯密亞丹撰　嚴復譯　清光緒二十七年(1901)刻本　八册

430000－2403－0000446　9476－9477
太玄經十卷　(宋)司馬光註　清嘉慶十五年(1810)刻本　二册

430000－2403－0000447　9848－9849
羅經會要四卷　(清)何嘉俊編　清刻本　二册

430000－2403－0000448　9853
元合會通八卷　(清)姚炳奎撰　清刻本　一冊

430000－2403－0000449　9854
穿透真傳一卷　(清)張鳳藻撰　清刻本　一冊

430000－2403－0000450　9855
郭樸葬經　(明)吳徵刪定　(明)鄭謐註釋　清刻本　一冊

430000－2403－0000451　9856
羅經解二卷　(清)吳天洪著　清刻本　一冊

430000－2403－0000452　9857
地理點穴透骨髓　(清)□□撰　清刻本　一冊

430000－2403－0000453　9859－9860
心眼指要四卷　(清)章仲山纂　清刻本(經元堂藏板)　二冊

430000－2403－0000454　9861
楊救貧陰陽二宅開門放水經二卷　(□)□□撰　清刻本　一冊

430000－2403－0000455　9871－9883
重鐫地理天機會元三十五卷　(明)顧乃德原集　(清)徐元瑛重編　清光緒十六年(1890)學庫山房刻本　十三冊

430000－2403－0000456　9884－9888
廖公秘傳扒砂經　(宋)廖禹撰　清刻本(經綸堂藏板)　五冊

430000－2403－0000457　9890
地理點穴透骨髓　(□)□□撰　清刻本　一冊

430000－2403－0000458　9891
靈脈圖　(□)□□撰　清刻本　一冊

430000－2403－0000459　9892
改正地理一貫堪輿八卷　(明)唐世友撰　清刻本　一冊

430000－2403－0000460　9893－9896
嚴陵張九儀儀度六壬選日要訣不分卷　(清)張鳳藻撰　清刻本　四冊

430000－2403－0000461　9897－9900
六壬驗課四卷　(□)□□輯　清刻本　四冊

430000－2403－0000462　9901－9905
六壬直指二卷　(清)□□撰　清刻本　五冊

430000－2403－0000463　9906
六壬類聚四卷　(清)紀大奎撰　清咸豐二年(1852)家刻本　一冊

430000－2403－0000464　35691－35698
墨池編二十卷　(宋)朱長文纂　清雍正十一年(1733)刻本　八冊

430000－2403－0000465　9419
道德經解二卷　(春秋)李耳撰　清光緒二十二年(1896)刻本　一冊

430000－2403－0000466　9585
佛教初學課本附注　楊文會撰　清末刻本　一冊

430000－2403－0000467　9586
七俱胝佛母所説准提陀羅尼經會釋三卷　(唐)釋不空譯　(清)釋弘贊會釋　清刻本　一冊

430000－2403－0000468　9587
維摩詰所説經注八卷　(後秦)釋鳩摩羅什譯　(後秦)釋僧肇註　清刻本　一冊　存四卷(一至四)

430000－2403－0000469　9588－9589
維摩詰所説經折衷疏三卷　(明)釋大賢撰　清刻本　二冊

430000－2403－0000470　9599－9603
首楞嚴經義海三十卷　(宋)釋咸輝撰　清光緒刻本　五冊

430000－2403－0000471　9604－9609
大智度論一百卷　(後秦)釋鳩摩羅什譯　清刻本　六冊

430000－2403－0000472　9610

陰隲文覺世經詩　（清）□□撰　清光緒二十四年（1898）鄂藩官廨刻本　一册

430000－2403－0000473　9615－9616
楞嚴經十卷　（唐）釋般刺密帝等譯　清刻本　二册

430000－2403－0000474　9618－9622
觀楞伽記八卷　（清）釋法清記　清光緒金陵刻本　四册　存五卷（四至八）

430000－2403－0000475　9623－9624
大方廣圓覺經大疏十六卷　（唐）釋宗密述　清刻本　二册　存四卷（九至十二）

430000－2403－0000476　9625－9633
五燈會元二十卷　（宋）釋普濟撰　清光緒三十二年（1906）景宋寶祐本　九册

430000－2403－0000477　9889
金玉二經圖傳　（□）□□撰　抄本　一册

430000－2403－0000478　9617
靈寶畢法三卷　（唐）鍾離權撰　清抄本　一册

430000－2403－0000479　9634
禪源諸詮集都序二卷　（唐）釋宗密撰　清康熙三年（1664）刻本　一册

430000－2403－0000480　10053
廣川畫跋六卷　（宋）董逌撰　清光緒刻本　一册

430000－2403－0000481　11825－11834
淵鑒類函四百五十卷　（清）張英等纂修　清光緒九年（1883）上海點石齋石印本　九册

430000－2403－0000482　12115－12174
佩文韻府一百六卷　（清）張玉書等纂　清刻本　三十二册

430000－2403－0000483　12203－12213
增補事類統編九十三卷　（清）黄葆真增輯　清刻本　十一册　存八十五卷（九至九十三）

430000－2403－0000484　12302－12309
子史精華一百六十卷　（清）允祿等纂　清光緒十二年（1886）上海同文書局石印本　八册

430000－2403－0000485　12318－12324
子史精華一百六十卷　（清）允祿等纂　清刻本　七册

430000－2403－0000486　12365－12384
北堂書鈔一百六十卷　（唐）虞世南撰　（清）孔廣陶校註　清光緒十四年（1888）南海孔氏三十有三萬卷堂刻本　二十册

430000－2403－0000487　12385－12424
北堂書鈔一百六十卷　（唐）虞世南撰　（清）孔廣陶校註　清光緒十四年（1888）南海孔氏三十有三萬卷堂刻本　四十册

430000－2403－0000488　12715－12842
太平御覽一千卷　（宋）李昉等撰　清嘉慶十二年至十七年（1807－1812）歙县鮑氏刻本　一百二十八册

430000－2403－0000489　12843－12978
太平御覽一千卷　（宋）李昉等撰　清嘉慶十二年至十七年（1807－1812）歙县鮑氏刻本　一百三十六册

430000－2403－0000490　12991－12992
博物志十卷　（晉）張華撰　（宋）周日用註　清紛欣閣刻本　二册

430000－2403－0000491　16269－16273
辛丑消夏記五卷　（清）吳榮光撰　清光緒三十一年（1905）郎園刻本　五册

430000－2403－0000492　9489－9514
朱翼不分卷　（明）江旭奇輯　明萬曆四十四年（1616）刻本　二十四册

430000－2403－0000493　9976－9987
事物異名録四十卷　（清）厲荃輯　（清）關槐增纂　清乾隆三十四年（1769）刻本　十二册

430000－2403－0000494　11585－11824
册府元龜一千卷　（宋）王欽若等編　清嘉慶十九年（1814）刻本　二百四十册

430000－2403－0000495　11883－12022
淵鑒類函四百五十卷　（清）張英等纂修　清

康熙四十九年(1710)刻本　一百四十冊

430000－2403－0000496　12023－12114
淵鑒類函四百五十卷　(清)張英等纂修　清康熙四十九年(1710)刻本　九十二冊

430000－2403－0000497　12187－12202
廣事類賦四十卷　(清)華希閎著　清刻本　十六冊

430000－2403－0000498　12214－12261
子史精華一百六十卷　(清)允祿等撰　清雍正五年(1727)刻本　四十八冊

430000－2403－0000499　12262－12301
子史精華一百六十卷　(清)允祿等撰　清刻本　四十冊

430000－2403－0000500　12349－12365
彙苑詳注三十六卷　(明)王世貞　(清)周魯輯　(明)鄒道元重訂　明萬曆刻本　十六冊

430000－2403－0000501　12552－12575
格致鏡原一百卷　(清)陳元龍編　清雍正十三年(1735)刻本　二十四冊

430000－2403－0000502　12576－12675
玉海二百四卷附刻十三種　(元)王應麟撰　清康熙二十六年(1687)刻本　九十二冊

430000－2403－0000503　12175－12182
重訂廣事類賦三十卷　(宋)吳淑撰　清乾隆二十九年(1764)刻本　十一冊

430000－2403－0000504　12183－12186
重訂廣事類賦三十卷　(宋)吳淑撰　清乾隆二十九年(1764)刻本　十一冊

430000－2403－0000505　12325－12348
類書纂要三十三卷　(清)周魯輯　清刻本　二十四冊

430000－2403－0000506　16300－16308
昭明文選六十卷　(南朝梁)蕭統編　清刻朱墨套印本　十四冊

430000－2403－0000507　16317－16340
文選李善注六十卷　(南朝梁)蕭統選　(唐)李善註　清同治八年(1869)潯陽萬氏刻本　二十四冊

430000－2403－0000508　16341－16356
昭明文選六十卷　(南朝梁)蕭統選　(唐)李善註　清刻本　十六冊

430000－2403－0000509　16357－16380
昭明文選六十卷　(南朝梁)蕭統選　(唐)李善註　清刻本　二十冊

430000－2403－0000510　16381－16388
文選理學權輿八卷　(清)汪師韓撰　清光緒十五年(1889)刻讀書齋本　九冊

430000－2403－0000511　16389－16452
漢魏六朝一百三家集一百十八卷　(明)張溥編　清光緒十八年(1892)善化章氏經濟堂刻本　六十四冊

430000－2403－0000512　16465－16564
全上古三代秦漢三國六朝文　(清)嚴可均編　清光緒二十年(1894)黄岡王氏刻本　一百冊

430000－2403－0000513　16579－16598
御選唐宋文醇五十八卷　(清)高宗弘曆選輯　清光緒三年(1877)浙江書局刻本　二十冊

430000－2403－0000514　16599－16619
六臣注文選六十卷　(南朝梁)蕭統輯　(唐)李善等註　清刻本　二十一冊

430000－2403－0000515　16639－16644
三宋人集　(清)方功惠輯　清光緒七年(1881)碧琳琅館刻本　六冊

430000－2403－0000516　16645－16660
四忠遺集　清光緒二十三年(1897)湘南書局刻本　十六冊

430000－2403－0000517　16661－16684
宋文鑒一百五十卷　(宋)呂祖謙輯　清光緒十二年(1886)江蘇書局刻本　二十四冊

430000－2403－0000518　16713－16812
湖南文徵一百三十六卷首一卷目錄六卷姓氏傳四卷　(清)羅汝懷輯　清同治八年至十年

(1869－1871)刻本　九十九册

430000－2403－0000519　16813－16824
湖海文傳七十五卷　(清)王昶編　清刻本　十二册

430000－2403－0000520　16853－16855
古文苑二十一卷　(宋)章樵註　清光緒十四年(1888)長沙惜陰書局刻本　三册

430000－2403－0000521　16856－16863
古文翼八卷　(清)唐德宜編　清光緒十二年(1886)漢口李氏刻本(森寶齋藏板)　八册

430000－2403－0000522　16920－16931
古文辭類纂七十四卷　(清)姚鼐纂　清道光廣州合河康氏家塾刻本　十二册

430000－2403－0000523　16932－16933
續古文辭類纂三十四卷　王先謙編　清光緒八年(1882)長沙王氏刻本　八册

430000－2403－0000524　16940－16943
七家文鈔七卷　(清)陸繼輅　(清)薛玉堂選　清光緒十五年(1889)刻本　四册

430000－2403－0000525　16981－17004
駢文類纂四十六卷　王先謙編　清光緒二十八年(1902)思賢書局刻本　二十四册

430000－2403－0000526　17005－17026
駢文類纂四十六卷　王先謙編　清光緒二十八年(1902)思賢書局刻本　二十二册

430000－2403－0000527　17027－17032
國朝駢體正宗十二卷　(清)曾燠輯　清嘉慶十一年(1806)賞雨茅屋刻本　六册

430000－2403－0000528　17106－17113
八家四六文註八卷首一卷補註一卷　(清)孫星衍撰　清光緒十八年(1892)上海圖書集成印書局鉛印本　八册

430000－2403－0000529　17204－17209
目耕齋讀本初集不分卷　(清)徐楷　(清)沈叔眉評註　清刻本　六册

430000－2403－0000530　17210
小學弦歌八卷　(清)李元度輯　清光緒八年(1882)漢文書局重刻本　一册

430000－2403－0000531　17211－17290
漢魏六朝百三家集　(明)張溥編　清光緒五年(1879)信述堂刻本　八十册

430000－2403－0000532　17291－17370
漢魏六朝百三家集　(明)張溥編　清光緒三年(1877)滇南唐氏重刻本　八十册

430000－2403－0000533　17371－17386
樂府詩集一百卷　(宋)郭茂倩輯　清同治十三年(1874)湖北崇文書局刻本　十六册

430000－2403－0000534　17411－17416
八代詩選二十卷　王闓運編　清光緒七年(1881)四川尊經書局刻本　六册

430000－2403－0000535　17431－17435
鄭承袞先生易譜十二卷　(明)鄭旒撰　清鳴盛堂刻本　一册

430000－2403－0000536　17436－17437
古唐詩合解十二卷　(清)王堯衢註　清刻本　二册

430000－2403－0000537　17438－17439
唐詩三百首六卷　(清)孫洙編　(清)章燮註　清同治三年(1864)刻本　二册

430000－2403－0000538　17440
續選唐詩三百首不分卷　(清)于慶元編　清道光二年(1822)刻本　一册

430000－2403－0000539　17441－17442
唐人萬首絕句選七卷　(清)王士禎輯　清同治九年(1870)刻本　二册

430000－2403－0000540　17622－17657
湖海詩傳四十六卷　(清)王昶輯　清同治四年(1865)刻本(綠藝堂藏板)　三十六册

430000－2403－0000541　17660－17661
湘社集四卷　易順鼎編　清光緒十七年(1891)長沙蜕園校刻本　二册

430000－2403－0000542　17666－17673

湖海詩傳四十六卷 （清）王昶輯 清同治四年(1865)刻本(亦西齋藏板) 八冊

430000－2403－0000543 17674－17688
江西詩徵九十四卷 （清）曾燠輯 清嘉慶刻本 十五冊

430000－2403－0000544 36113－36138
明詩綜一百卷 （清）朱彝尊編 清康熙四十四年(1705)西泠刻本(清來堂吳氏藏板) 二十六冊 存六十一卷(一至十九、四十四至六十三、六十七至八十八)

430000－2403－0000545 36165－36174
御選唐宋文醇五十八卷 （清）高宗弘曆輯 清乾隆三年(1738)刻四色套印本 十冊

430000－2403－0000546 36230
古文淵鑒六十四卷 （清）徐乾學等編 清刻五色套印本 一冊

430000－2403－0000547 39719－39838
全唐詩九百卷 （清）曹寅等輯 清康熙刻本 二十一冊

430000－2403－0000548 8877－8899
皇朝經世文編一百二十卷 （清）賀長齡撰 清光緒二十二年(1896)掃葉山房影印本 二十四冊

430000－2403－0000549 8900－8911
皇朝經世文編一百二十卷 （清）賀長齡撰 清光緒二十一年(1895)積山書局石印本 十二冊

430000－2403－0000550 8912－8935
皇朝經世文編一百二十卷 （清）賀長齡撰 清光緒二十五年(1899)中西書局校閱石印本 二十四冊

430000－2403－0000551 8936－8955
皇朝經世文編續編一百二十卷 （清）葛士濬集 清光緒二十二年(1896)寶善書局石印本 二十四冊

430000－2403－0000552 8956－8963
皇朝經世文三編八十卷 （清）陳忠倚輯 清光緒二十三年(1897)寶善書局石印本 八冊

430000－2403－0000553 8964－8974
皇朝經世文編一百二十卷 （清）賀長齡撰 清光緒刻本 十一冊

430000－2403－0000554 17689－17691
朋舊遺詩合鈔二十二卷 （清）曾燠編 清嘉慶十年(1805)刻本 四冊

430000－2403－0000555 19455－19486
叢睦汪氏遺書二十種 （清）汪汝謙撰 清光緒十二年(1886)錢塘汪氏長沙刻本 三十二冊

430000－2403－0000556 15685－16700
元文類七十卷 （元）蘇天爵編 明刻本 十六冊

430000－2403－0000557 16286－16299
昭明文選六十卷 （南朝梁）蕭統輯 （唐）李善註 清刻朱墨套印本 十四冊

430000－2403－0000558 16309－16316
昭明文選六十卷 （南朝梁）蕭統輯 （唐）李善註 清刻朱墨套印本 八冊

430000－2403－0000559 16888－16911
古文眉詮七十九卷 （清）浦起龍輯 清乾隆九年(1744)刻本 二十四冊

430000－2403－0000560 17387－17402
樂府詩集一百卷 （宋）郭茂倩編 明刻本 十六冊

430000－2403－0000561 17417－17423
瀛奎律髓三十卷 （宋）方回撰 清光緒五年(1879)刻本 七冊

430000－2403－0000562 17449－17454
晚唐詩鈔二十六卷 （清）查克弘 （清）淩紹乾編 清光緒四年(1878)刻本 六冊

430000－2403－0000563 17455－17478
元詩選 （清）顧嗣立編 清康熙長洲顧氏秀野草堂刻本 二十四冊

430000－2403－0000564 17565－17596

明詩綜一百卷　(清)朱彝尊編　清同治十三年(1874)刻本　三十二冊

430000－2403－0000565　17601－17602
明詩綜一百卷　(清)朱彝尊編　清刻本　二冊　存八卷(十四至十六、七十九至八十三)

430000－2403－0000566　17696－17703
近光集二十八卷　(清)汪士鋐輯　(清)徐修仁註　清道光二十年(1840)刻本　八冊

430000－2403－0000567　32506－32522
古文析義十六卷　(清)林雲銘評註　清嘉慶三年(1798)刻本　十六冊

430000－2403－0000568　32656－32660
中晚唐詩叩彈集十二卷　(清)浦起龍撰　清雍正二年(1724)刻本　五冊

430000－2403－0000569　13330－13331
曹集銓評十卷逸文一卷年譜一卷附錄一卷　(三國魏)曹植撰　(清)丁晏纂　清同治十一年(1872)金陵書局刻本　二冊

430000－2403－0000570　13336－13337
陶淵明集八卷　(晉)陶潛撰　清光緒十七年(1891)刻本　二冊

430000－2403－0000571　13338－13349
庾子山集十六卷首一卷　(北周)庾信撰　(清)倪璠註釋　清光緒十六年(1890)廣州經史閣刻本　二冊

430000－2403－0000572　13350－13361
庾開府全集十六卷首一卷　(北周)庾信撰　清光緒二十年(1894)儒雅堂刻本　十二冊

430000－2403－0000573　13362－13365
李太白全集三十卷　(唐)李白撰　清光緒十四年(1888)湖北官書處刻本　四冊

430000－2403－0000574　13376－13381
李翰林集三十卷　(唐)李白撰　清光緒三十二年(1906)西泠印社刻本　六冊

430000－2403－0000575　13382－13392
杜詩鏡銓二十卷　(唐)杜甫撰　(清)楊倫輯註　清同治十一年(1872)望三益齋刻本　十一冊

430000－2403－0000576　13393－13402
杜工部集二十卷首一卷　(唐)杜甫撰　清同治十一年(1872)致一齋校刻玉勾草堂本　十冊

430000－2403－0000577　13413－13424
杜詩鏡銓二十卷　(唐)杜甫撰　(清)楊倫輯註　清宣統元年(1909)望三益齋刻本　十二冊

430000－2403－0000578　13425－13435
昌黎先生集四十卷　(唐)韓愈撰　清同治八年(1869)江蘇書局刻本　十一冊

430000－2403－0000579　13436－13443
昌黎先生詩增注證訛十一卷　(清)黄鉞撰　清咸豐七年(1857)四明鮑氏刻本　八冊

430000－2403－0000580　13444
韓集補注一卷　(唐)韓愈撰　(清)沈欽輯註　清光緒十七年(1891)廣雅書局刻本　一冊

430000－2403－0000581　13445－13456
韓昌黎全集四十卷　(唐)韓愈撰　清宣統二年(1910)上海掃葉山房石印本　十二冊

430000－2403－0000582　13499－13530
歐陽文忠公全集一百五十三卷首二卷附錄五卷　(宋)歐陽修撰　清光緒十九年(1893)澹雅書局刻本　三十二冊

430000－2403－0000583　13531－13551
歐陽文忠公全集一百五十三卷首二卷附錄五卷　(宋)歐陽修撰　清嘉慶二十四年(1819)刻本　二十一冊

430000－2403－0000584　13553－13556
王臨川文集四卷　(宋)王安石撰　清宣統二年(1910)上海會文堂石印本　四冊

430000－2403－0000585　13589－13636
東坡集四十卷後集二十卷内制集十卷樂語一卷外制集三卷應詔集十卷續集十二卷東坡集校記二卷　(宋)蘇軾撰　繆荃孫校　清宣統元年(1909)石印本　四十八冊

430000－2403－0000586　13637－13648
東坡集四十卷　（宋）蘇軾撰　清宣統元年（1909）寶華盦刻本　四十八冊

430000－2403－0000587　13685－137二十
蘇文忠公詩集五十卷　（宋）蘇軾撰　（清）紀昀評點　清同治八年（1869）韞玉山房刻朱墨套印本　三十六冊

430000－2403－0000588　13741－13760
黃詩全集五十八卷　（清）黃庭堅撰　清光緒二年（1876）刻本　二十冊

430000－2403－0000589　13761－13768
味檗齋文集十五卷　（明）趙南星撰　清刻本　十四冊

430000－2403－0000590　13769－13782
宋王忠文公文集五十卷　（宋）王十朋撰　清康熙六十年（1721）刻本　十四冊

430000－2403－0000591　13783－13784
宋宗忠簡公集七卷　（宋）宗澤撰　清同治四年（1865）鳩江半畝園刻本　二冊

430000－2403－0000592　13785－13786
宋岳忠武王文集八卷　（宋）岳飛撰　清同治四年（1865）鳩江半畝園刻本　二冊

430000－2403－0000593　13809－13812
金忠節公文集八卷　（明）金聲撰　清光緒十四年（1888）黟縣李氏刻本　四冊

430000－2403－0000594　13813－13816
金忠節公文集八卷　（明）金聲撰　清光緒十四年（1888）黟縣李氏刻本　四冊

430000－2403－0000595　13833－13834
何都諫公遺稿二卷　（明）何熔撰　清光緒七年（1881）刻本　二冊

430000－2403－0000596　13835－13848
震川先生集三十卷別集十卷　（明）歸有光撰　清光緒六年（1880）常熟歸氏刻本　十四冊

430000－2403－0000597　13857－13860
讀書後八卷　（明）王世貞撰　清味菜廬刻本　四冊

430000－2403－0000598　13870－13879
唐荊川先生文集十二卷　（明）唐順之撰　清江南書局刻本　十冊

430000－2403－0000599　13880－13895
方正學先生遜志齋集二十四卷　（明）方孝孺撰　清刻本　十六冊

430000－2403－0000600　14930－14944
曝書亭集八十卷　（清）朱彝尊撰　清光緒十五年（1889）刻本（寒梅館藏板）　十五冊

430000－2403－0000601　14969－14976
寶綸堂集十卷　（清）陳洪綬撰　清光緒十四年（1888）董氏取斯堂刻本　八冊

430000－2403－0000602　14999－15002
香屑集十八卷首一卷末一卷　（清）黃之雋編　清同治十年（1871）刻本（近文堂藏板）　四冊

430000－2403－0000603　15014－15025
梅村詩集箋注十八卷　（清）吳偉業撰　（清）吳翌鳳箋註　清光緒二十二年（1896）新化三味堂刻本　十二冊

430000－2403－0000604　15026
鄭板橋全集六卷　（清）鄭燮撰　清宣統元年（1909）掃葉山房石印本　一冊

430000－2403－0000605　15027－15036
樊榭山房全集正集十卷續集十卷文集八卷附集外詩詞文三卷　（清）厲鶚撰　清光緒十年（1884）錢塘汪氏振綺堂刻本　十冊

430000－2403－0000606　15037－15044
二曲先生全集二十六卷　（清）李顒撰　清光緒二十六年（1900）湘陰奎樓蔣氏小瑯環山館刻本　八冊

430000－2403－0000607　15091－15106
惜抱軒文集十六卷　（清）姚鼐撰　清光緒三十三年（1907）上海校經山房刻本　十六冊

430000－2403－0000608　15135－15142
香蘇山館詩鈔三十六卷　（清）吳嵩梁撰　清同治、光緒間木犀軒刻本　八冊

430000－2403－0000609　15151－15155
忠雅堂文集十二卷　(清)蔣士銓撰　清同治十一年(1872)刻本　五冊

430000－2403－0000610　15156－15159
韋廬詩內集四卷　(清)李秉禮撰　清道光二十二年(1842)刻本(知稼堂藏板)　四冊

430000－2403－0000611　15217－15224
小謨觴館詩文集注十六卷　(清)彭兆蓀撰　(清)孫元培等註　清光緒二十年(1894)泉唐汪氏刻本　八冊

430000－2403－0000612　15225－15228
聽松廬詩鈔十六卷　(清)張維屏撰　清嘉慶十八年(1813)刻本　四冊

430000－2403－0000613　15229－15276
甌北全集五十三卷　(清)趙翼撰　清乾隆、嘉慶間湛貽堂刻本　四十八冊

430000－2403－0000614　15277－15284
雕菰樓集二十四卷　(清)焦循撰　清道光四年(1824)蘇州文學山房木活字本　八冊

430000－2403－0000615　15364－15377
望溪先生文集十八卷首一卷集外文四卷集外文補遺二卷年譜一卷　(清)方苞撰　清光緒二年(1876)刻本　十四冊

430000－2403－0000616　15380－15386
癸巳存稿十五卷　(清)俞正燮撰　清光緒十年(1884)刻本　七冊

430000－2403－0000617　15387－15394
癸巳存稿十五卷　(清)俞正燮撰　清光緒十年(1884)刻本　八冊

430000－2403－0000618　15395－15402
癸巳存稿十五卷　(清)俞正燮撰　清道光十三年(1833)求日益齋刻本　八冊

430000－2403－0000619　15403－15408
癸巳存稿十五卷　(清)俞正燮撰　清刻本　六冊

430000－2403－0000620　15436－15451
養知書屋詩文集文二十八卷詩十五卷　(清)郭嵩燾撰　清光緒十八年(1892)刻本　十六冊

430000－2403－0000621　15456－15459
躬厚堂集十七卷　(清)張金鏞撰　清同治、光緒間刻本　四冊

430000－2403－0000622　15462－15463
冬心先生集四卷　(清)金農撰　清宣統二年(1910)上海掃葉山房石印本　二冊

430000－2403－0000623　15483－15486
小芋香館遺集十二卷　(清)李杭撰　清刻本　四冊

430000－2403－0000624　15487－15488
碉東詩鈔十卷　(清)歐陽恪撰　清光緒二十二年(1896)新化三味堂刻本　二冊

430000－2403－0000625　15489－15490
白香亭詩集三卷　(清)鄧輔綸撰　清光緒十九年(1893)東河督署刻本　二冊

430000－2403－0000626　15491－15498
許松濱先生全集四十三卷　(清)許錫祺撰　清光緒十二年(1886)刻本　八冊

430000－2403－0000627　15499－15500
游定夫先生集六卷　(宋)游酢撰　清同治六年(1867)和州官舍刻本　二冊

430000－2403－0000628　15513－15619
曾文正公全集　(清)曾國藩撰　清同治、光緒間傳忠書局刻本　一百二十七冊　存四卷(一至四)

430000－2403－0000629　15709－15785
曾文正公全集　(清)曾國藩撰　清同治、光緒間傳忠書局刻本　一百二十七冊　存七十七卷(一至四十九、一百一至一百二十八)

430000－2403－0000630　15786－15902
左文襄公全集　(清)左宗棠撰　清光緒長沙萃文堂刻本　一百十七冊

430000－2403－0000631　15903－15934
胡文忠公遺集　(清)胡林翼撰　清同治六年(1867)李氏黃鶴樓刻本　三十二冊

430000－2403－0000632　15935－15963
胡文忠公遺集　（清）胡林翼撰　清光緒元年（1875）湖北崇文書局刻本　二十九册　存十九卷（一至十三、十七至三十二）

430000－2403－0000633　15972－15974
江忠烈公遺集二卷　（清）江忠源撰　清同治十二年（1873）刻本　三册

430000－2403－0000634　15997－16060
曾忠襄公［國荃］年譜四卷　（清）王定安編　蕭榮爵增訂　清光緒二十九年（1903）刻本　六十四册

430000－2403－0000635　16155－16164
霜紅龕集四十卷附録三卷年譜一卷　（清）傅山撰　清宣統三年（1911）山陽丁氏刻本　十册

430000－2403－0000636　16165－16166
嚴太僕先生集十二卷　（清）嚴虞惇撰　清光緒九年（1883）常熟刻本（西涇竹堂嚴氏藏板）　二册

430000－2403－0000637　16182－16188
變雅堂文集四卷　（清）杜濬撰　清同治五年（1866）刻本　七册

430000－2403－0000638　16189
道榮堂文集六卷　（清）陳鵬年撰　清刻本　一册

430000－2403－0000639　16192－16195
守默齋詩文稿四卷　（清）何應祺撰　清同治五年（1866）刻本　四册

430000－2403－0000640　16217－16218
八指頭陀詩集十卷　（清）釋敬安撰　清刻本　二册

430000－2403－0000641　16219
變雅堂文集四卷　（清）杜濬撰　清光緒二十年（1894）刻本　一册

430000－2403－0000642　16244－16249
寶鴨齋集詩鈔四卷詞鈔二卷雜著一卷　（清）徐樹鈞撰　清宣統刻本　六册

430000－2403－0000643　16252－16253
歸樸堂詩存四卷　（清）陳戊撰　清光緒十一年（1885）刻本　二册

430000－2403－0000644　16274－16279
珠泉草廬文録二卷　（清）廖樹蘅著　清宣統二年（1910）長沙刻本　六册

430000－2403－0000645　16453－16454
六朝文絜四卷　（清）許槤編　清光緒三年（1877）讀有用書齋刻本　二册

430000－2403－0000646　16565－16570
精選韓柳歐蘇文鈔八卷　江起鵬選輯　清宣統三年（1911）上海新學會社鉛印本　六册

430000－2403－0000647　16825－16836
資江耆舊集六十卷資江盛事一卷　（清）鄧顯鶴編纂　清道光二十年（1840）刻本　十二册

430000－2403－0000648　17045－17052
有正味齋駢文箋注十六卷　（清）吳錫麒撰　（清）葉聯芳箋註　清同治七年（1868）慈北葉氏刻本　八册

430000－2403－0000649　17053－17060
有正味齋駢體文二十四卷　（清）吳錫麒撰　清咸豐九年（1859）青箱塾刻本　八册

430000－2403－0000650　17104－17105
國朝駢體正宗批點評本　（清）曾燠輯　上海文淵山房石印本　六册

430000－2403－0000651　17138－17145
評選四六法海八卷　（清）蔣士銓評選　清光緒十五年（1889）刻本　八册

430000－2403－0000652　17146－17153
評選四六法海八卷　（清）蔣士銓評選　清同治十年（1871）刻本　八册

430000－2403－0000653　17177－17180
湘雅扶輪集十二卷　（清）吳樹梅編　清光緒二十年（1894）刻本　四册

430000－2403－0000654　17705－17706
蘇鄰遺詩續集一卷　（清）李鴻裔撰　清光緒十七年（1891）李氏上洋石印本　二册

430000－2403－0000655　13332－13335
陶淵明集八卷　（晉）陶潛撰　清光緒五年（1879）廣州翰墨園刻朱墨套印本　四冊

430000－2403－0000656　13366－13375
李太白文集三十六卷　（唐）李白撰　（清）王琦輯註　清乾隆二十三年（1758）刻本（聚錦堂藏板）　十冊

430000－2403－0000657　13423－13432
杜工部集二十卷首一卷　（唐）杜甫撰　（明）王世貞評　清光緒二年（1876）廣州翰墨園刻五色套印本　十冊

430000－2403－0000658　13463－13470
玉谿生詩評注三卷首一卷　（唐）李商隱撰　清乾隆四十五年（1780）德聚堂刻本　八冊

430000－2403－0000659　13471－13474
樊南文集詳注八卷首一卷　（唐）李商隱撰　（清）馮浩註　清乾隆四十五年（1780）刻本　四冊

430000－2403－0000660　13475－13498
歐陽文忠公文全集一百五十三卷附錄五卷　（宋）歐陽修撰　清乾隆刻本　二十四冊

430000－2403－0000661　13577－13588
元豐類稿五十卷　（宋）曾鞏撰　清康熙四十九年（1710）刻本（菜根書屋藏板）　十二冊

430000－2403－0000662　13799－13808
太師誠意伯劉文成公集二十卷　（明）劉基撰　清康熙四十六年（1707）劉元奇溫州刻雍正八年（1730）萬里補刻本　十冊

430000－2403－0000663　13861－13865
魏叔子文集二十二卷　（清）魏禧撰　清刻本　五冊　存十四卷（五至十、十一至十八）

430000－2403－0000664　13866－13869
寧都三魏全集　（清）林時益輯　清刻本　四冊

430000－2403－0000665　14896－14917
西堂雜俎二十四卷詩文集八卷　（清）尤侗撰　清順治十二年（1655）刻本　二十二冊

430000－2403－0000666　14920－14929
敬業堂集五十卷　（清）查慎行撰　清康熙五十八年（1719）刻本　十冊

430000－2403－0000667　14960－14962
有懷堂文稿二十二卷　（清）韓菼撰　清康熙四十二年（1703）刻本　三冊

430000－2403－0000668　14977－14986
帶經堂全集九十二卷　（清）王士禎撰　清乾隆十二年（1747）刻本　十冊

430000－2403－0000669　14993－14998
漁洋山人精華錄箋註十二卷　（清）王士禎撰　（清）金榮註　（清）徐淮輯　清刻本（鳳翽堂藏板）　六冊

430000－2403－0000670　15003－15013
臨野堂文集十卷　（清）鈕琇撰　清康熙三十八年（1699）刻本　十一冊

430000－2403－0000671　15045－15048
陳檢討詩集二十卷　（清）陳維崧撰　清康熙三十八年（1699）刻本　四冊

430000－2403－0000672　15056－15079
培遠堂偶存稿四十八卷　（清）陳弘謀撰　清乾隆三十三年（1768）刻本　二十四冊

430000－2403－0000673　15080－15090
紫竹山房詩集十二卷文集二十卷　（清）陳兆崙撰　清乾隆四十八年（1783）刻本　十一冊

430000－2403－0000674　15121－15128
蓮洋集二十卷　（清）吳雯撰　清乾隆三十九年（1774）刻本　八冊

430000－2403－0000675　15129－15134
戴東原集十二卷　（清）戴震撰　清乾隆五十七年（1792）經韻樓刻本　六冊

430000－2403－0000676　15143－15150
忠雅堂詩集二十七卷　（清）蔣士銓撰　清乾隆二十七年（1762）刻本　八冊

430000－2403－0000677　15160－15191
歸愚詩鈔二十卷　（清）沈德潛撰　清乾隆刻本　三十二冊

430000－2403－0000678　15472－15477

堯峰文鈔五十卷　(清)汪婉撰　(清)林佶編　清康熙刻本　六册

430000－2403－0000679　34019－34024

漁洋山人精華錄箋註十二卷　(清)王士禛撰　(清)金榮註　清乾隆刻本　六册

430000－2403－0000680　36041－36044

岳忠武王文集八卷首一卷末一卷　(宋)岳飛撰　(清)黄邦寧輯　清乾隆三十五年(1770)刻本　四册

430000－2403－0000681　36045－36059

朱文正公校昌黎先生文考異四十卷外集十卷遺文　(唐)韓愈撰　(宋)朱熹考異　(宋)王伯大音釋　明萬曆錄德堂刻本　十四册　存三十六卷(一至二十五、三十至四十)

430000－2403－0000682　36077－36078

藍山集六卷　(明)藍仁撰　清乾隆刻本　二册

430000－2403－0000683　36079－36080

藍澗集六卷　(明)藍智撰　清抄本　二册

430000－2403－0000684　36093－36096

重訂李義山詩集箋注三卷集外詩箋注一卷年譜一卷　(唐)李商隱撰　(清)朱鶴齡註　(清)程夢星刪補　清乾隆八年(1743)汪增寧今有堂刻本　四册

430000－2403－0000685　36097－36112

吳詩集覽二十卷　(清)吳偉業撰　(清)靳榮藩輯　清乾隆四十四年(1779)刻本　十六册

430000－2403－0000686　36149－36150

溫飛卿詩集四卷　(唐)溫庭筠撰　(明)曾益註　清康熙三十六年(1697)秀野草堂刻本　二册

430000－2403－0000687　36176－36191

重刻昭明文選六十卷　(南朝梁)蕭統輯　(唐)李善註　(清)葉樹藩訂　清刻朱墨套印本　十六册

430000－2403－0000688　36193

河東先生集十六卷　(唐)柳宗元撰　清刻本　一册

430000－2403－0000689　36194－36198、36040

忠肅集二十卷　(宋)劉摯撰　清重刻武英殿聚珍版叢書本　五册

430000－2403－0000690　36201

訂補坡仙集鈔三十八卷　(宋)蘇軾撰　明刻本　一册

430000－2403－0000691　36214－36219

西堂雜組一集八卷二集八卷三集八卷　(清)尤侗撰　清康熙刻本　六册　缺八卷(三集一至八)

430000－2403－0000692　33208－33219

讀杜心解六卷　(唐)杜甫撰　(清)浦起龍註解　清雍正二年(1724)靜寄東軒刻本　十二册

430000－2403－0000693　7036－7041

陸宣公集二十二卷　(唐)陸贄撰　(清)湯亦中校　清同治五年(1866)善化楊氏問竹軒家塾刻本　六册

430000－2403－0000694　7042－7061

李忠定集　(宋)李綱撰　清光緒二十九年(1903)湖南愛日堂刻本　二十册

430000－2403－0000695　36221－36225

司馬文正公傳家集八十卷　(宋)司馬光撰　(清)陳弘謀重訂　清雍正刻本　五册　存十二卷(三十七至四十八)

430000－2403－0000696　17735－17742

詞學叢書六種二十三卷　(清)秦恩復編　清嘉慶十五年(1810)刻本　八册

430000－2403－0000697　36202－36205

花間集四卷　(五代)趙崇祚輯　(明)楊慎　(明)湯顯祖批選　明萬曆四十八年(1620)刻本　四册

430000－2403－0000698　17707－17734

宋六十名家詞　(明)毛晉輯　清同治四年(1865)湘鄉曾氏金陵節署刻本　二十八册

430000－2403－0000699　33833
草堂詩餘四卷　(明)沈際飛評　(明)錢允治原編　明刻本　一册

430000－2403－0000700　13319－13325
李笠翁五種曲　(清)李漁撰　清康熙刻本　九册

430000－2403－0000701　17764－17777
寄園寄所寄十二卷　(清)趙吉士撰　清刻本　十四册

430000－2403－0000702　35936－35955
東周列國志二十四卷一百八回　(清)蔡奡評點　清咸豐四年(1854)刻朱墨套印本　二十册

430000－2403－0000703　35971－35986
品花寶鑒八卷六十回　(清)陳森撰　清道光五年(1825)刻本　十六册

430000－2403－0000704　36024－36033
閱微草堂筆記二十四卷　(清)紀昀撰　清刻本　十册

430000－2403－0000705　12979－12984
世說新語三卷考證一卷校勘小識一卷補一卷注引用書目一卷佚文一卷　(南朝宋)劉義慶撰　(南朝梁)劉孝標註　清光緒十七年(1891)長沙思賢講舍刻本　六册

430000－2403－0000706　12985－12990
世說新語三卷　(南朝宋)劉義慶撰　(南朝梁)劉孝標註　清道光七年(1827)紛欣閣刻本　六册

430000－2403－0000707　13205－13209
詳注聊齋志異圖詠十六卷　(清)蒲松齡撰　(清)呂湛恩註　清光緒十九年(1893)楊文書局刻本　五册　存十二卷(一至十二)

430000－2403－0000708　13271－13277
北東園筆錄四編二十四卷　(清)梁恭辰撰　清同治五年(1866)汴城義文齋刻本　七册

430000－2403－0000709　6708
十三日備嘗記一卷事略附記一卷　(清)曹晟撰　申報館鉛印本　一册

430000－2403－0000710　13278－13284
詳註聊齋志異圖詠十六卷　(清)蒲松齡撰　(清)王士正評　清光緒十二年(1886)上海江左書林石印本　七册

430000－2403－0000711　36074－36076
文心雕龍十卷　(南朝梁)劉勰撰　(清)黄叔琳輯註　清乾隆六年(1741)黄氏養素堂刻本　三册

430000－2403－0000712　17527－17564
明詩紀事十籤一百八十七卷　(清)陳田輯　清光緒二十三年至宣統元年(1897－1909)貴陽陳氏聽詩齋刻本　三十八册

430000－2403－0000713　17603－17618
弘正四傑詩集四種　(清)張祖同輯　清光緒二十一年(1895)長沙張氏湘雨樓刻本　十六册

430000－2403－0000714　16620－16636
唐宋八大家全集　(清)□□編　清刻本　十七册

430000－2403－0000715　17443－17448
唐四家詩集二十卷　(清)汪立名輯　清退補齋刻本　六册

430000－2403－0000716　13459－13462
李義山詩集箋注三卷集外詩一卷　(唐)李商隱撰　(清)朱鶴齡箋註　(清)程夢星刪補　清刻本　四册

430000－2403－0000717　13563－13564
曾南豐先生文集四卷　(宋)曾鞏撰　清宣統二年(1910)上海會文堂書局石印本　二册

430000－2403－0000718　16123－16124
海秋詩鈔　(清)湯鵬撰　清咸豐、同治間手抄本　二册

430000－2403－0000719　13565－13576
曾南豐全集五十卷首一卷　(宋)曾鞏撰　清光緒十六年(1890)慈利漁浦書院刻本　十二册

430000－2403－0000720　13849－13856
劍南詩抄　(宋)陸游撰　清光緒八年(1882)刻本　八冊

430000－2403－0000721　17742
候蛩詞一卷　洪汝冲著　鉛印本　一冊

430000－2403－0000722　32258－32267
思綺堂文集十卷　(清)章藻功撰　清康熙六十一年(1722)刻本　十冊

430000－2403－0000723　15412－15423
讀書偶識十卷　(清)鄒漢勛撰　清光緒刻本　十二冊

430000－2403－0000724　16061－16069
羅山遺集八卷　(清)羅澤南撰　清咸豐、同治間刻本　九冊

430000－2403－0000725　17176
高等國文讀本　唐文治編纂　清宣統元年(1909)上海文明書局鉛印本　一冊

430000－2403－0000726　16086－16105
李文忠公奏議二十卷　(清)李鴻章撰　清刻本　二十冊

430000－2403－0000727　16106－16122
林文忠公奏議六卷　(清)林則徐書　清光緒思補樓刻本　十七冊

430000－2403－0000728　16151－16154
尚志居集八卷　(清)楊德亨撰　清光緒八年(1882)刻本　四冊

430000－2403－0000729　17704
桃源節孝吟一卷　(清)嚴家迺撰　清光緒二十五年(1899)無可名齋刻本　一冊

430000－2403－0000730　35987－36011
第一奇書一百回　(清)李漁撰　清刻本　二十五冊

430000－2403－0000731　16864－16869
古文雅正十四卷　(清)蔡世遠選評　清同治七年(1868)湘鄉曾氏刻本　六冊

430000－2403－0000732　17033－17044
駢體文鈔三十一卷　(清)李兆洛輯　清同治六年(1867)婁江徐氏刻本　十二冊

430000－2403－0000733　16847
庸盦海外文編四卷　(清)薛福成撰　清光緒二十三年(1897)上海醉六堂石印本　一冊

430000－2403－0000734　16284
端俗公傳書　(清)□□撰　清刻本　一冊

430000－2403－0000735　17743－17751
璧合珠聯集十卷　(清)翰緣齋編　清光緒二十三年(1897)京都翰緣齋刻本　九冊

430000－2403－0000736　17752－17755
璧合珠聯集十卷　(清)翰緣齋校　清光緒二十三年(1897)京都翰緣齋刻本　四冊

430000－2403－0000737　26121－26122
欽定四庫全書簡明目錄二十卷　(清)高宗弘曆敕撰　清刻本　二冊

430000－2403－0000738　26225－26232
儀顧堂題跋十六卷　(清)陸心源撰　清光緒十六年(1890)刻本　八冊

430000－2403－0000739　35595－35618
欽定春秋傳說彙纂三十八卷　(清)王掞等纂　清刻本　二十四冊

430000－2403－0000740　35661－35670
書傳會選六卷　(明)劉三吾等撰　明嘉靖刻本　七冊

430000－2403－0000741　5332－5335
梁文紀十四卷　(明)梅鼎祚編　明崇禎刻本　四冊

430000－2403－0000742　17597－17600
御選明詩一百二十卷　(清)張豫章等編　清康熙刻本　四冊

430000－2403－0000743　15202－15206
介石堂文集　(清)郭起元撰　清嘉慶刻本　五冊

430000－2403－0000744　16455－16464
兩漢鴻文二十卷　(明)顧錫疇評選　明崇禎

六年(1633)刻本　十册

430000－2403－0000745　17061－17091
歷代賦彙補遺二十二卷　(清)陳元龍輯　清康熙刻本　三十册

430000－2403－0000746　16701－16712
明文奇賞四十卷　(明)陳仁錫評選　清康熙刻本　十二册

430000－2403－0000747　13326－13329
楚詞燈四卷　(清)林雲銘撰　清康熙三十六年(1697)刻本　四册

430000－2403－0000748　13817－13832
李宮保湘洲先生集十二卷　(清)李騰芳撰　明季刻本　十六册

430000－2403－0000749　13896－13907
西山先生真文忠公文集四十九卷　(宋)真德秀撰　清刻本　十二册

430000－2403－0000750　13938－13963
大泌山房集一百三十四卷目錄二卷　(明)李維楨撰　明萬曆刻本　二十六册

430000－2403－0000751　15049－15055
退谷文集七卷　(清)黄越撰　清雍正十三年(1735)刻本　七册

430000－2403－0000752　17792－17795
達觀堂詩話八卷　(清)張晉本撰　清同治十二年(1873)湘陰李桓芋園刻本　四册

430000－2403－0000753　17827－17838
漢魏遺書鈔　(清)王謨輯　清嘉慶三年(1798)金溪王氏刻本　十二册

430000－2403－0000754　17915－17973
增訂漢魏叢書　(清)王謨輯　清光緒六年(1880)刻本　五十九册

430000－2403－0000755　17974－17985
唐代叢書　(清)陳世熙編　清宣統三年(1911)石印本　十二册

430000－2403－0000756　18780－18819
焦氏遺書二十二種一百二十四卷　(清)焦循撰　清光緒二年(1876)刻本　四十册

430000－2403－0000757　19091－19250
正誼堂全書　(清)張伯行集解　清同治五年(1866)福州正誼書院刻本　一百六十册

430000－2403－0000758　17988－18065
香豔叢書　(清)蟲天子輯　清宣統上海國學扶輪社鉛印本　七十六册

430000－2403－0000759　18545－18565
後知不足齋叢書　(清)鮑廷爵輯　清光緒常熟鮑氏刻本　二十一册

430000－2403－0000760　18832－18851
小萬卷樓叢書十七種　(清)錢培名輯　清光緒四年(1878)刻本　二十册

430000－2403－0000761　18852－18871
小萬卷樓叢書十七種　(清)錢培名輯　清刻本　十五册

430000－2403－0000762　18971－19090
玉函山房輯佚書　(清)馬國翰輯　清光緒十八年(1892)湖南思賢書局刻本　一百二十册

430000－2403－0000763　19275－19331
三長物齋叢書　(清)黄本驥編輯　清道光刻本　五十七册

430000－2403－0000764　19332－19365
元和江氏靈鶼閣叢書六集　(清)江標編　清光緒元和江氏湖南使院刻本　三十四册

430000－2403－0000765　19366－19410
元和江氏靈鶼閣叢書六集　(清)江標編　清光緒元和江氏湖南使院刻本　四十五册

430000－2403－0000766　19411－19416
二酉堂叢書二十一種　(清)張澍輯　清道光元年(1821)武威張氏二酉堂刻本　十六册

430000－2403－0000767　19417－19432
積學齋叢書二十種六十一卷　徐乃昌輯　清光緒十九年(1893)南陵徐乃昌刻本　十六册

430000－2403－0000768　19433－19454
知服齋叢書　(清)龍鳳鑣輯　清光緒二十二

年(1896)順德龍氏知服齋刻本　二十二冊

430000－2403－0000769　19487－19488
訓纂堂叢書　(清)楊調元輯　清光緒四年(1878)貴築楊氏刻本　二冊

430000－2403－0000770　19489－19508
觀自得齋叢書二十九種七十八卷　(清)徐士愷編　清光緒十八年(1892)徐氏校刻本　二十冊

430000－2403－0000771　19547－19566
鄦齋叢書二十種　徐乃昌輯　清光緒二十六年(1900)南陵徐氏刻本　十冊

430000－2403－0000772　19557－19572
鄦齋叢書二十種　徐乃昌輯　清光緒二十六年(1900)南陵徐氏刻本　十六冊

430000－2403－0000773　19585－19599
蔆園叢書九種三十四卷　(清)張慎儀撰　清光緒至民國刻本　十五冊

430000－2403－0000774　19600－19623
咫進齋叢書　(清)姚覲元編　清光緒九年(1883)歸安姚氏刻本　二十四冊

430000－2403－0000775　19624－19645
坦園叢稿十一種七十二卷　(清)楊恩壽撰　清光緒八年(1882)長沙楊氏刻本　二十二冊

430000－2403－0000776　19646－19681
花雨樓叢鈔二十九種八十七卷　(清)張壽榮輯　清光緒九年(1883)蛟川張氏刻本　三十六冊

430000－2403－0000777　19682－19687
花雨樓七種　(清)張壽榮輯　清光緒九年(1883)蛟川清湖張氏刻本　六冊

430000－2403－0000778　19744－19757
挹秀山房叢書二十四種　(清)朱克敬編　清同治、光緒間刻本　十四冊

430000－2403－0000779　19912－19916
雙梅景闇叢書　葉德輝輯　清光緒、宣統間長沙葉氏郎園刻本　五冊

430000－2403－0000780　19946－19960
古逸叢書二十六種　(清)黎庶昌編　清光緒遵義黎氏日本影刻本　十五冊

430000－2403－0000781　19961－20207
武英殿聚珍版叢書　(清)高宗弘曆敕撰　清刻本　二百四十七冊

430000－2403－0000782　20208－20320
武英殿聚珍版叢書　(清)高宗弘曆敕撰　清刻本　一百十三冊

430000－2403－0000783　20321－20409
玉函山房輯佚書　(清)馬國翰輯　清光緒九年(1883)長沙琅環館校刻本　八十九冊

430000－2403－0000784　20489－20499
二酉堂叢書　(清)張澍輯　清道光元年(1821)武威張氏二酉堂刻本　十一冊

430000－2403－0000785　20500－20556
宜稼堂叢書　(清)郁松年輯　清道光上海郁氏刻本　存五十七冊

430000－2403－0000786　20567－20589
指海　(清)錢熙祚輯　清道光二十年(1840)刻本　二十三冊

430000－2403－0000787　26183
鄭承袞先生易譜十二卷　(清)鄭旒撰　清刻本　一冊

430000－2403－0000788　26184－26207
群書校補一百卷　(清)陸心源輯　清光緒刻本　二十四冊

430000－2403－0000789　18596－18607
檀几叢書　(清)王晫　(清)張潮編　清同治三年(1864)刻本　十三冊

430000－2403－0000790　18608－18619
檀几叢書　(清)王晫　(清)張潮編　清道光二年(1822)刻本　十二冊

430000－2403－0000791　18762－18779
經訓堂叢書　(清)畢沅編　清乾隆鎮洋畢氏刻本　十八冊

430000－2403－0000792　18566－18595
貸園叢書初集十二種　(清)周永年編　清乾隆五十四年(1789)歷城周氏刻本　三十册

430000－2403－0000793　12676－12683
藝海珠塵　(清)吳省蘭編　清嘉慶南彙吳氏聽彝堂刻本　八册

430000－2403－0000794　20410－20481
嶺南遺書六集五十九種　(清)伍崇曜輯　清道光至同治南海伍氏校刻本　七十二册

430000－2403－0000795　14855－14868
亭林遺書十種　(清)顧炎武撰　清光緒十四年(1888)上海掃葉山房石印本　十四册

430000－2403－0000796　14869－14886
亭林遺書十種　(清)顧炎武撰　清乾隆三年(1738)刻四色套印本　十八册

430000－2403－0000797　14963－14968
章氏遺書十種　(清)章學誠撰　清光緒三年(1877)貴陽刻本　六册

430000－2403－0000798　15285－15363
抗希堂十六種全書　(清)方苞撰　清光緒二十四年(1898)瑯環閣刻本　七十九册

430000－2403－0000799　16125－16129
董方立遺書九種十六卷　(清)董祐誠撰　清同治八年(1869)董貽清成都刻本　九册

430000－2403－0000800　18620－18686
嘉定錢氏潛研堂全書　(清)錢大昕撰　清光緒十年(1884)長沙龍氏家塾重刻本　六十七册

430000－2403－0000801　19251－19258
第一樓叢書九種三十卷　(清)俞樾撰　清同治十年(1871)刻本　八册

430000－2403－0000802　19259－19274
頤志齋叢書　(清)丁晏撰　清咸豐、同治間山陽丁氏刻本　十六册

430000－2403－0000803　19509－19546
師伏堂叢書　(清)皮錫瑞撰　清同治、光緒間刻本　三十八册

430000－2403－0000804　20482－20488
經韻樓叢書　(清)段玉裁撰　清乾隆至道光金壇段氏刻本　七册

430000－2403－0000805　19758－19769
桐華閣叢書六種　(清)杜貴墀撰　清光緒刻本　十二册

430000－2403－0000806　19770－19781
桐華閣叢書六種　(清)杜貴墀撰　清光緒刻本　十二册

430000－2403－0000807　18820－18831
董氏叢書　(清)董金鑒輯　清光緒三十二年(1906)會稽董氏取斯家塾刻本　十二册

430000－2403－0000808　20590－20622
益雅堂叢書　(清)傅世洵輯　清光緒五年(1879)刻本　三十三册

430000－2403－0000809　17797－17826
漢魏叢書　(明)程榮輯　明萬曆二十年(1592)新安程氏刻本　三十册

430000－2403－0000810　17839－17914
增訂漢魏叢書七十六種　(清)王謨編　清乾隆刻本　七十六册

430000－2403－0000811　18066－18265
龍威秘書十集　(清)馬俊良輯　清乾隆五十九年(1794)大酉山房刻本　二百册

430000－2403－0000812　9285－9323
子書二十二種　(清)浙江書局輯　清光緒二十三年(1897)浙江書局刻本　三十九册

430000－2403－0000813　3164－3167
汗簡箋證七卷　(五代)郭忠恕撰　清光緒十五年(1889)廣雅書局刻本　四册

430000－2403－0000814　18872－18886
小石山房叢書　(清)顧湘輯　清同治十三年(1874)虞山顧氏刻本　十五册

430000－2403－0000815　18887－18906
小石山房叢書　(清)顧湘輯　清同治十三年(1874)顧氏刻本　二十四册

430000－2403－0000816　18907－18938
滂喜齋叢書　(清)潘祖蔭輯　清同治、光緒間吳縣潘氏京師刻本　三十二冊

430000－2403－0000817　18939－18970
滂喜齋叢書　(清)潘祖蔭輯　清同治、光緒間吳縣潘氏京師刻本　三十二冊

衡陽市衡南縣圖書館古籍普查登記目録

全國古籍普查登記目録

國家圖書館出版社
National Library of China Publishing House

430000－2432－0000001　1
二十四史　清光緒二十九年(1903)上海同文書局石印本　四百九十三冊

430000－2432－0000002　2
二十四史　清光緒十四年(1888)上海圖書集成印書局鉛印本　三百三十冊

430000－2432－0000003　3
二十四史　清光緒二十八年(1902)史學會社石印本　七十六冊

430000－2432－0000004　3(1)
二十四史　清光緒二十八年(1902)史學會社石印本　九冊

430000－2432－0000005　4
御批歷代通鑑輯覽一百二十卷　(清)傅恒等撰　育文書局石印本　十七冊　存八十六卷(六至十七、二十四至三十三、三十九至四十三、五十四至九十、九十九至一百二十)

430000－2432－0000006　5
綱鑑易知錄九十二卷　(清)吳乘權等輯　清刻本　七冊　存二十一卷(二十二至二十七、三十四至三十六、四十至五十一)

430000－2432－0000007　6
增補綱鑑輯要四十卷首一卷　(明)袁黄編纂　清刻本　二冊　存三卷(二十五至二十六、二十八)

430000－2432－0000008　7
歷代通鑑輯要　石印本　十三冊　存五十一卷(十七至十九、四十一至四十九、五十六至五十九、六十二至六十九、七十四至七十七、八十四至九十二、九十六至九十八、一百六至一百九、一百十四至一百二十)

430000－2432－0000009　10
袁王綱鑑合編三十九卷　(明)袁黄　(明)王世貞編　上海錦章圖書局石印本　三冊　存十卷(十三至十六、三十二至三十七)

430000－2432－0000010　12
奇門遁甲秘笈大全三十卷　(明)劉基撰　清刻本　一冊　存六卷(二十至二十五)

430000－2432－0000011　12.1
詳注經史百家雜鈔二十六卷　(清)曾國藩纂　上海會文堂書局石印本　四冊　存九卷(三至八、十一至十三)

430000－2432－0000012　13
十朝東華錄　(清)王先謙撰　石印本　十九冊　存一百九十二卷(康熙朝十五至七十一,乾隆朝四十七至六十八、七十一至八十、八十二至一百七,咸豐朝五十五至六十、九十一至一百,同治朝三十二至三十四、四十八至五十二、五十八至六十二、六十八至一百十五)

430000－2432－0000013　14
御批歷代通鑑輯覽一百二十卷　(清)傅恒等撰　清刻本　三十二冊　存六十四卷(二十四至二十七、三十至三十三、三十六至三十七、四十二至四十五、五十二至六十一、六十四至八十一、八十八至九十七、一百至一百一、一百四至一百七、一百十至一百十一、一百十四至一百十七)

430000－2432－0000014　15
御批歷代通鑑輯覽一百二十卷　(清)傅恒等撰　清刻本　十六冊　存三十二卷(十一至十二、十七至十八、二十七至三十、四十三至四十八、六十三至六十四、六十七至六十八、七十三至七十四、九十七至九十八、一百九至一百十八)

430000－2432－0000015　16
御批歷代通鑑輯覽一百二十卷　(清)傅恒等撰　清刻本　十四冊　存二十九卷(四至八、十九至二十六、三十一至三十四、六十五至六十六、八十七至八十八、九十七至一百四)

430000－2432－0000016　17
御批歷代通鑑輯覽一百二十卷　(清)傅恒等撰　清光緒三十四年(1908)鉛印本　二十八冊　存八十五卷(一至十五、二十二至二十六、三十三至四十一、四十八至五十、五十四至五十九、六十三至七十二、七十六至七十

八、八十二至九十九、一百三至一百五、一百八至一百二十）

430000－2432－0000017　19
資治通鑑綱目　（宋）朱熹等撰　（明）陳仁錫評閱　清刻本　三十冊　存三十卷（正編十四至十五、十七至十九、二十二至二十三、二十五、二十八至三十、三十二至三十五、三十七，續編三、五、七至八、十四至十六、十八至二十二、二十六至二十七）

430000－2432－0000018　20
續資治通鑑二百二十卷　（清）畢沅撰　清光緒十四年（1888）上海蜚英館石印本　十九冊　存二百十卷（一至三十八、四十九至一百六十四、一百七十五至二百二十、二百六十五至二百七十四）

430000－2432－0000019　21
資治通鑑目錄三十卷　（宋）司馬光撰　清光緒十四年（1888）上海蜚英館石印本　四冊

430000－2432－0000020　22
讀通鑑論　（清）王夫之撰　清刻本　二冊　存四卷（七至八、二十一至二十二）

430000－2432－0000021　24
說文解字注　（清）段玉裁撰　上海錦章圖書局石印本　六冊

430000－2432－0000022　25
戰國策詳注三十三卷　（漢）高誘註　上海文明書局鉛印本　二冊　存十二卷（十二至十八、二十四至二十八）

430000－2432－0000023　26
香艷叢書二十集　題（清）蟲天子輯　上海商務印書館鉛印本　一冊　存一卷（十八集卷三）

430000－2432－0000024　27
古今文綜不分卷　張相編　中華書局鉛印本　一冊　存第二十一冊

430000－2432－0000025　29
歷代名臣言行錄二十四卷　（清）朱桓輯　萃文齋石印本　二冊　存六卷（四至六、十三至十五）

430000－2432－0000026　30
皇朝經世文續編一百二十卷　（清）葛士濬輯　清鉛印本　四冊　存十三卷（八至九、九十四至一百四）

430000－2432－0000027　31
讀史兵略四十六卷　（清）胡林翼撰　清咸豐十一年（1861）武昌節署刻本　六冊　存十七卷（二十五至三十九、四十五至四十六）

430000－2432－0000028　32
資治通鑑注二百九十四卷附釋文辨誤十二卷　（宋）司馬光撰　（元）胡三省註　清同治十年（1871）湖北崇文書局刻本　六十三冊　存一百八十卷（一至三、十六至三十三、三十七至四十八、五十二至六十八、七十二至八十五、九十六至一百一、一百八至一百二十一、一百二十八至一百四十、一百五十一至一百五十四、一百六十一至一百九十三、一百九十七至一百九十九、二百八至二百二十二、二百三十三至二百五十三、二百五十六至二百五十八、二百六十六至二百六十八、二百七十二至二百七十七、二百八十八、二百八十九、辨誤卷一至三）

430000－2432－0000029　33
皇清經解　（清）阮元輯　石印本　二冊

430000－2432－0000030　34
皇清經解續編　王先謙輯　石印本　一冊

430000－2432－0000031　35
皇朝經世文四編五十三卷　（清）何良棟輯　石印本　一冊　存四卷（四十六至四十九）

430000－2432－0000032　36
欽定大清會典一百卷　石印本　一冊　存十九卷（六十四至八十二）

430000－2432－0000033　37
韓昌黎全集四十卷　（唐）韓愈撰　石印東雅堂原本　一冊　存六卷（二十一至二十六）

430000－2432－0000034　38
康熙字典　(清)張玉書等撰　上海錦章圖書局石印本　一册　存申集

430000－2432－0000035　40
重刊宋本十三經註疏附校勘記　(清)阮元校勘　(清)盧宣旬摘錄　清光緒十三年(1887)脈望仙館石印本　八册

430000－2432－0000036　41
遵阮本重印十三經註疏并校勘記　(清)阮元校勘　清光緒十三年(1887)上海點石齋石印本　七册

430000－2432－0000037　42
天下郡國利病書一百二十卷　(清)顧炎武撰　清刻成都龍氏敷文閣本　一册　存三卷(五十五至五十七)

430000－2432－0000038　43
後漢書一百二十卷　(南朝宋)范曄撰　(唐)李賢註　汲古閣刻本　一册　存六卷(十九至二十四)

衡陽市衡山縣圖書館古籍普查登記目録

全國古籍普查登記目録

國家圖書館出版社
National Library of China Publishing House

430000－2433－0000001　21/1

南史八十卷　（唐）李延壽撰　清同治十三年（1874）金陵書局刻本　十二册

430000－2433－0000002　24/1

史記一百三十卷　（漢）司馬遷著　清同治五年（1866）金陵書局刻本　二十一册

430000－2433－0000003　221/1

資治通鑑二百九十四卷　（宋）司馬光編纂（元）胡三省音注　清同治十年（1871）崇文書局刻本　八十册

430000－2433－0000004　292/1

兩淮鹽法志五十六卷首四卷　（清）佶山（清）單渠纂修　清嘉慶十一年（1806）刻本　三十三册

430000－2433－0000005　192/17

爾雅注疏校勘記十一卷　（晋）郭璞注　清刻本　六册

430000－2433－0000006　192.3/1

六書系韻二十四卷　（清）李貞編　清光緒十六年（1890）刻本　二十六册

430000－2433－0000007　192.2/1

說文解字注三十二卷　（漢）許慎撰　（清）段玉裁注　清光緒十六年（1890）刻本　十四册

430000－2433－0000008　21/2

後漢書一百二十卷　（南朝宋）范曄撰　（唐）李賢注　清光緒十年（1884）石印本　五十册

430000－2433－0000009　222/1

前漢書七十卷　（漢）班固撰　（唐）顔師古注　清同治八年（1869）刻本　十六册

430000－2433－0000010　222/2

前漢書補注一百卷　（漢）班固撰　（唐）顔師古注　王先謙補注　清光緒二十六年（1900）刻本　三十三册

430000－2433－0000011　153/1

禮記注疏校勘記六十三卷　（清）阮元撰　清同治十年（1871）刻本　十一册

430000－2433－0000012　15/1

欽定禮記義疏八十二卷首一卷　（清）允祿撰　清乾隆十九年（1754）刻本　三十二册

430000－2433－0000013　18/1

尚書注疏二十卷　（漢）孔安國撰　（唐）孔穎達疏　清同治十三年（1874）刻本　十册　存十卷（一至十）

430000－2433－0000014　151/1

欽定周官義疏四十八卷　（清）允祿等撰　清乾隆十九年（1754）刻本　十五册　存十三卷（六至七、二十三至三十三）

430000－2433－0000015　13/1

尚書王氏注二卷　（三國魏）王肅撰　清光緒九年（1883）刻本　三册

430000－2433－0000016　16/1

欽定春秋傳説匯纂三十八卷首二卷　（清）王掞等纂　清光緒十四年（1888）刻本　二十册　存二十二卷（一至十二、十九至二十六，首一至二）

430000－2433－0000017　13/2

欽定書經傳説匯纂二十一卷首二卷　（清）王頊齡撰　清雍正刻本　十一册

430000－2433－0000018　12/1

欽定周易折中二十二卷　（清）李光地等修編　清康熙五十四年（1715）刻本　一册　存一卷（一）

430000－2433－0000019　12/2

御纂周易折中二十二卷　（清）李光地編修　清乾隆刻本　十一册

430000－2433－0000020　296/1

讀史方輿紀要一百三十卷　（清）顧祖禹撰（清）彭元瑞校　清光緒五年（1879）刻本　五十册

430000－2433－0000021　54/1

船山遺書二百八十八卷　（清）王夫之撰　清同治四年（1865）刻本　八十六册

430000－2433－0000022　21/3

四庫全書總目提要二百卷　（清）紀昀等撰

清同治十年(1871)刻本　二十四冊

430000－2433－0000023　11/1
四庫全書總目提要二百卷　(清)紀昀等撰　清同治十年(1871)刻本　二十二冊

430000－2433－0000024　31/1
四庫全書總目提要二百卷　(清)紀昀等撰　清同治十年(1871)刻本　三十三冊

430000－2433－0000025　41/1
四庫全書總目提要二百卷　(清)紀昀等撰　清同治十年(1871)刻本　三十七冊

430000－2433－0000026　371/1
御纂醫宗金鑒　(清)吴謙等輯　鉛印本　一冊

430000－2433－0000027　12/3
周易三卷　(宋)朱熹本義　清嘉慶刻本　三冊

430000－2433－0000028　12/4
周易注疏校勘記九卷　(清)阮元撰　清同治十三年(1874)刻本　一冊　存一卷(一)

430000－2433－0000029　12/5
周易兼義九卷　(三國魏)王弼注　(唐)孔穎達正義　清嘉慶三年(1798)刻本　四冊

430000－2433－0000030　12/6
周易集解十七卷　(唐)李鼎祚撰　清乾隆二十一年(1756)刻本　二冊　存六卷(一至六)

430000－2433－0000031　12/7
鄭氏周易三卷　(漢)鄭玄注　(元)王應麟輯　(清)惠棟增補　清乾隆二十一年(1756)刻本　一冊　存一卷(下)

430000－2433－0000032　12/8
周易注疏九卷　(三國魏)王弼注　(唐)孔穎達正義　清同治十三年(1874)刻本　一冊　存一卷

430000－2433－0000033　12/9
周禮注疏四十二卷　(漢)鄭玄注　(唐)陸德明音義　(唐)賈公彦疏　清同治十三年(1874)刻本　二十六冊　存二十四卷(一至二十四)

430000－2433－0000034　213/1
魏書一百十四卷　(北齊)魏收撰　清同治十一年(1872)刻本　十七冊

430000－2433－0000035　191/1、191/4、196/5、191/6、191/7、191/8、191/9、191/10
古經解彙函三十種三百一卷　(清)鍾謙鈞輯　清同治十三年(1874)刻本　二十八冊

430000－2433－0000036　19/1
說文解字通釋四十卷　(五代)徐鍇撰　清道光十九年(1839)刻本　十冊

430000－2433－0000037　192/2
說文新附考六卷　(清)鈕樹玉撰　清同治十三年(1874)刻本　二冊

430000－2433－0000038　192/3
說文解字三十二卷　(清)段玉裁注　清光緒七年(1881)刻本　九冊

430000－2433－0000039　192/4
說文通訓定聲十八卷　(清)朱駿聲撰　清道光十三年(1833)刻本　二十六冊　存十九卷(一至十八、補遺卷首一卷)

430000－2433－0000040　192/5
說文解字斠詮十四卷　(清)錢坫撰　清光緒九年(1883)刻本　七冊

430000－2433－0000041　192/6
說文解字十五卷　(漢)許慎撰　(宋)徐鉉等校定　影印本　三冊

430000－2433－0000042　192/7
說文解字通論三十四卷　(五代)徐鍇撰　清刻本　一冊

430000－2433－0000043　192.2/2
說文經字考辨證四卷　(清)郭慶蕃撰　清光緒二十一年(1895)刻本　二冊

430000－2433－0000044　192/8
說文解字繫傳校勘記三卷　(五代)徐鍇撰　(清)祁寯藻校勘　清光緒二年(1876)刻本　一冊

430000－2433－0000045　192/9
汲古閣說文訂一卷　(清)段玉裁撰　清同治十一年(1872)刻本　一冊

430000－2433－0000046　192/10
六書音均表五卷　(清)段玉裁撰　清同治十一年(1872)刻本　二冊

430000－2433－0000047　192/11
說文通檢十四卷　(清)黎永椿撰　清光緒二年(1876)刻本　二冊

430000－2433－0000048　191/2
十三經注疏校勘記二百四十八卷　(清)阮元撰　清光緒二十四年(1898)刻本　十八冊

430000－2433－0000049　191/3
經籍籑詁一百六卷　(清)阮元纂輯　清光緒六年(1880)補刻本　四十八冊　存四十八卷(二至四十八、補卷四十九)

430000－2433－0000050　153/2
禮記體注六卷　(元)陳澔集說　清光緒二年(1876)刻本　六冊

430000－2433－0000051　153/3
禮記注疏六十三卷　(漢)鄭玄注　(唐)陸德明音義　(唐)孔穎達疏　清同治十年(1871)刻本　十五冊

430000－2433－0000052　152/1
欽定儀禮義疏四十八卷首二卷　(清)允祿等撰　清乾隆十九年(1754)刻本　六十六冊　存十三卷(一、二十五至三十四,首一至二)

430000－2433－0000053　151/3
周禮注疏四十二卷　(漢)鄭玄注　(唐)陸德明音義　(唐)賈公彥疏　清同治十年(1871)刻本　三冊　存九卷(七至九、十六至十八、三十五至三十七)

430000－2433－0000054　153/4
欽定禮記義疏八十二卷首一卷　(清)允祿等撰　清刻本　十三冊

430000－2433－0000055　393/1
困學紀聞二十卷　(元)王應麟撰　清同治九年(1870)刻本　六冊

430000－2433－0000056　14/1
欽定詩經傳說匯纂二十一卷　(清)王鴻緒等撰　清雍正刻本　八冊　存八卷(一至八)

430000－2433－0000057　17/1
孝經注疏九卷　(唐)玄宗李隆基注　(宋)邢昺疏　清同治十年(1871)刻本　一冊　存一卷(一)

430000－2433－0000058　18/2
四書章句集注二十六卷　(宋)朱熹撰　清初刻本　一冊　存二卷(大學章句一、中庸章句一)

430000－2433－0000059　18/3
論語集注十卷　(宋)朱熹注　清初刻本　五冊

430000－2433－0000060　18/4
孟子十四卷　(宋)朱熹注　清初刻本　十三冊　存十三卷(一至七、梁惠一卷、離婁一卷、公孫一卷、萬章一卷、告子一卷、滕文一卷)

430000－2433－0000061　221/2
御批歷代通鑑輯覽一百二十卷　(清)傅恒等編纂　清同治十一年(1872)刻本　六十冊

430000－2433－0000062　291/2
史通削繁四卷　(唐)劉知幾撰　(清)紀昀刪節　清道光十三年(1833)刻本　四冊

430000－2433－0000063　222/4
宋史紀事本末一百九卷　(明)馮琦原編　(明)陳邦瞻增訂　(明)張溥論正　清光緒二十四年(1898)刻本　二十冊

430000－2433－0000064　222/5
宋史四百九十六卷　(元)脫脫修　清光緒十年(1884)刻本　九十六冊

430000－2433－0000065　222/6
宋史四百九十六卷　(元)脫脫修　清刻本　二冊　存二十一卷(一百十二至一百二十五、四百五十九至四百六十五)

430000－2433－0000066　291/1

史通通釋二十卷 (清)浦起龍撰 清光緒二十五年(1899)鉛印本 七冊

430000-2433-0000067 14/2
國風八卷 (宋)朱熹撰 清刻本 二冊 存二卷(一、三)

430000-2433-0000068 37/1
醫貫六卷 (明)醫無閭子撰 清刻本 一冊

430000-2433-0000069 37/3
醫宗必讀十卷 (明)李中梓撰 清末刻本 五冊 存五卷(二至三、七至十)

430000-2433-0000070 37/4
一盤珠全集十卷首一卷增補醫方一盤珠全集 (清)洪金鼎纂 清光緒二十四年(1898)鉛印本 四冊 缺九卷(一盤珠全集一至九)

430000-2433-0000071 37/5
幼科釋謎六卷 (清)沈金鰲撰 清乾隆三十九年(1774)刻本 一冊

430000-2433-0000072 296/2
天下郡國利病書一百二十卷 (清)顧炎武撰 清道光十一年(1831)刻本 四十六冊 存一百十四卷(一至四十八、五十至五十五、六十至七十六、七十九至一百二十)

430000-2433-0000073 37/6
瘟疫論二卷 (清)吳有性撰 清順治九年(1652)刻本 二冊

430000-2433-0000074 37/7
三指禪三卷 (清)夢覺道人撰 清光緒二十九年(1903)刻本 二冊

430000-2433-0000075 37/8
醫宗金鑒首二卷外科十六卷内科七十四卷 (清)鄂爾泰撰 清光緒二十九年(1903)石印本 九冊 存三十七卷(首一至二,内科卷二至九、十七至二十、三十至三十四、三十九、四十五至五十、五十九至六十三,外科卷十一至十六)

430000-2433-0000076 37/10
本草從新六卷 (清)吳儀洛纂輯 清乾隆二十二年(1757)刻本 三冊

430000-2433-0000077 312/1
二論啓幼引端四卷 (清)劉藎侯著 清光緒二年(1876)刻本 二冊

430000-2433-0000078 37/13
治痘看耳 抄本 一冊

430000-2433-0000079 37/14
痘疹精祥十卷 (清)周甄陶撰 清乾隆五十九年(1794)刻本 六冊

430000-2433-0000080 37/15
醫門法律六卷 (清)喻昌撰 清末石印本 五冊

430000-2433-0000081 37/16
增補壽世保元十集 (清)龔延賢編 清宣統元年(1909)石印本 二冊 存三卷(一至三)

430000-2433-0000082 296/5
南岳志八卷 (清)高自位重修 (清)黄宮 (清)黄有福校訂 清乾隆十八年(1753)刻本 四冊

430000-2433-0000083 437/1
惜抱軒全集八十七卷 (清)姚鼐撰 清同治五年(1866)刻本 一冊 存五卷(一至五)

430000-2433-0000084 41/2、25/1
經史百家雜鈔二十六卷 (清)曾國藩輯 清光緒三十二年(1906)鉛印本 十二冊

430000-2433-0000085 292.3/1、292.2/1
[乾隆]湖南通志一百七十四卷首一卷 (清)陳弘謀等修 (清)范咸 (清)歐陽正焕纂 清乾隆二十二年(1757)刻本 三十五冊 存七十四卷(六十七至九十五、一百四至一百九、一百十六至一百三十九、一百四十五至一百五十九)

430000-2433-0000086 296/6、296.2/3、296/7、296.38/1、296.2/2、292.1/1
[光緒]湖南通志二百八十八卷首八卷末十九卷 (清)李瀚章 (清)卞寶第修 (清)曾國荃等纂 清光緒十一年(1885)長沙府學宮

尊經閣刻本　一百二十一册

430000－2433－0000087　43/1
庾子山集十六卷　（北周）庾信撰　（清）倪璠注釋　清光緒十六年（1890）刻本　十一册

430000－2433－0000088　43/2
庾子山年譜一卷　（清）倪璠編　清光緒二十年（1894）刻本　一册

430000－2433－0000089　43/3
樊南文集詳注八卷　（唐）李商隱撰　（清）馮浩注　清乾隆六十年（1795）刻本　一册　存二卷（七、八）

430000－2433－0000090　296/8
水道提綱二十八卷　（清）齊召南編　清光緒四年（1878）刻本　四册

430000－2433－0000091　296/9
水經注四十卷　（北魏）酈道元撰　清同治十三年（1874）刻本　十六册

430000－2433－0000092　296/10
[同治]衡陽縣圖志十二卷　（清）羅慶薌修　（清）彭玉麟等纂　清同治十三年（1874）刻本　七册

430000－2433－0000093　296/13
[乾隆]衡州府志三十三卷　（清）曠敏本纂修　（清）饒佺主修　清乾隆二十八年（1763）刻本　二十册　存二十八卷（一、六至七、九至三十三）

430000－2433－0000094　32/1
東塾讀書記二十一卷　（清）陳澧撰　清光緒二十七年（1901）刻本　五册　存十九卷（一至十二、十五至二十一）

430000－2433－0000095　41/3
文心雕龍十卷　（南朝梁）劉勰撰　（清）黄叔琳注　清光緒二十一年（1895）刻本　四册

430000－2433－0000096　16/2
春秋左傳注疏校勘記六十卷　（清）阮元撰　清同治十三年（1874）刻本　八册

430000－2433－0000097　16/3
春秋左傳注疏六十卷　（晋）杜預注　（唐）陸德明音義　（唐）孔穎達疏　清同治十三年（1874）刻本　十八册　存五十四卷（一至四十、四十七至六十）

430000－2433－0000098　16/4
春秋經傳解詁二十卷　（漢）何休注　（唐）徐彦疏　明萬曆十二年（1584）刻本　六册　存七卷（一至三、八至十一）

430000－2433－0000099　16/5
春秋穀梁傳注疏二十卷　（晋）范寧集解　（唐）楊士勛疏　清同治十三年（1874）刻本　五册

430000－2433－0000100　43/4
惜抱軒集四十二卷　（清）姚鼐撰　清嘉慶十三年（1808）刻本　二册　存六十三卷（筆記一至八、經說一至十七、七言詩鈔一至九、五言詩鈔一至九、詩集一至十、文集一至十）

430000－2433－0000101　18/5
孟子注疏解經十四卷孟子音義二卷　（漢）趙岐注　（宋）孫奭疏　清同治十三年（1874）刻本　五册

430000－2433－0000102　43/5
望溪先生全集正集十八卷外文十卷外文補遺二卷年譜二卷　（清）方苞撰　清咸豐元年（1851）刻本　十六册

430000－2433－0000103　192/10
說文解字三十二卷　（漢）許慎撰　（清）段玉裁注　清同治十年（1871）刻本　五册　存九卷（一至九）

430000－2433－0000104　152/3
儀禮注疏校勘記十卷　（清）阮元撰　清同治十三年（1874）刻本　五册

430000－2433－0000105　32/2
薛文清公讀書録十一卷續録十二卷　（明）薛瑄撰　清乾隆十一年（1746）刻本　六册

430000－2433－0000106　191/13
經典釋文三十卷考證三十卷　（唐）陸德明撰

（清）盧文弨考證　清乾隆五十六年（1791）刻本　十四冊　存十八卷（一至五、七至十一、十三、十七至十八、二十、二十三、二十六至二十七、二十九）

430000－2433－0000107　192/12
字典考證三十六卷　（清）王引之輯　清光緒二年（1876）刻本　六冊

430000－2433－0000108　192/13
正字通十二卷首一卷　（明）張自烈撰　（清）廖文英輯　清康熙九年（1670）刻本　三冊　存四卷（三至四、七至八）

430000－2433－0000109　192/14
集韻十卷　（宋）丁度等撰　清同治十三年（1874）刻本　十冊

430000－2433－0000110　152/2
儀禮注疏十七卷　（漢）鄭玄注　（唐）陸德明音義　（唐）賈公彥疏　清同治十三年（1874）刻本　十二冊

430000－2433－0000111　151/4
周禮注疏校勘記四十二卷　（清）阮元撰　清同治十三年（1874）刻本　八冊

430000－2433－0000112　12/10
焦氏易林四卷　（漢）焦贛撰　清光緒元年（1875）刻本　三冊　存三卷（一至三）

430000－2433－0000113　34/1
韓非子集解二十卷首一卷　（清）王先慎撰　清光緒二十二年（1896）刻本　六冊

430000－2433－0000114　33/1
莊子集解八卷　王先謙撰　清宣統元年（1909）刻本　四冊

430000－2433－0000115　32/3
荀子集解二十卷首一卷　（唐）楊倞注　王先謙集解　清光緒十七年（1891）刻本　六冊

430000－2433－0000116　192/14
駢雅訓纂十六卷首一卷　（明）朱謀㙔撰　（清）魏茂林訓纂　清光緒七年（1881）刻本　八冊

430000－2433－0000117　14/3
毛詩注疏二十卷　（漢）鄭玄注　（唐）孔穎達疏　（唐）陸德明音義　清同治十三年（1874）刻本　十七冊

430000－2433－0000118　14/4
毛詩注疏校勘記二十卷　（清）阮元撰　（清）顧廣圻校　清同治十三年（1874）刻本　四冊

430000－2433－0000119　213/2
北史一百卷　（唐）李延壽撰　清同治十二年（1873）刻本　十冊　存五十七卷（本紀卷一至十二、列傳卷一至四十五）

430000－2433－0000120　213/3
宋書一百卷　（南朝梁）沈約撰　清同治十二年（1873）刻本　十六冊

430000－2433－0000121　213/4
梁書五十六卷　（唐）姚思廉撰　清同治十三年（1874）刻本　六冊

430000－2433－0000122　213/5
陳書三十六卷　（唐）姚思廉撰　清同治十二年（1873）刻本　四冊

430000－2433－0000123　213/6
三國志六十五卷　（晉）陳壽撰　（南朝宋）裴松之注　清同治九年（1870）刻本　八冊

430000－2433－0000124　213/7
晉書一百三十卷　（唐）房玄齡等撰　清同治十年（1871）刻本　二十冊　存一百七卷（帝紀一至十、載記一至二十六、志二十、列傳一至七十）

430000－2433－0000125　213/8
北齊書五十卷　（唐）李百藥撰　清同治十三年（1874）刻本　四冊

430000－2433－0000126　213/9
南齊書五十九卷　（南朝梁）蕭子顯撰　清同治十三年（1874）刻本　四冊　存四十四卷（本紀一至八、志五至六、列傳七至四十）

430000－2433－0000127　162/1
春秋公羊傳注疏二十八卷　（漢）何休注

(唐)陸德明音義　清同治十三年(1874)刻本　八册

430000－2433－0000128　162/2
春秋公羊傳校勘記二十八卷　(清)阮元撰　清同治十三年(1874)刻本　二册

430000－2433－0000129　296/17
皇朝中外一統輿圖三十卷　(清)鄒世詒等編　(清)李廷蕭增訂　清同治二年(1863)刻本　十八册　存十八卷(二至十九)

430000－2433－0000130　16/6
左傳句解六卷　(清)韓菼重訂　清刻本　六册

430000－2433－0000131　296.1/1
鑒略妥注五卷　(明)李延機撰　(清)鄒梧岡訂　清乾隆十三年(1748)刻本　一册　存二卷(一至二)

430000－2433－0000132　192/16
康熙字典十二集　(清)張玉書等撰　清道光七年(1827)刻本　四十三册

430000－2433－0000133　162/4
十三經注疏校勘記二百四十八卷　(清)阮元撰　清光緒十三年(1887)石印本　十四册　存一百八十五卷(孝經三至六,周禮一至三十三、三十五至四十二,左傳一至六十,穀梁二十,禮記十四至二十六,毛詩一至二十,公羊一至二十八,論語一至十九)

430000－2433－0000134　14/5
詩經八卷　(宋)朱熹集傳　清光緒二十六年(1900)刻本　四册　存五卷(大雅六至七、小雅四至六)

430000－2433－0000135　32/4
蒙經增注一卷　(清)曠峋嶁撰　清嘉慶四年(1799)抄本　一册

430000－2433－0000136　18/7
大學一卷中庸一卷孟子七卷　(宋)朱熹集注　清宣統元年(1909)刻本　二册　存三卷(大學一、中庸一、孟子六)

430000－2433－0000137　37/17
幼幼集成六卷　(清)陳復正撰　清光緒三十二年(1906)石印本　六册

430000－2433－0000138　374/1
傷寒舌鑒一卷　(清)張登撰　清刻本(甲子年)　一册

430000－2433－0000139　37/18
醫方藥性二卷醫方捷徑二卷　(明)羅必煒參訂　清光緒二十九年(1903)刻本　二册

430000－2433－0000140　376/1
寓意草不分卷　(清)喻昌撰　清光緒刻本　一册

430000－2433－0000141　37/19
醫學心悟六卷　(清)程國彭撰　清末石印本　一册　存一卷(一)

430000－2433－0000142　213/9
遼史一百十五卷　(元)托克托等撰　清同治十二年(1873)刻本　十二册

430000－2433－0000143　213/11
南史八十卷　(唐)李延壽撰　清同治十一年(1872)刻本　十六册

430000－2433－0000144　213/12
三國志六十五卷　(晋)陳壽撰　(南朝宋)裴松之注　清同治九年(1870)金陵書局刻本　十二册

430000－2433－0000145　21/4
魏書一百十四卷　(北齊)魏收撰　清同治十一年(1872)金陵書局刻本　十册　存四十七卷(六十五至一百四、一百八至一百十四)

430000－2433－0000146　221/4
史記一百三十卷　(漢)司馬遷撰　(南朝宋)裴駰集解　清光緒四年(1878)刻本　十五册　存一百二十七卷(一至十四、十八至一百三十)

430000－2433－0000147　213/13
隋書八十五卷　(唐)魏徵等撰　清同治十年(1871)淮南書局刻本　十四册　存七十八卷

(一至七十八)

430000－2433－0000148 213/14
晋書一百三十卷 (唐)太宗李世民撰 清同治十年(1871)金陵書局刻本 二十三册 存一百二十二卷(一至五十四、六十一至八十九、九十二至一百三十)

430000－2433－0000149 213/15
宋書一百卷 (南朝梁)沈約撰 清同治十一年(1872)金陵書局刻本 十九册 存九十六卷(一至十、十四至四十四、四十六至一百)

430000－2433－0000150 213/16
舊五代史一百五十卷目録二卷 (宋)薛居正等撰 清同治十一年(1872)崇文書局刻本 二十一册 存一百四十九卷(一至一百二十六、一百二十八至一百五十)

430000－2433－0000151 21/5
新五代史七十四卷 (宋)歐陽修撰 (宋)徐無黨注 清乾隆四年(1739)刻本 八册

430000－2433－0000152 213/17
梁書五十六卷 (唐)姚思廉撰 清同治十三年(1874)金陵書局刻本 七册 存四十七卷(一至三十八、四十八至五十六)

430000－2433－0000153 222/7
陳書三十六卷 (唐)姚思廉撰 清同治十一年(1872)金陵書局刻本 三册 存十九卷(一至十九)

430000－2433－0000154 213/18
周書五十卷 (唐)令狐德棻等撰 清同治十三年(1874)金陵書局刻本 三册 存二十三卷(二十八至五十)

430000－2433－0000155 213/19
南齊書五十九卷 (南朝梁)蕭子顯撰 清同治十三年(1874)金陵書局刻本 十册

430000－2433－0000156 213/20
北齊書五十卷 (唐)李百藥撰 清同治十三年(1874)金陵書局刻本 一册 存五卷(十九至二十三)

430000－2433－0000157 213/21
續漢書三十卷 (南朝梁)劉昭注 清同治金陵書局刻本 三册

430000－2433－0000158 213/22
後漢書一百卷 (南朝宋)范曄撰 (唐)李賢注 清同治八年(1869)金陵書局刻本 十四册 存九十卷(一至九十)

430000－2433－0000159 213/23
前漢書一百二十卷 (漢)班固撰 (唐)顔師古注 清同治八年(1869)金陵書局刻本 二十二册 存九十二卷(一至七十六、八十五至一百)

430000－2433－0000160 213/24
元史二百十卷 (明)宋濂等修 清同治八年(1869)刻本 四十七册 存一百十三卷(一至六十、六十三至一百五、一百十一至二百十)

430000－2433－0000161 213/25
金史一百三十五卷 (元)托克托撰 清同治十三年(1874)江蘇書局刻本 二十册

430000－2433－0000162 213/26
北史一百卷 (唐)李延壽撰 清同治十一年(1872)金陵書局刻本 二十六册 存八十六卷(一至六、二十一至一百)

430000－2433－0000163 213/27
舊唐書二百十四卷 (五代)劉昫撰 清同治十一年(1872)浙江書局刻本 三十九册 存八十三卷(一至五十、五十八至二百)

430000－2433－0000164 213/28
新唐書二百七十三卷 (宋)歐陽修等撰 清同治十二年(1873)浙江書局刻本 四十册 存二百二十五卷(一至二百二十五)

430000－2433－0000165 213/29
明史三百三十二卷 (清)張廷玉等撰 清光緒三年(1877)湖北崇文書局刻本 八十册

430000－2433－0000166 213/30
宋史四百九十六卷 (元)托克托等撰 清光

緒元年(1875)刻本　一百五冊　存四百五十二卷(一至一百四十九、一百五十五至一百六十一、一百六十六至一百六十八、一百七十六至一百八十二、一百八十六至二百五、二百二十七至四百二十一、四百二十六至四百九十六)

衡陽市衡東榮桓圖書館古籍普查登記目録

全國古籍普查登記目録

國家圖書館出版社
National Library of China Publishing House

430000－2434－0000001　01/196

周易註疏十卷　(三國魏)王弼註　清嘉慶刻本　四冊

430000－2434－0000002　02/196

尚書註疏二十卷　(唐)孔穎達撰　清嘉慶刻本　十冊

430000－2434－0000003　03/196

毛詩註疏七十卷　(唐)孔穎達撰　清嘉慶刻本　二十冊

430000－2434－0000004　04/196

尚書註疏四十二卷　(漢)孔安國傳　(唐)孔穎達疏　清嘉慶刻本　十八冊

430000－2434－0000005　05/196

儀禮註疏五十卷　(漢)鄭玄箋　清嘉慶刻本　十六冊

430000－2434－0000006　06/196

尚書註疏六十卷　(唐)孔穎達撰　清嘉慶刻本　三十冊

430000－2434－0000007　07/196

春秋左傳註疏六十卷　(晉)杜預註　(唐)孔穎達疏　(唐)陸德明音義　(清)阮元校　清嘉慶刻本　三十冊

430000－2434－0000008　08/196

春秋公羊註疏二十八卷　(漢)何休撰　清嘉慶刻本　八冊

430000－2434－0000009　09/196

春秋穀梁註疏二十卷　(晉)范甯等撰　清嘉慶刻本　四冊

430000－2434－0000010　10/196

論語註疏二十卷　(三國魏)何晏等撰　清嘉慶刻本　六冊

430000－2434－0000011　13/196

孟子註疏十四卷　(漢)趙岐註　(宋)孫奭疏　清嘉慶刻本　六冊

430000－2434－0000012　14/196

皇朝五經彙解二百七十卷　(清)抉經心室主人輯　清末石印小字本　二十七冊　存二十七卷(一至二十七)

430000－2434－0000013　15/196

五經備旨四十五卷　(清)鄒聖脈撰　清光緒石印本　七冊　存七卷(一至七)

430000－2434－0000014　23/196

監本書經集傳六卷　(宋)蔡沈撰　上海錦章書局石印本　一冊

430000－2434－0000015　24/196

蒙经增注一卷　(清)曠敏本撰　清道光刻本　一冊

430000－2434－0000016　70/169

說文解字義證五十卷　(清)桂馥撰　清同治九年(1870)湖北崇文書局刻本　二十冊

430000－2434－0000017　71/169

段注說文解字三十二卷　(清)段玉裁撰　清光緒刻本　九冊

430000－2434－0000018　25/169

後漢書一百二十卷　(南朝宋)范曄撰　清光緒石印本　五十二冊

430000－2434－0000019　33/169

紀元編三卷　(清)李兆洛撰　清刻本　三冊

430000－2434－0000020　44/169

御批歷代通鑑輯覽一百二十卷　(清)高宗弘曆敕撰　清刻本　十二冊

430000－2434－0000021　78/169

鑒撮四卷　(清)曠敏本撰　清刻本　五冊

430000－2434－0000022　84/169

文史通義八卷　(清)章學誠撰　京陸書局石印本　六冊

430000－2434－0000023　85/169

史通通釋二十卷　(唐)劉知幾撰　文瑞樓石印本　八冊

430000－2434－0000024　86/169

王船山讀通鑑論三十卷宋論十五卷　(清)王夫之撰　商務印書館鉛印本　十冊

430000－2434－0000025　87/169

王船山經史論八種　(清)王夫之撰　清光緒石印本　三册

430000－2434－0000026　88/169
綱鑑總論四卷　薛振聲註　廣益書局石印本　一册

430000－2434－0000027　89/169
東萊博議四卷　(宋)呂祖謙撰　清光緒刻本　三册

430000－2434－0000028　102/169
衡山靈山志二卷　(清)周炳衡　(清)陈南桓纂修　清光緒刻本　三册

430000－2434－0000029　106/169
南岳志八卷　(清)曠敏本修　清乾隆刻本　四册

430000－2434－0000030　152/169
自西徂東五卷　(德國)花之安撰　清光緒上海廣學會鉛印本　一册

430000－2434－0000031　153/169
真道入門問答　清末鉛印本　一册

430000－2434－0000032　154/169
淨業日誦　印本　一册

430000－2434－0000033　155/169
事類統編九十三卷　(宋)吳淑撰　(清)黄葆真增輯　清光緒上海石印本　十二册

430000－2434－0000034　156/169
幼學瓊林四卷　(清)程登吉撰　上海錦章圖書局印本　三册

430000－2434－0000035　96/197
黄帝内經　上海育文書局石印本　一册

430000－2434－0000036　111/169
學醫手抄本　抄本　一册

430000－2434－0000037　114/169
演算法指明　清刻本　一册

430000－2434－0000038　72/
列子冲虚真經　(戰國)列御寇撰　印本　一册

永州市零陵區圖書館古籍普查登記目録

全國古籍普查登記目録

國家圖書館出版社
National Library of China Publishing House

430000－2423－0000001　11/1

讀大學叢説一卷　（元）許謙撰　清刻本　一册

430000－2423－0000002　11/1

經傳釋詞十卷　（清）王引之撰　清道光二十七年（1847）刻本　二册

430000－2423－0000003　11/2

經傳釋詞十卷　（清）王引之撰　清嘉慶二十四年（1819）刻本　四册

430000－2423－0000004　11/3

通德遺書所見録七十二卷　（漢）鄭玄撰　（清）孔廣林輯　清光緒十六年（1890）山東書局刻本　四册

430000－2423－0000005　11/4

毛詩故訓傳定本小箋三十卷　（清）段玉裁撰　清嘉慶二十一年（1816）七葉衍祥堂刻經韻樓叢書本　二册　缺四卷（一至四）

430000－2423－0000006　11/5

廣雅疏證十卷　（清）王念孫撰　清光緒五年（1879）淮南書局刻本　八册

430000－2423－0000007　11/6

孔叢伯説經五稿　（清）孔廣林撰　清光緒十六年（1890）山東書局刻本　六册

430000－2423－0000008　11/9

詩總聞二十卷　（宋）王質撰　清道光二十六年（1846）刻本　五册　缺三卷（十八至二十）

430000－2423－0000009　11/10

尚書大傳疏證七卷札記一卷　（清）皮錫瑞撰　清光緒二十二年（1896）師伏堂刻本　四册

430000－2423－0000010　11/12

逸周書十卷　（晉）孔晁註　清乾隆五十一年（1786）餘姚盧氏抱經堂刻本　二册

430000－2423－0000011　11/13

春秋啖趙集傳纂例十卷　（唐）陸淳纂　清道光、咸豐間大梁書院刻經苑本　五册

430000－2423－0000012　11/15

經學五書十八卷　（清）萬斯大撰　清乾隆二十三年（1758）盧見曾刻本　二册

430000－2423－0000013　11/16

論孟書法二卷附讀四書一卷　（清）張瑛撰　清光緒十年（1884）江蘇臬署刻本　一册

430000－2423－0000014　11/18

夏小正分箋四卷　（清）黄模撰　南陵徐乃昌刻本　一册

430000－2423－0000015　11/19

儀禮經註疏正譌十七卷　（清）金日追撰　清光緒刻皇清經解續編本　二册

430000－2423－0000016　11/20

春秋説三十卷　（宋）洪咨夔撰　清光緒十年（1884）晦木齋刻本　二册　存十七卷（一至十七）

430000－2423－0000017　11/21

周禮漢讀考六卷　（清）段玉裁撰　清嘉慶刻經韻樓叢書本　一册　存四卷（一至四）

430000－2423－0000018　11/26

孝經註疏校勘記九卷　（清）阮元撰　清同治十年（1871）湖南省城尊經閣刻本　一册

430000－2423－0000019　11/27

九經古義十六卷　（清）惠棟撰　（清）蔣光弼校刊　（清）錢朝錦參校　清省吾堂刻本　二册　存十卷（一至五、十二至十六）

430000－2423－0000020　11/30

附釋音禮記註疏二十卷　（漢）鄭玄註　（唐）陸德明音義　（唐）孔穎達疏　點石齋石印本　一册　存三卷（七至九）

430000－2423－0000021　11/31

尚書小劄二卷　（清）郭夢星撰　（清）郭恩孚參訂　清光緒二十一年（1895）刻寶樹堂遺書本　一册

430000－2423－0000022　11/32

札迻十二卷　（清）孫詒讓撰　清光緒二十年（1894）瑞安孫氏刻本　四册

430000－2423－0000023　12/1

周易折中二十二卷　（清）李光地等撰　清康

熙内府刻本　十册　存十八卷(一至十八)

430000－2423－0000024　12/2
周易象義串解四卷　(清)羅昌鸞撰　清咸豐二年(1852)刻本　四册

430000－2423－0000025　12/2
周易四卷　(宋)朱熹本義　清刻本　二册

430000－2423－0000026　12/3
來瞿唐先生易注十五卷首一卷末一卷　(明)來知德撰　清嘉慶十九年(1814)刻本　十册

430000－2423－0000027　12/5
周易内傳六卷末一卷　(清)王夫之撰　清同治四年(1865)金陵節署刻船山遺書本　四册　存四卷(一至四)

430000－2423－0000028　12/7
周易本義爻駁徵二卷　(清)吴日慎撰　清光緒十四年(1888)長沙惜陰書局刻惜陰軒叢書本　二册

430000－2423－0000029　12/9
周易大象解一卷周易稗疏四卷考異一卷　(清)王夫之撰　清同治四年(1865)金陵書局刻本　一册

430000－2423－0000030　12/12
周易本義辯證五卷　(清)惠棟撰　清常熟蔣氏省吾堂刻本　二册　存四卷(一至二、四至五)

430000－2423－0000031　12/13
周易翼十卷　(清)淩堃撰　清道光二年(1822)傳經堂刻本　三册　存六卷(一至二、五至八)

430000－2423－0000032　12/14
周易補註四十一卷周易例表十卷　(清)段復昌撰　清光緒十五年(1889)刻本　六册

430000－2423－0000033　12/15
周易爻徵廣義六卷首一卷末一卷　(清)閻汝弼撰　清光緒元年(1875)刻本　八册

430000－2423－0000034　12/18
周易廓二十四卷　(清)陳世鎔著　清咸豐元年(1851)獨香山莊刻本　六册

430000－2423－0000035　12/20
古文周易參同契注八卷　(清)袁仁林撰　清光緒長沙惜陰書局刻惜陰軒叢書本　一册　存六卷(三至八)

430000－2423－0000036　12/21
周易舊注十二卷　(清)徐鼒撰　清光緒十二年(1886)扶桑使廨刻本　六册

430000－2423－0000037　12/25
周易述四十卷　(清)惠棟撰　清學海堂刻皇清經解本　六册　存二十三卷(一至二十三)

430000－2423－0000038　12/26
易翼述信十二卷　(清)王又樸撰　清乾隆十六年(1751)詩禮堂刻本　十二册　缺一卷(十二)

430000－2423－0000039　12/30
吴園周易解九卷　(宋)張根撰　清重刻武英殿聚珍版叢書本　三册

430000－2423－0000040　12/31
易學濫觴一卷　(元)黄澤撰　清重刻武英殿聚珍版叢書本　一册

430000－2423－0000041　12/32
易確二十卷首一卷　(清)許桂林撰　清江寧劉文奎局刻本　三册

430000－2423－0000042　12/34
易説十二卷　(清)郝懿行撰　清光緒八年(1882)東路廳署刻郝氏遺書本　一册　存二卷(三至四)

430000－2423－0000043　12/35
溫公易説六卷　(宋)司馬光撰　清道光、咸豐間大梁書院刻經苑本　二册

430000－2423－0000044　12/36
學易記五卷　(明)金賁亨撰　清光緒長沙惜陰書局刻惜陰軒叢書本　二册

430000－2423－0000045　12/37
笙雅堂全集五種　(清)張九鐔撰　清嘉慶十六年(1811)刻本　一册　存二卷(易通一卷、

竹書紀年考證一卷）

430000－2423－0000046　12/38

方氏易學五種五卷　（清）方申撰　清光緒南菁書院刻本　一冊　存二卷（一至二）

430000－2423－0000047　12/39

花雨樓七種　（清）張壽榮輯　清光緒九年（1883）蛟川清湖張氏刻本　二冊　存五卷（虞氏易禮二卷、易學闡元一卷、茗柯詞一卷、成人篇一卷）

430000－2423－0000048　12/41

關氏易傳一卷　（北魏）關朗撰　清刻本　一冊

430000－2423－0000049　12/42

誠齋易傳二十卷　（宋）楊萬里撰　清道光、咸豐間大梁書院刻經苑本　五冊

430000－2423－0000050　12/46

讀易初稿八卷　（清）丁敘忠撰　清同治二年（1863）長沙丁氏白芙堂木活字本　八冊

430000－2423－0000051　12/47

易傳燈四卷　（宋）徐總幹撰　清道光、咸豐間大梁書院刻經苑本　一冊

430000－2423－0000052　12/48

皇清經解　（清）阮元輯　清光緒十三年（1887）石印本　二冊　存四十六卷（毛詩校勘記十卷、春秋公羊傳校勘記十二卷、春秋穀梁傳校勘記十三卷、論語校勘記十一卷）

430000－2423－0000053　12/49

皇清經解依經分訂　（清）阮元輯　清光緒十六年（1890）湖南船山書局刻本　四十二冊　存五卷（卷一之一百三十七至一百四十，卷二之二十四至三十五、三十七、五十至五十五、九十至九十三、一百至一百四、一百十至一百十五、一百二十三至一百二十九、一百五十八至一百五十九，卷七之十一至十六，卷八之九十四至一百九，卷十二之八至十四）

430000－2423－0000054　12/50

皇清經解　（清）阮元輯　清道光九年（1829）廣東學海堂刻本　二百十五冊　缺一百九十七卷（四百六下至四百十二、五百五十七至五百六十二、六百二十二至六百三十三、六百三十七至六百四十二、六百八十四至六百八十五、八百九十三至九百四、九百十六至一千六十七）

430000－2423－0000055　12/51

皇清經解續編　王先謙輯　清光緒十四年（1888）南菁書院刻本　三百三冊

430000－2423－0000056　12/51

皇清經解續編一千四百三十卷　王先謙輯　清光緒十四年（1888）江陰南菁書院刻本　三百四冊　缺一百四十一卷（六十八至一百三十、四百七十七至四百八十三、八百三十五至八百三十八、一千七十五至一千七十八、一千一百十七至一千一百五十一、一千一百五十六至一千一百八十三）

430000－2423－0000057　12/53

周易鄭荀義三卷　（清）張惠言撰　清劉翊宸校刻本　一冊

430000－2423－0000058　12/54

周易說翼三卷　（明）呂柟撰　清光緒十四年（1888）長沙惜陰書局刻惜陰軒叢書本　一冊　缺一卷（一）

430000－2423－0000059　12/56

人極衍義一卷周易附說一卷　（清）羅澤南撰　清咸豐刻本　一冊

430000－2423－0000060　12/57

周易本義注六卷　（清）胡方撰　清道光三十年（1850）南海伍氏粵雅堂刻粵雅堂叢書本　一冊　存一卷（一）

430000－2423－0000061　12/59

周易二閭記三卷　（清）茹敦和著　清光緒南菁書院刻南菁書院叢書本　一冊

430000－2423－0000062　13/1

尚書後案三十卷尚書後辨一卷　（清）王鳴盛撰　清乾隆四十五年（1780）禮堂刻本　八冊

430000－2423－0000063　13/3
尚書孔傳參正三十六卷　王先謙參正　清光緒三十年(1904)虛受堂刻本　六册

430000－2423－0000064　13/4
古文尚書辨僞二卷論語餘說一卷易卦圖說一卷　(清)崔述稿　(清)陳履和校刊　清光緒元年(1875)木活字本　一册

430000－2423－0000065　13/5
尚書註疏校勘記二十卷　(清)阮元撰　清刻本　一册　存十卷(十一至二十)

430000－2423－0000066　13/9
附釋音尚書註疏二十卷　(漢)孔安國傳　清嘉慶二十年(1815)江西鹽法道胡稷刻本　一册　存二卷(十七至十八)

430000－2423－0000067　13/11
尚書十三卷　(漢)孔安國傳　(唐)陸德明音義　清刻本　一册　存六卷(八至十三)

430000－2423－0000068　13/13
尚書考異六卷　(明)梅鷟撰　清道光五年(1825)立本齋刻本　三册

430000－2423－0000069　13/14
尚書考異六卷　(明)梅鷟撰　清光緒十年(1884)吳縣朱氏槐廬家塾刻平津館叢書本　一册　存二卷(三至四)

430000－2423－0000070　13/15
尚書精義五十卷　(宋)黄倫撰　清道光二十六年(1846)嘉興錢儀吉刻本　十二册

430000－2423－0000071　13/16
尚書引義六卷　(清)王夫之撰　清同治四年(1865)湘鄉曾氏金陵書局刻船山遺書本　一册　存二卷(三至四)

430000－2423－0000072　13/17
古文尚書正辭三十三卷　(清)吳光耀撰　清光緒十九年(1893)刻本　十八册

430000－2423－0000073　13/19
尚書註疏二十卷　(漢)孔安國傳　(唐)陸德明音義　(唐)孔穎達疏　清刻本　四册　存七卷(八至十二、十九至二十)

430000－2423－0000074　13/20
尚書考辨四卷　(清)宋鑒撰　清嘉慶五年(1800)刻本　二册

430000－2423－0000075　13/22
尚書說要五卷　(明)吕柟著　(清)李錫齡校刊　清光緒十六年(1890)長沙惜陰書局刻惜陰軒叢書本　一册

430000－2423－0000076　13/24
書說二卷　(清)郝懿行撰　清光緒八年(1882)東路廳署刻本　一册　存一卷(上)

430000－2423－0000077　13/25
書傳補商十七卷　(清)戴鈞衡撰　清咸豐刻本　六册

430000－2423－0000078　13/26
書經稗疏四卷　(清)王夫之撰　清同治四年(1865)湘鄉曾氏金陵書局刻船山遺書本　一册　存一卷(四下)

430000－2423－0000079　13/27
書經蔡傳六卷　(清)孫慶甲校述　清江都孫文清刻本　四册

430000－2423－0000080　13/28
書經體註大全合參六卷　(清)錢希祥參　清道光二十年(1840)刻本　一册　存二卷(一至二)

430000－2423－0000081　13/29
書古微十二卷首一卷　(清)魏源撰　清光緒四年(1878)淮南書局刻本　四册

430000－2423－0000082　13/30
敷文書說一卷　(宋)鄭伯熊撰　清道光、咸豐間大梁書院刻經苑本　一册

430000－2423－0000083　13/31
大誓答問一卷　(清)龔自珍撰　清道光十二年(1832)杭州愛日軒刻本　一册

430000－2423－0000084　13/32
禹貢錐指二十卷略例一卷禹貢圖一卷　(清)胡渭撰　清康熙四十四年(1705)漱六軒刻本

八冊

430000－2423－0000085　13/33
古文尚書考二卷　(清)惠棟撰　清乾隆五十七年(1792)讀經樓刻本　一冊

430000－2423－0000086　14/1
詩緝三十六卷　(宋)嚴粲撰　明味經堂刻本　十四冊　存三十四卷(一至七、十至三十六)

430000－2423－0000087　14/1
詩傳大全二十卷　(明)胡廣等輯　清刻本　六冊　存十五卷(六至二十)

430000－2423－0000088　14/3
詩經大全二十卷詩序一卷綱領一卷考異一卷　(明)胡廣等纂　明刻本　四冊　缺十五卷(六至二十)

430000－2423－0000089　14/4
詩廣傳五卷　(清)王夫之撰　清同治四年(1865)湘鄉曾氏金陵節署刻船山遺書本　三冊

430000－2423－0000090　14/4.1
仿宋相臺五經　清刻本　二十冊　存七十卷(周易一至十,尚書一至七、八至十三,春秋一至十、十三至三十,春秋名號歸一圖二卷,春秋年表一卷,毛詩一至四、九至二十)

430000－2423－0000091　14/6
詩經拾遺一卷　(清)郝懿行撰　清光緒八年(1882)東路廳署刻郝氏遺書本　一冊

430000－2423－0000092　14/8
詩古微二卷　(□)□□撰　清刻本　一冊　存一卷(下)

430000－2423－0000093　14/9
詩毛氏傳疏三十卷　(清)陳奐撰　清道光二十七年(1847)吳門南園掃葉山莊陳氏刻本　十六冊

430000－2423－0000094　14/13
毛詩通考三十卷　(清)林伯桐撰　清同治二年(1863)南海伍氏刻嶺南遺書本　一冊

430000－2423－0000095　14/17
毛詩本義十六卷　(宋)歐陽修撰　清道光十四年(1834)釣源歐陽傑、歐陽棨刻本　四冊

430000－2423－0000096　14/18
毛詩復古錄十二卷　(清)吳懋清撰　清光緒二十年(1894)廣州學使署刻本　六冊

430000－2423－0000097　14/24
涇野先生毛詩說序六卷　(明)呂柟撰　清光緒十四年(1888)長沙惜陰書局刻惜陰軒叢書本　二冊

430000－2423－0000098　14/25
詩問七卷　(清)王照圓撰　清光緒八年(1882)東路廳署刻郝氏遺書本　三冊　存三卷(四、六至七)

430000－2423－0000099　14/29
讀風偶識四卷　(清)崔述撰　清光緒元年(1875)木活字本　一冊

430000－2423－0000100　14/30
毛詩註疏七十卷附校勘記　(漢)鄭玄箋　(唐)陸德明音義　(唐)孔穎達疏　清同治湖南書局刻本　十二冊　存二十四卷(五、十至十二、十五至十八,校勘記五至二十)

430000－2423－0000101　14/4(1)
詩廣傳五卷　(清)王夫之撰　清同治四年(1865)湘鄉曾氏金陵節署刻船山遺書本　四冊

430000－2423－0000102　15/4
五禮通考二百六十二卷　(清)秦蕙田編輯　清乾隆味經窩刻本　九冊　存二十二卷(三十七至五十三、五十六至五十七、一百三十三至一百三十五)

430000－2423－0000103　15/5
讀禮通考一百二十卷　(清)徐乾學撰　清康熙刻本　六冊　存三十六卷(七十八至一百十三)

430000－2423－0000104　15/6
儀禮士冠禮箋一卷　(清)孔廣林撰　清嘉慶

十七年(1812)曲阜孔氏刻本　一冊

430000－2423－0000105　16/1
春秋經傳合編三十卷春秋書法彙表三卷　(清)楊丕復撰　清嘉慶四年(1799)楊琪光等刻本　十九冊

430000－2423－0000106　16/2
春秋董氏學八卷附傳一卷　康有爲撰　上海大同譯書局刻萬木草堂叢書本　四冊　存四卷(一至三、六)

430000－2423－0000107　16/2△
春秋取義測十二卷　(清)法坤宏撰　清乾隆五十九年(1794)粤省六書齋刻本　四冊

430000－2423－0000108　16/6
春秋會義二十六卷　(宋)杜諤撰　清光緒十八年(1892)孫氏山淵閣刻本　十二冊

430000－2423－0000109　16/7
春秋疑義二卷　(清)華學泉撰　清嘉慶十九年(1814)璜川吴氏真意齋刻本　一冊

430000－2423－0000110　16/8
春秋例表一卷　(清)王代豐撰　清光緒刻本　二冊

430000－2423－0000111　16/9
春秋說略十二卷　(清)郝懿行撰　清道光七年(1827)刻本　一冊　存四卷(一至四)

430000－2423－0000112　16/10
春秋家說三卷　(清)王夫之撰　清同治四年(1865)湘鄉曾氏金陵節署刻本　三冊

430000－2423－0000113　16/13
春秋釋地韻編五卷首一卷　(清)徐壽基編輯　清光緒十二年(1886)桓臺官舍刻本　四冊

430000－2423－0000114　16/14
春秋大事表五十卷春秋輿圖一卷　(清)顧棟高撰　清乾隆十三年(1748)萬卷樓刻本　十二冊　缺二卷(四十至四十一)

430000－2423－0000115　16/16
春秋集傳纂例十卷　(唐)陸淳撰　清道光、咸豐間大梁書院刻經苑本　三冊

430000－2423－0000116　16/17
春秋集解十二卷　(宋)蘇轍撰　清道光、咸豐間大梁書院刻經苑本　二冊

430000－2423－0000117　16/18
春秋微旨三卷　(唐)陸淳撰　清道光、咸豐間大梁書院刻經苑本　一冊

430000－2423－0000118　17/3
孝經註疏九卷　(唐)玄宗李隆基註　(唐)陸德明音義　(宋)邢昺疏　清同治十年(1871)湖南省城尊經閣刻本　一冊

430000－2423－0000119　17/6
孝經義疏補九卷　(清)阮福撰　清道光二年(1822)春喜齋刻本　二冊

430000－2423－0000120　18/1
四書心解五卷偶思錄一卷鄉試硃卷一卷　(清)王吉相撰　清道光二十四年(1844)刻本　四冊

430000－2423－0000121　18/3
讀四書大全說十卷　(清)王夫之撰　清同治四年(1865)湘鄉曾氏金陵刻本　八冊　存八卷(二至三、五至十)

430000－2423－0000122　18/4
朱子四書纂要四十卷　(清)楊丕復撰　清光緒二十一年(1895)刻本　六冊　存八卷(二十六至三十、三十八至四十)

430000－2423－0000123　19/1
經學通論五卷　(清)皮錫瑞撰　清光緒三十三年(1907)思賢書局刻本　五冊

430000－2423－0000124　23/1
三朝北盟會編二百五十卷　(宋)徐夢莘撰　清光緒三十四年(1908)清苑許氏四川刻本　二十六冊　缺九十七卷(一百三十至一百三十五、一百四十至二百三十)

430000－2423－0000125　23/2
繹史一百六十卷　(清)馬驌撰　清康熙刻本　四十七冊

430000－2423－0000126　23/3

通鑑紀事本末二百三十九卷　(宋)袁樞編　(明)張溥論正　清同治十二年(1873)江西書局刻本　七十八册　缺五卷(五十九至六十三)

430000－2423－0000127　23/6

明紀六十卷　(清)陳鶴纂　清同治十年(1871)江蘇書局刻本　二十册

430000－2423－0000128　23/6

續通鑑紀事本末一百十卷　(清)李銘漢編輯　清光緒三十二年(1906)刻本　三十册　缺十六卷(一至十六)

430000－2423－0000129　23/7

宋史紀事本末一百九卷　(明)馮琦原編　(明)陳邦瞻增訂　清同治十三年(1874)江西書局刻本　二十册

430000－2423－0000130　23/8

遼史紀事本末四十卷首一卷末一卷　(清)李有棠編輯　清光緒二十九年(1903)李栘鄂樓刻本　八册

430000－2423－0000131　23/9

金史紀事本末五十二卷首一卷末一卷　(清)李有棠編輯　清光緒二十九年(1903)李栘鄂樓刻本　十二册

430000－2423－0000132　23/10

元史紀事本末二十七卷　(明)陳邦瞻撰　清廣雅書局刻本　三册

430000－2423－0000133　23/11

元史紀事本末二十七卷　(明)陳邦瞻撰　清同治十三年(1874)江西書局刻本　五册

430000－2423－0000134　23/11

明史紀事本末八十卷　(清)谷應泰撰　清光緒十四年(1888)江西書局刻本　十五册　缺十七卷(四至二十)

430000－2423－0000135　23/12

西夏紀事本末三十六卷首二卷　(清)張鑒撰　清光緒十一年(1885)金陵刻本　二册

430000－2423－0000136　23/13

三藩紀事本末四卷　(清)楊陸榮編　清康熙五十六年(1717)刻本　一册

430000－2423－0000137　23/15

史見二卷　(清)陳遇夫撰　清道光三十年(1850)南海伍氏刻嶺南叢書本　一册

430000－2423－0000138　23/16

湘軍志十六卷　王闓運撰　清光緒十一年(1885)成都墨香書屋刻本　四册

430000－2423－0000139　23/17

湘軍志十六卷　王闓運撰　清宣統元年(1909)東洲刻本　二册

430000－2423－0000140　23/18

平定關隴紀略十三卷　(清)易孔昭撰　清光緒十三年(1887)刻本　十八册

430000－2423－0000141　23/19

平定粵匪紀略十八卷附四卷　(清)杜文瀾撰　清同治十年(1871)京都聚珍齋木活字印本　六册　缺三卷(十六至十八)

430000－2423－0000142　24/1

戰國策校注十卷　(宋)鮑彪校註　(元)吳師道重校　清三原李錫齡刻惜陰軒叢書本　六册　缺一卷(五)

430000－2423－0000143　24/6

楚漢春秋一卷　(漢)賈誼撰　清道光十四年(1834)梅瑞軒刻本　一册

430000－2423－0000144　25/1

古香齋鑒賞袖珍春明夢餘錄七十卷　(清)孫承澤撰　清刻本　二十二册　缺三卷(四十二至四十四)

430000－2423－0000145　25/1

逸周書十卷　(晉)孔晁註　清乾隆五十一年(1786)餘姚盧氏抱經堂刻本　四册

430000－2423－0000146　25/2

山海經十八卷　(晉)郭璞傳　(明)吳中珩校　明刻本　二册

430000－2423－0000147　25/3

路史四十七卷　(宋)羅泌撰　清乾隆元年

(1736)羅大振刻本　十五冊　缺五卷(餘論六至十)

430000－2423－0000148　25/10
東林本末三卷　(明)吳應箕纂　清同治三年(1864)文江官廨刻本　一冊

430000－2423－0000149　25/12
皇朝藩部要略十八卷表四卷　(清)祁韻士纂　清道光二十六年(1846)刻本　八冊

430000－2423－0000150　25/13
元朝秘史十五卷　(清)李文田註　清光緒二十二年(1896)漸西村舍刻本　四冊

430000－2423－0000151　25/14
兩朝剝復録六卷首一卷　(明)吳應箕輯　(清)夏燮校證　清同治二年(1863)江西省寓刻本　四冊

430000－2423－0000152　25/15
永曆實録二十六卷　(清)王夫之撰　清同治四年(1865)金陵節署刻船山遺書本　二冊　缺六卷(九至十四)

430000－2423－0000153　25/16
十六國疆域志十六卷　(清)洪亮吉撰　清光緒十七年(1891)廣雅書局刻本　一冊　存二卷(一至二)

430000－2423－0000154　25/17
三輔決録二卷　(清)張澍纂　清道光元年(1821)武威張氏二酉堂刻本　一冊

430000－2423－0000155　25/19
仰止編二卷　(清)高驤雲撰　清道光二十九年(1849)時術堂刻本　一冊

430000－2423－0000156　25/20
伏候古今注一卷　(漢)伏無忌撰　(清)茆泮林輯　清道光十四年(1834)梅瑞軒刻十種古逸書本　一冊

430000－2423－0000157　25/21
王會篇箋釋三卷　(清)何秋濤撰　清光緒十七年(1891)江蘇書局刻本　三冊

430000－2423－0000158　25/22
唐語林八卷　(宋)王讜撰　清光緒十四年(1888)長沙惜陰書局刻惜陰軒叢書本　四冊

430000－2423－0000159　25/26
吳越備史四卷　(宋)錢儼撰　(清)席世臣註　清道光二年(1822)掃葉山房刻本　二冊

430000－2423－0000160　25/31
華陽國志十二卷附一卷　(晉)常璩撰　清光緒十六年(1890)隣水李氏悔過齋刻本　四冊

430000－2423－0000161　25/32
明季南略十八卷明季北略二十四卷　(清)計六奇撰　清光緒十三年(1887)上海圖書集成書局鉛印本　十冊

430000－2423－0000162　25/36
新雕重校戰國策三十三卷　(漢)高誘註　清同治八年(1869)崇文書局刻本　一冊　存九卷(一至九)

430000－2423－0000163　25/40
涑水記聞十六卷補遺一卷　(宋)司馬光撰　清崇文書局刻百子叢書本　一冊　缺十二卷(一至十二)

430000－2423－0000164　26/1
太歲超辰表三卷　(清)汪曰楨撰　清刻推策小識本　一冊　存一卷(一)

430000－2423－0000165　26/1
御定歷代紀事年表一百卷　(清)王之樞總纂　清康熙五十一年(1712)内府刻本　六十五冊　缺六卷(十一至十二、二十四至二十五、七十七至七十八)

430000－2423－0000166　26/3
四裔編年表四卷　(美國)林樂知　(清)嚴良勛譯　(清)李鳳苞編　清光緒二十三年(1897)江南製造局鉛印本　四冊

430000－2423－0000167　26/4
後漢書補志八卷　(清)錢大昭撰　清光緒十七年(1891)廣雅書局刻本　二冊

430000－2423－0000168　26/8
歷代史表五十九卷首一卷末一卷　(清)萬斯

同撰　清光緒十五年(1889)廣雅書局刻本　六册

430000－2423－0000169　27/1
人表考九卷　(清)梁玉繩撰　清光緒十四年(1888)廣雅書局刻本　四册

430000－2423－0000170　28/1
歐陽文忠公五代史抄二十卷　(宋)歐陽修抄　(明)茅坤評　清刻本　二册　存八卷(五至八、十七至二十)

430000－2423－0000171　28/1
邊事彙鈔十二卷　(清)朱克敬編　清光緒六年(1880)長沙刻本　六册

430000－2423－0000172　28/2
槐廳載筆二十卷　(清)法式善編　清嘉慶四年(1799)刻本　六册

430000－2423－0000173　28/3
後漢書蒙拾二卷　(清)杭世駿輯　清刻本　一册

430000－2423－0000174　32/1
中説十卷　(隋)王通撰　(宋)阮逸註　敬忍居刻本　四册

430000－2423－0000175　32/2
新序十卷　(漢)劉向撰　清刻本　一册

430000－2423－0000176　32/3
新書十卷　(漢)賈誼撰　(清)盧文弨註　清光緒元年(1875)浙江書局刻本　二册

430000－2423－0000177　32/3
説苑二十卷　(漢)劉向撰　清刻本　一册　存六卷(一至六)

430000－2423－0000178　32/5
新書十卷　(漢)賈誼撰　清抱經堂刻本　二册

430000－2423－0000179　32/11
孔子家語八卷　(明)何孟春註　(清)盧文弨校補　清刻本　一册

430000－2423－0000180　32/12
孔子集語十七卷　(清)孫星衍撰　清光緒三年(1877)浙江書局刻本　三册　存十三卷(一至十三)

430000－2423－0000181　32/18
象山先生全集三十六卷　(宋)陸九淵撰　(清)李紱評點　(清)周毓齡重校　清宣統二年(1910)江左書林鉛印本　一册　存五卷(一至五)

430000－2423－0000182　32/31
張子全書十五卷　(宋)張載撰　(宋)朱熹註　清康熙刻本　四册

430000－2423－0000183　32/32
張子全書十五卷　(宋)張載撰　(宋)朱熹註　明萬曆徐必達刻本　九册

430000－2423－0000184　32/33
張子全書十五卷　(宋)張載撰　(宋)朱熹註　清光緒二十三年(1897)刻本　六册

430000－2423－0000185　32/35
揚子法言十三卷音義一卷　(漢)揚雄撰　(晉)李軌註　清光緒二年(1876)浙江書局刻本　一册

430000－2423－0000186　32/36
揚子法言十三卷　(漢)揚雄撰　(晉)李軌註　清嘉慶二十三年(1818)江都秦氏石研齋刻本　二册

430000－2423－0000187　32/36
揚子法言十三卷音義一卷　(漢)揚雄撰　(晉)李軌註　清嘉慶二十三年(1818)江都秦氏石研齋刻本　二册

430000－2423－0000188　32/37
小學集解六卷　(宋)朱熹撰　(清)張伯行集解　(清)李蘭汀校訂　清同治五年(1866)福州正誼書局刻本　二册

430000－2423－0000189　32/41
荀子集解二十卷首一卷　王先謙集解　清光緒十七年(1891)刻本　六册

430000－2423－0000190　32/43

荀子集解二十卷　王先謙集解　清光緒十七年(1891)長沙王氏刻本　五册　存十九卷(二至二十)

430000－2423－0000191　32/44
荀子二十卷　(戰國)荀况撰　(唐)楊倞註　清乾隆五十一年(1786)嘉善謝氏刻本　三册　存十六卷(五至二十)

430000－2423－0000192　32/45
荀子二十卷　(戰國)荀况撰　(唐)楊倞註　清光緒二年(1876)浙江書局刻本　六册

430000－2423－0000193　32/48
三魚堂賸言十二卷　(清)陸隴其撰　(清)陳濟編校　清同治七年(1868)武林薇署刻本　一册

430000－2423－0000194　32/49
困學錄集粹八卷　(清)張伯行撰　清同治五年(1866)福州正誼堂刻本　三册

430000－2423－0000195　32/50
羅整庵先生困知記四卷　(明)羅欽順撰　(清)張伯行輯　清同治五年(1866)福州正誼堂刻本　一册

430000－2423－0000196　32/52
雲臥山莊家訓二卷末一卷　(清)郭崑燾撰　清光緒十一年(1885)湘陰郭氏岵瞻堂刻本　一册

430000－2423－0000197　32/53
五子近思錄發明十四卷　(清)施璜纂註　清光緒十四年(1888)新繁沈氏刻本　八册

430000－2423－0000198　32/56
廣近思錄十四卷　(清)張伯行輯　清同治五年(1866)福州正誼堂刻本　二册　存八卷(三至十)

430000－2423－0000199　32/57
朱子原訂近思錄十四卷　(宋)朱熹撰　(宋)呂祖謙輯　(清)江永集注　清同治七年(1868)湖北崇文書局刻本　四册

430000－2423－0000200　32/58
廣近思錄十四卷　(清)張伯行輯　清同治五年(1866)福州正誼堂刻本　三册

430000－2423－0000201　32/59
近思錄十四卷　(宋)朱熹撰　(清)張伯行集解　清同治五年(1866)福州正誼堂刻本　四册

430000－2423－0000202　32/60
續近思錄十四卷　(清)張伯行集解　清同治五年(1866)福州正誼堂刻本　三册

430000－2423－0000203　32/63
正學續四卷　(清)陳遇夫撰　清道光三十年(1850)南海伍氏粤雅堂刻嶺南遺書本　二册

430000－2423－0000204　32/64
正蒙會稿四卷　(明)劉璣撰　(清)李錫齡校刊　清光緒十四年(1888)長沙惜陰書局刻惜陰軒叢書本　三册　存三卷(二至四)

430000－2423－0000205　32/66
張子正蒙注九卷　(清)王夫之撰　清同治四年(1865)金陵節署刻船山遺書本　二册　存五卷(五上至六下、七上至九下)

430000－2423－0000206　32/67
先儒論說不分卷　(清)□□輯　清光緒二十九年(1903)春日堂刻本　四册

430000－2423－0000207　32/70
陸桴亭思辨錄輯要二十二卷　(清)陸世儀撰　(清)張伯行編　清同治五年(1866)福州正誼堂刻本　二册　存十一卷(一至十一)

430000－2423－0000208　32/71
姚江學辨二卷　(清)羅澤南撰　清咸豐九年(1859)長沙刻本　一册

430000－2423－0000209　32/72
繹志十九卷劄記一卷　(清)胡承諾撰　清光緒十七年(1891)三餘草堂刻本　八册

430000－2423－0000210　32/73
二程文集十二卷　(清)張伯行編　清同治五年(1866)福州正誼書院刻本　二册　存八卷(一至三、八至十二)

430000－2423－0000211　32/78

程氏家塾讀書分年日程三卷綱領一卷　(元)程端禮撰　清同治五年(1866)福州正誼書院刻本　一册

430000－2423－0000212　32/80

子問二卷　(清)劉沅撰　平遙李氏刻本　二册

430000－2423－0000213　32/80

二程粹言二卷　(宋)楊時輯　(清)張伯行重訂　清同治五年(1866)福州正誼書院刻本　一册

430000－2423－0000214　32/81

二程語録十八卷　(清)張伯行輯　清同治五年(1866)福州正誼堂刻本　五册

430000－2423－0000215　32/82

南軒先生孟子説七卷　(宋)張栻撰　清咸豐四年(1854)綿邑南軒祠刻本　四册

430000－2423－0000216　32/85

南軒先生論語解七卷　(宋)張栻撰　清咸豐四年(1854)綿邑南軒祠刻本　二册

430000－2423－0000217　32/86

養正類編十三卷　(清)張伯行輯　清同治五年(1866)福州正誼堂刻本　二册

430000－2423－0000218　32/87

陸桴亭先生文集五卷　(清)陸世儀撰　(清)張伯行訂　(清)袁遂校　清光緒九年(1883)津河廣仁堂刻本　二册

430000－2423－0000219　32/90

薛文清公讀書録八卷　(明)薛瑄撰　(清)張伯行訂　清同治五年(1866)福州正誼書院刻本　二册

430000－2423－0000220　32/91

文子纘義十二卷　(宋)杜道堅撰　清光緒三年(1877)浙江書局據武英殿聚珍版刻本　二册

430000－2423－0000221　32/92

顔氏學記十卷　(清)戴望撰　清光緒二十年(1894)龍山白岩書院刻本　四册

430000－2423－0000222　32/94

胡敬齋先生居業録八卷　(明)胡居仁撰　清同治五年(1866)福州正誼堂刻本　三册

430000－2423－0000223　32/96

三事忠告四卷　(元)張養浩著　清道光十一年(1831)碧鮮齋刻本　二册

430000－2423－0000224　32/97

跋南雷文定一卷　(清)方東樹撰　清光緒十六年(1890)刻本　一册

430000－2423－0000225　32/98

伊洛淵源録十四卷　(宋)朱熹撰　清同治五年(1866)福州正誼書院刻本　三册

430000－2423－0000226　32/99

李衛公外集四卷補遺一卷　(唐)李德裕撰　清影宋刻本　一册

430000－2423－0000227　32/101

國朝先正學規彙鈔不分卷　(清)黄舒昺撰　清刻本　一册

430000－2423－0000228　32/103

漢儒通義七卷　(清)陳澧撰　清咸豐八年(1858)番禺陳氏刻本　二册

430000－2423－0000229　32/104

國朝漢學師承記八卷國朝經師經義一卷　(清)江藩撰　清嘉慶二十三年(1818)刻本　四册

430000－2423－0000230　32/105

高子遺書十二卷附録一卷　(明)高攀龍撰　(明)陳龍正輯　清光緒二年(1876)無錫東林書院刻民國十一年(1922)補刻本　八册

430000－2423－0000231　32/107

西銘講義一卷　(清)羅澤南撰　清咸豐七年(1857)長沙刻本　一册

430000－2423－0000232　32/108

監本五臣音注揚子法言十卷　(漢)揚雄撰　清末影印世德堂本　一册　存三卷(四至六)

430000－2423－0000233　32/109
陳清瀾先生學蔀通辯十二卷　(明)陳建撰　(清)張伯行重訂　清同治五年(1866)福州正誼書院刻本　二冊

430000－2423－0000234　32/110
周濂溪先生全集十三卷　(清)張伯行編　清同治五年(1866)福州正誼書院刻本　四冊

430000－2423－0000235　32/111
周子全書七卷　(宋)周敦頤撰　(宋)朱熹註釋　明萬曆三十四年(1606)檇李徐必達刻本　三冊

430000－2423－0000236　32/112
周子全書二十二卷　(宋)周敦頤撰　(清)董榕輯　清乾隆二十一年(1756)刻本　二冊　存五卷(三至七)

430000－2423－0000237　32/114
宋四子抄釋二十一卷　(明)呂柟撰　(清)李錫齡校刊　清光緒十四年(1888)長沙惜陰書局刻惜陰軒叢書本　八冊

430000－2423－0000238　32/115
東萊博議四卷　(宋)呂祖謙撰　(清)馮泰松重刊　清光緒二十二年(1896)安定貴記書局刻本　三冊　存三卷(一至三)

430000－2423－0000239　32/117
槐軒約言不分卷　(清)劉沅撰　清同治四年(1865)刻本(威遠縣呂仙岩玉成堂存板)　一冊

430000－2423－0000240　32/118
教女遺規三卷　(清)陳弘謀撰　清光緒五年(1879)江西書局刻本　二冊

430000－2423－0000241　32/119
教女遺規三卷　(清)陳弘謀撰　清光緒二十二年(1896)經綸元記刻五種遺規本　一冊

430000－2423－0000242　32/120
訓俗遺規四卷　(清)陳弘謀撰　清光緒五年(1879)江西書局刻本　四冊

430000－2423－0000243　32/121
養正遺規二卷補編一卷　(清)陳弘謀撰　清光緒二十二年(1896)經綸元記刻五種遺規本　二冊

430000－2423－0000244　32/122
訓俗遺規四卷　(清)陳弘謀撰　掃葉山房石印德育叢書本　一冊　存二卷(一至二)

430000－2423－0000245　32/123
從政遺規二卷　(清)陳弘謀撰　清光緒二十二年(1896)經綸元記刻五種遺規本　二冊

430000－2423－0000246　32/124
訓俗遺規二卷訓俗遺規補二卷　(清)陳弘謀撰　清同治五年(1866)粵東撫署刻光緒二十二年(1896)經綸元記補刻本　三冊

430000－2423－0000247　32/127
從政遺規二卷　(清)陳弘謀撰　清光緒五年(1879)江西書局刻本　二冊

430000－2423－0000248　32/129
勸學篇二卷　(清)張之洞撰　清光緒沔陽盧氏刻慎始基齋叢書本　二冊

430000－2423－0000249　32/131
濂洛關閩書十九卷　(清)張伯行集解　清同治五年(1866)福州正誼書院刻本　五冊

430000－2423－0000250　32/132
御纂性理精義十二卷　(清)李光地等撰　清刻本　四冊

430000－2423－0000251　32/136
學規類編二十七卷　(清)張伯行纂　清同治五年(1866)福州正誼書院刻本　五冊

430000－2423－0000252　32/138
北溪字義二卷補遺一卷附嚴陵講義一卷　(宋)陳淳著　(清)李錫齡校刊　清光緒十四年(1888)長沙惜陰書局刻惜陰軒叢書本　二冊

430000－2423－0000253　32/140
弟子箴言十六卷　(清)胡達源撰　清光緒二十一年(1895)蒲圻但氏湖南糧儲道署刻本　四冊

430000－2423－0000254　32/131(1)
濂洛關閩書十九卷　(清)張伯行集解　清同治五年(1866)福州正誼書院刻本　一冊　存六卷(三至八)

430000－2423－0000255　32/66(1)
張子正蒙注九卷　(清)王夫之撰　清同治四年(1865)金陵節署刻船山遺書本　一冊　存三卷(七上至九下)

430000－2423－0000256　33/1
道德經評註二卷　(明)歸有光批閱　(明)文震孟訂正　明天啟四年(1624)刻本　二冊

430000－2423－0000257　33/3
莊子集釋十卷　(清)郭慶藩輯　清光緒二十年(1894)思賢書局刻本　十冊

430000－2423－0000258　33/6
黄帝陰符經疏三卷　(唐)李筌疏　**關尹子一卷**　(周)尹喜撰　**三楚新錄三卷**　(宋)周羽翀撰　清嘉慶十五年(1810)海虞張氏刻墨海金壺本　一冊

430000－2423－0000259　33/7
古文周易參同契註八卷　(清)袁仁林撰　清光緒十四年(1888)長沙惜陰書局刻本　一冊　存二卷(一至二)

430000－2423－0000260　33/10
太玄經十卷　(漢)揚雄撰　(宋)司馬光集註　清嘉慶三年(1798)五柳居刻本　二冊

430000－2423－0000261　33/15
老子解二卷仁書二卷　(清)易佩紳撰　清光緒十七年(1891)刻本　一冊

430000－2423－0000262　33/16
老子道德經考異二卷　(清)畢沅撰　清乾隆四十八年(1783)靈岩山館刻本　一冊

430000－2423－0000263　33/17
老子集解二卷　(明)薛蕙撰　清光緒十四年(1888)長沙惜陰書局刻惜陰軒叢書本　一冊

430000－2423－0000264　33/19
老子道德經音義一卷　(三國魏)王弼註　掃葉山房石印本　一冊

430000－2423－0000265　33/20
道統錄二卷附錄一卷　(清)張伯行撰　清同治五年(1866)福州正誼書院刻本　二冊

430000－2423－0000266　33/22
老子道德經二卷音義一卷　(春秋)李耳撰　(三國魏)王弼註　清光緒元年(1875)浙江書局刻本　一冊

430000－2423－0000267　33/23
讀老札記二卷補遺一卷　易順鼎撰　**淮南許註鈎沈一卷**　易碩撰　清光緒十年(1884)程頌藩署刻寶瓠齋雜俎本　一冊

430000－2423－0000268　33/24
列子釋義二卷　(唐)殷敬順撰　(宋)陳景元補遺　**考異一卷**　(清)任大椿撰　清乾隆五十二年(1787)刻本　一冊

430000－2423－0000269　33/26
莊子解三十三卷莊子通一卷愚鼓詞一卷　(清)王夫之撰　清同治四年(1865)湘鄉曾氏金陵書局刻本　三冊　存二十三卷(一至七、十八至三十三)

430000－2423－0000270　33/27
莊子外篇一卷　(晉)司馬彪注　清刻本　一冊　缺四十八頁(一至四十八)

430000－2423－0000271　33/28
南華真經解外篇十五首　(清)宣穎撰　(清)王暉吉校　清刻本　一冊　存八首(騈拇至刻意)

430000－2423－0000272　33/30
莊子章義五卷　(清)姚鼐撰　清光緒五年(1879)桐城徐氏刻惜抱軒遺書三種本　三冊

430000－2423－0000273　33/31
莊子解三十三卷　(清)王夫之撰　清同治四年(1865)湘鄉曾氏金陵書局刻本　三冊　存二十四卷(一至二十四)

430000－2423－0000274　33/8△
焦氏類林八卷　(明)焦竑輯　明萬曆十五年

(1587)金陵徐智刻本　十一册

430000－2423－0000275　34/1

合刻吏則七種十八卷　(清)王文韶輯　清光緒二十年(1894)雲南釐金總局刻本　四册　存六卷(學治臆説二卷、學治續説一卷、説贅一卷、佐治藥言一卷、庸吏庸言上)

430000－2423－0000276　34/3

入幕須知五種九卷　(清)張廷驤輯　清光緒十八年(1892)浙江書局刻本　三册　存四卷(學治續説一卷,説贅一卷,辦案要略一卷,刑幕要略一卷,附贅言十則)

430000－2423－0000277　34/4

管子校正二十四卷　(清)戴望撰　清同治十一年(1872)刻本　四册

430000－2423－0000278　34/6

韓非子二十卷　(戰國)韓非撰　清光緒元年(1875)浙江書局影刻本　六册

430000－2423－0000279　34/8

韓非子二十卷　(戰國)韓非撰　**韓非子識誤三卷**　(清)顧廣圻撰　清光緒十九年(1893)上海積山書局石印本　一册

430000－2423－0000280　34/15

俟解一卷噩夢一卷　(清)王夫之撰　清同治四年(1865)湘鄉曾氏金陵節署刻本　一册

430000－2423－0000281　34/16

弟子職集解一卷　(清)莊述祖輯　**句讀一卷補音一卷考證一卷**　(清)黄彭年輯　清光緒十四年(1888)江蘇書局刻本　一册

430000－2423－0000282　34/17

黄書一卷識小録一卷老子衍一卷　(清)王夫之撰　清同治四年(1865)湘鄉曾氏金陵刻本　一册

430000－2423－0000283　34/18

齊民四述十二卷　(清)包世臣撰　清道光二十六年(1846)白門倦遊閣木活字印安吴四種本　六册

430000－2423－0000284　35/1

江南陸師學堂武備課程八種二十七卷　(清)錢德培纂輯　清光緒二十五年(1899)江南陸師學堂刻本　八册　存十六卷(軍器學一至四,營壘學二至三,地勢學二卷,兵法學三至五、十一至十二,課藝内編一卷,戰路要説一卷,築營要法一卷)

430000－2423－0000285　35/2

讀史兵略四十六卷　(清)胡林翼撰　清咸豐十一年(1861)武昌節署刻本　十六册

430000－2423－0000286　35/3

讀史兵略四十六卷　(清)胡林翼撰　清咸豐十一年(1861)武昌節署刻本　二十四册

430000－2423－0000287　35/9

孫子十家注十三卷遺説一卷敘録一卷　(宋)吉天保輯　(清)孫星衍　(清)吴人驥校　清嘉慶二年(1797)兖州觀察署據道藏本刻本　四册　存十卷(一至八、遺説一卷、敘録一卷)

430000－2423－0000288　35/12

陣紀四卷　(明)何良臣撰　(清)徐元善校　清光緒十四年(1888)長沙惜陰書局刻惜陰軒叢書本　一册　存二卷(三至四)

430000－2423－0000289　35/13

紀效新書十八卷首一卷　(明)戚繼光撰　清道光二十一年(1841)仁和朱氏刻本　六册

430000－2423－0000290　35/3(1)

讀史兵略四十六卷　(清)胡林翼撰　清咸豐十一年(1861)武昌節署刻本　二册　存四卷(三至四、四十五至四十六)

430000－2423－0000291　36/2

齊民要術十卷　(北魏)賈思勰撰　清光緒二十二年(1896)中江榷署刻本　四册

430000－2423－0000292　36/6

見物五卷　(明)李蘇撰　清光緒十四年(1888)長沙惜陰書局刻惜陰軒叢書本　二册

430000－2423－0000293　38/1

李氏遺書十一種十八卷　(清)李鋭撰　清道光三年(1823)儀徵阮氏刻本　五册

430000－2423－0000294　42/1
楚辭補註十七卷　(宋)洪興祖撰　清光緒十四年(1888)長沙惜陰書局刻惜陰軒叢書本　六冊

430000－2423－0000295　43/2
禝飢亭集三十二卷　(清)祁寯藻撰　清咸豐六年(1856)刻本　六冊

430000－2423－0000296　43/11
龔定庵集別集一卷　(清)龔自珍撰　清宣統二年(1910)順德鄧氏風雨樓鉛印本　一冊

430000－2423－0000297　44/6
宋六十一家詞選十二卷　(清)馮煦輯　掃葉山房石印本　一冊　存三卷(四至六)

430000－2423－0000298　45/2
空谷香傳奇二卷　(清)蔣士銓填詞　(清)高文照題評　清刻本　一冊　存一卷(下)

430000－2423－0000299　45/3
六如亭上本十八齣下本十八齣　(清)張九鉞撰　(清)雲門山樵評點　(清)吹鐵簫人正譜　(清)張家栻校刊　清道光三十年(1850)刻本　一冊　存十八齣(上本一至十八齣)

430000－2423－0000300　46/3
唐開元小說六種九卷　葉德輝輯　清宣統三年(1911)葉氏觀古堂刻本　一冊　缺安祿山事蹟

430000－2423－0000301　48/1
宋詩紀事一百卷　(清)厲鶚　(清)馬曰琯輯　清乾隆十一年(1746)厲鶚樊榭山房刻本　二十六冊　存六十二卷(一至二、五至三十一、三十三至三十六、四十一至五十二、五十八至六十六、八十四至八十六、九十一、九十七至一百)

430000－2423－0000302　48/2
擬明史樂府一卷　(清)尤侗撰　(清)宋澤元校刊　清光緒十一年(1885)山陰宋氏懺花盦刻本　一冊

430000－2423－0000303　48/3
帶經堂詩話三十卷首一卷　(清)王士禎撰　清乾隆二十七年(1762)刻本　十冊

430000－2423－0000304　48/3
文選集評十五卷首一卷　(清)于光華編　清乾隆三十七年(1772)友于堂刻本　十六冊

430000－2423－0000305　48/4
孟浩然詩集二卷　(唐)孟浩然撰　(宋)劉辰翁評　(明)李夢陽參　清光緒六年(1880)巴陵方功惠碧琳琅館刻朱墨套印本　二冊

430000－2423－0000306　48/6
文概一卷　(清)劉熙載撰　清光緒元年(1875)雙流黃氏濟忠堂刻本　一冊

430000－2423－0000307　48/8
學園詩談八卷續編二卷　(清)許丙椿撰　清同治五年(1866)合肥刻本　二冊

430000－2423－0000308　48/9
養一齋集二十六卷　(清)潘德輿撰　清道光、咸豐間刻同治補刻本　十二冊　存四十四卷(養一齋集二十六卷、養一齋詩話十卷、養一齋試帖一卷、養一齋詞三卷、養一齋四書文不分卷、李杜詩話三卷)

430000－2423－0000309　48/10
味蔬詩話四卷　(清)余雲煥撰　清光緒三十四年(1908)思南府署木活字本　二冊

430000－2423－0000310　48/11
重訂文選集評十五卷首一卷末一卷　(清)于光華編　清刻本　一冊　存二卷(十五、末一卷)

430000－2423－0000311　48/12
四六叢話三十三卷選詩叢話一卷　(清)孫梅輯　清光緒七年(1881)吳下刻本　十二冊

430000－2423－0000312　48/13
達觀堂詩話八卷　(清)張晉本著　清同治十二年(1873)湘陰李桓芋園刻本　四冊

430000－2423－0000313　48/17
鳴原堂論文二卷　(清)曾國藩撰　(清)曾國荃審訂　清同治十二年(1873)勵志齋刻本

二册

430000－2423－0000314　48/104

文心雕龍十卷　(南朝梁)劉勰撰　(清)黄叔琳註　(清)紀昀評　清光緒二十二年(1896)新化三味堂刻本　四册

430000－2423－0000315　51/1

漢魏叢書　(明)程榮輯　明萬曆二十年(1592)新安程氏刻本　五册　存四十九卷(法言十卷、博物志十卷、古今注三卷、風俗通義十卷、人物志三卷、文心雕龍十卷、詩品三卷)

430000－2423－0000316　51/1

古今圖書集成　(清)陳夢雷編　清光緒十四年(1888)上海圖書集成印書局鉛印本　二百二十三册

430000－2423－0000317　51/2

古今圖書集成　(清)陳夢雷編　清光緒十四年(1888)上海圖書集成印書局鉛印本　四十三册

430000－2423－0000318　51/3

古今圖書集成　(清)陳夢雷編　清光緒十四年(1888)上海圖書集成印書局鉛印本　五十六册

430000－2423－0000319　51/5

知不足齋叢書　(清)鮑廷博輯　(清)鮑志祖續輯　清乾隆至道光長塘鮑氏刻本　一百九十四册

430000－2423－0000320　51/6

後知不足齋叢書　(清)鮑廷爵輯　清光緒常熟鮑氏刻本　十七册

430000－2423－0000321　51/7

漢魏六朝百三名家集　(明)張溥編　清光緒十八年(1892)善化章氏經濟堂刻本　五十八册

430000－2423－0000322　51/8

漢魏遺書鈔　(清)王謨輯　清嘉慶三年(1798)金溪王氏刻本　三十四册

430000－2423－0000323　51/9

增訂漢魏叢書　(清)王謨輯　清光緒刻本　二十一册

430000－2423－0000324　51/10

增訂漢魏叢書　(清)王謨輯　清刻本　二十六册

430000－2423－0000325　51/12

增訂漢魏叢書　(清)王謨輯　清光緒六年(1880)練江述古山莊刻本　二十五册

430000－2423－0000326　51/13

平津館叢書　(清)孫星衍輯　清光緒十一年(1885)吳縣朱氏槐廬家塾刻本　四十七册　缺二卷(尚書考異三至四)

430000－2423－0000327　51/14

平津館文稿二卷　(清)孫星衍撰　清嘉慶十一年(1806)刻本　二册

430000－2423－0000328　51/16

海山仙館叢書　(清)潘仕成輯　清道光、咸豐間番禺潘氏刻本　五十二册

430000－2423－0000329　51/17

海山仙館叢書　(清)潘仕成輯　清道光、咸豐間番禺潘氏刻本　二十一册

430000－2423－0000330　51/18

正誼堂全書　(清)張伯行輯　(清)楊浚重輯　清同治五年(1866)福州正誼書院刻八年至九年(1869－1870)續刻本　五十九册

430000－2423－0000331　51/19

宜稼堂叢書　(清)郁松年輯　清道光上海郁氏刻本　七十七册

430000－2423－0000332　51/20

函海　(清)李調元輯　清刻本　一百十七册

430000－2423－0000333　51/21

文選六十卷　(南朝梁)蕭統輯　(唐)李善等註　清同治八年(1869)金陵書局刻本　十册

430000－2423－0000334　51/22

文選六十卷　(南朝梁)蕭統輯　(唐)李善等註　**文選考異十卷**　(清)胡克家撰　清同治

八年(1869)潯陽萬氏刻本　二十四册

430000－2423－0000335　51/23

百子全書一百種　清光緒元年(1875)湖北崇文書局刻本　二十三册

430000－2423－0000336　51/24

群書疑辨十二卷　(清)萬斯同撰　清嘉慶二十一年(1816)供石亭刻本(古堇水氏藏板)　十二册

430000－2423－0000337　51/25

崇百藥齋文集二十卷續集四卷三集十二卷五真閣吟稿一卷合肥學舍札記十二卷　(清)陸繼輅撰　清嘉慶二十五年(1820)合肥學舍刻本,續集道光四年(1824)刻本,三集道光八年(1828)刻本,札記道光十六年(1836)刻本　十六册

430000－2423－0000338　51/26

歸雲别集七十四卷　(明)陳士元撰　清道光十三年(1833)應城吳氏刻本(寶善堂藏板)　十九册

430000－2423－0000339　51/28

宋文鑒一百五十卷目録三卷　(宋)呂祖謙編　清光緒十二年(1886)江蘇書局刻本　二十四册

430000－2423－0000340　51/31

歐虞部集十五種　(明)歐大任撰　明萬曆十八年(1590)刻本　二十一册

430000－2423－0000341　51/32

郝氏遺書四十六種　(清)郝懿行輯　清嘉慶至光緒刻本　六十八册

430000－2423－0000342　51/33

道古堂文集四十六卷　(清)杭世駿撰　清乾隆五十五年至五十七年(1790－1792)長沙府攸縣黄甲書院刻本　六册

430000－2423－0000343　51/34

少室山房筆叢四十八卷詩藪内篇六卷外篇六卷　(明)胡應麟撰　清光緒二十二年(1896)廣雅書局刻本　十六册

430000－2423－0000344　51/39

經苑二十五種二百四十四卷　(清)錢儀吉輯　清道光、咸豐間大梁書院刻本　十册　存二十八卷(孝經刊誤一卷、孝經本義二卷、孝經或問三卷、孝經翼一卷、論語意原四卷、孟子外書四卷、讀中庸叢説二卷、讀論語叢説三卷、讀孟子叢説二卷、瑟譜六卷)

430000－2423－0000345　51/44

眠琴閣遺文一卷遺詩二卷　(清)何慶涵撰
浣月樓遺詩二卷　(清)李楣撰　清光緒二十九年(1903)刻本　一册

430000－2423－0000346　51/45

字詁一卷附承吉兄弟説一卷義府二卷　(清)黄生撰　清光緒三年(1877)歙西黄氏刻本　四册

430000－2423－0000347　51/51

表異録二十卷　(明)王志堅輯　清刻本　二册

430000－2423－0000348　51/53

重刻賴古堂尺牘新鈔三選結鄰集十五卷　(清)周在浚等輯　清宣統二年(1910)上海國學扶輪社石印本　一册　存三卷(十三至十五)

430000－2423－0000349　51/53.1

重刻剡川姚氏本戰國策札記三卷　(清)黄丕烈撰　石印本　一册

430000－2423－0000350　51/55

元和江氏靈鶼閣叢書六集五十六種　(清)江標輯　清光緒元和江氏湖南使院刻本　二十八册　存四集(一至四)

430000－2423－0000351　51/56

涉聞梓舊　(清)蔣光煦輯　清咸豐元年(1851)海昌蔣氏宜年堂刻六年(1856)重編本　二十一册

430000－2423－0000352　51/57.1

呂氏家塾讀詩記三十二卷　(宋)呂祖謙撰　清道光、咸豐間大梁書院刻經苑本　十册

430000－2423－0000353　51/57.2
續呂氏家塾讀詩記三卷　（宋）戴溪撰　清道光、咸豐間大梁書院刻經苑本　二册

430000－2423－0000354　51/58
春秋經傳類求十二卷　（清）孫從添　（清）過臨汾纂輯　清乾隆二十四年（1759）舊名堂刻本　十二册

430000－2423－0000355　51/62
春暉堂叢書十一種　（清）徐渭仁輯　清道光、咸豐間上海徐氏刻本　四册

430000－2423－0000356　51/64
咫進齋叢書　（清）姚覲元輯　清光緒九年（1883）歸安姚氏刻本　十三册

430000－2423－0000357　51/65
賈氏叢書甲集九種二十四卷　（清）賈臻輯　清道光、咸豐間賈氏躬自厚齋刻本　十一册

430000－2423－0000358　51/66
續涇川叢書七種　（清）趙紹祖　（清）趙繩祖輯　清道光十二年（1832）涇縣趙氏古墨齋刻本　九册

430000－2423－0000359　51/66
涇川叢書四十五種五十八卷　（清）趙紹祖　（清）趙繩祖輯　清道光十二年（1832）涇縣趙氏古墨齋刻民國六年（1917）翟鳳翔影印本　二十四册

430000－2423－0000360　51/67
滂喜齋叢書　（清）潘祖蔭輯　清同治、光緒間吳縣潘氏京師刻本　三十册

430000－2423－0000361　51/68
惜陰軒叢書　（清）李錫齡輯　清光緒十四年（1888）長沙惜陰書局刻本　二十册

430000－2423－0000362　51/69
功順堂叢書　（清）潘祖蔭輯　清光緒吳縣潘氏刻本　十九册

430000－2423－0000363　51/70
式訓堂叢二集二十七種　（清）章壽康輯　清光緒會稽章氏刻本　十九册

430000－2423－0000364　51/71
士禮居黃氏叢書二十三種　（清）黃丕烈輯　清光緒十三年（1887）上海蜚英館石印本　十六册

430000－2423－0000365　51/72
湖海樓叢書十二種　（清）陳春輯　清嘉慶蕭山陳氏刻本　二十二册

430000－2423－0000366　51/73
番禺陳氏東塾叢書四種附一種　（清）陳澧撰　清咸豐至光緒刻本　九册　缺一卷（考正德清胡氏禹貢圖一卷）

430000－2423－0000367　51/74
范氏叢書　（清）范鍇輯　清道光烏程范氏刻本　五册　存二十卷（秋室遺文一卷、詞源一至二附記一卷、吳興藏書錄一卷、吳興山墟名一卷、吳興記一卷、吳興入東記一卷、吳興統記一卷、吳興志續編一卷、清湘樓詩選一卷、苕溪漁隱詩稿一卷、花笑廎雜筆一至六、幽華詩略一至二）

430000－2423－0000368　51/75
第一樓叢書九種　（清）俞樾撰　清同治十年（1871）刻本　七册

430000－2423－0000369　51/76
木犀軒叢書　李盛鐸輯　清光緒德化李氏木犀軒刻本　二十四册

430000－2423－0000370　51/77
積學齋叢書二十種六十一卷　徐乃昌輯　清光緒南陵徐氏刻本　十六册

430000－2423－0000371　51/78
小萬卷樓叢書十七種　（清）錢培名輯　清光緒四年（1878）金山錢氏刻本　十二册

430000－2423－0000372　51/79
崇文書局彙刻書三十三種　（清）崇文書局輯　清光緒三年（1877）湖北崇文書局刻本　九册　存三十七卷（古列女傳一至四、七至八，水經注十四至十六，葬經内篇一卷，黃帝宅經二卷，酉陽雜俎六至十五，酉陽雜俎續集六至十，老學庵筆記十卷）

430000－2423－0000373　51/82
詩譜補亡後訂一卷　（清）吳騫撰　清乾隆五十年（1785）海寧吳氏拜經樓刻本　一册

430000－2423－0000374　51/83
世本不分卷　（清）茆泮林輯　清道光十四年（1834）梅瑞軒刻十種古逸書本　一册

430000－2423－0000375　51/85
後漢三公年表一卷　（清）華湛恩撰　**後漢郡國令長考一卷補續漢書藝文志一卷**　（清）錢大昭撰　清光緒十七年（1891）廣雅書局刻廣雅書局叢書本　一册

430000－2423－0000376　51/87
唱經堂語錄纂二卷唱經堂隨手通一卷　（清）金人瑞撰　上海國光印刷所鉛印貫华堂才子書彙稿本　一册

430000－2423－0000377　51/89
夏小正箋疏四卷　（清）馬徵麟撰　清光緒十五年（1889）思古書堂刻本　一册

430000－2423－0000378　51/91
未能錄二卷　（清）方東樹撰　清光緒十六年（1890）刻本　一册

430000－2423－0000379　51/94
前漢藝文志　（漢）班固撰　（唐）顏師古註　清刻本　一册

430000－2423－0000380　51/95
知聖道齋讀書跋尾二卷　（清）彭元瑞撰　清嘉慶刻本　一册

430000－2423－0000381　51/100
算迪八卷　（清）何夢瑤撰　清道光二十五年（1845）南海伍氏刻本　三册　存三卷（三之上、七至八）

430000－2423－0000382　51/102
鄦齋叢書二十種　徐乃昌輯　清光緒二十六年（1900）南陵徐氏刻本　五册　存十一卷（經考四至五、說文諧聲孳生述不分卷、續方言又補二卷、後漢儒林傳補逸一卷、唐折衝府考四卷續增一卷）

430000－2423－0000383　51/104
真有益齋文編十卷　（清）黃安濤撰　清道光二十三年（1843）刻本　二册　存八卷（一至六、九至十）

430000－2423－0000384　51/110
有不爲齋集六卷　（清）端木埰撰　清宣統三年（1911）刻本　二册

430000－2423－0000385　51/112
人倫大統賦二卷　（金）張行簡撰　（元）薛延年集解　清光緒三年（1877）吳興陸氏十萬卷樓刻本　一册

430000－2423－0000386　51/115
纂喜堂詩稿一卷青芙館詞鈔一卷二韭室詩餘別集一卷　（清）陳壽祺撰　**王孟調明經西鳧草一卷**　（清）王星諴撰　清同治吳縣潘氏京師刻滂喜齋叢書本　一册

430000－2423－0000387　51/29－1
國語二十一卷　（三國吳）韋昭註　清同治八年（1869）湖北崇文書局刻本　五册

430000－2423－0000388　51/44（1）
眠琴閣遺文一卷遺詩二卷　（清）何慶涵撰　**浣月樓遺詩二卷**　（清）李楣撰　清光緒二十九年（1903）刻本　一册

430000－2423－0000389　51/67（1）
滂喜齋叢書　（清）潘祖蔭輯　清同治、光緒間吳縣潘氏京師刻本　一册　存四卷（虞氏易消息圖說一卷、大誓答問一卷、求古錄禮說補遺一卷續一卷）

430000－2423－0000390　52/1
群書拾補不分卷　（清）盧文弨撰　清光緒十三年（1887）上海蜚英館石印本　八册

430000－2423－0000391　52/3
湖北叢書三十種　（清）趙尚輔輯　清光緒十七年（1891）三餘草堂刻本　十册　存二十四卷（孔子家語疏證五至十，仲顧一卷，史懷一至六、十四至二十，讀史賸言四卷）

430000－2423－0000392　53/1.1

靈華館叢稿五卷神經異一卷 (清)陶憲曾撰 清光緒三十一年(1905)安化陶氏家塾刻二陶遺稿本 二冊

430000－2423－0000393 53/1.2
微庵掌錄一卷靜壽軒詩一卷 (清)陶紹曾撰 清光緒三十一年(1905)安化陶氏家塾刻二陶遺稿本 一冊

430000－2423－0000394 54/1
陔餘叢考四十三卷 (清)趙翼撰 清乾隆五十五年(1790)湛貽堂刻本 十二冊

430000－2423－0000395 54/2
安吳四種三十六卷 (清)包世臣撰 清道光二十六年(1846)白門倦遊閣木活字本 十冊 存二十四卷(一至二十四)

430000－2423－0000396 54/3
船山遺書七十種 (清)王夫之撰 清同治四年(1865)湘鄉曾氏金陵節署刻本 七十七冊

430000－2423－0000397 54/4
船山遺書七十種 (清)王夫之撰 清同治四年(1865)湘鄉曾氏金陵節署刻本 五十冊

430000－2423－0000398 54/4
心齋十種二十一卷 (清)任兆麟撰 清乾隆、嘉慶間震澤任氏忠敏家塾刻本 四冊

430000－2423－0000399 54/5
船山遺書七十種 (清)王夫之撰 清同治四年(1865)湘鄉曾氏金陵節署刻本 三十五冊

430000－2423－0000400 54/6
王船山先生經史論八種 (清)王夫之撰 清光緒二十五年(1899)公記書莊石印本 十五冊 缺二卷(續春秋左氏傳博議二卷)

430000－2423－0000401 54/7
胡文忠公遺集八十六卷首一卷 (清)胡林翼撰 (清)鄭敦謹 (清)曾國荃纂輯 (清)胡鳳丹重編 清光緒元年(1875)湖北崇文書局刻本 三十二冊

430000－2423－0000402 54/8
胡文忠公遺集八十六卷首一卷 (清)胡林翼撰 (清)鄭敦謹 (清)曾國荃纂輯 (清)胡鳳丹重編 清光緒元年(1875)湖北崇文書局刻本 二十三冊 存六十四卷(一至四十、四十七至五十、五十九至六十二、六十七至八十二)

430000－2423－0000403 54/9
胡文忠公遺集八十六卷首一卷 (清)胡林翼撰 (清)鄭敦謹 (清)曾國荃纂輯 (清)胡鳳丹重編 清光緒元年(1875)湖北崇文書局刻本 三十二冊

430000－2423－0000404 54/10
左文襄公全集 (清)左宗棠撰 清光緒長沙萃文堂刻本 一冊 存一卷(左文襄公年譜十)

430000－2423－0000405 54/12
左文襄公全集 (清)左宗棠撰 清光緒長沙萃文堂刻本 六十八冊 存六十五卷(奏稿三至七、十二、二十至二十一、二十七、二十九至三十二、三十四、三十六、四十一至四十五、四十九、五十一至五十三、五十八至六十四,謝摺二卷,書牘一至十二、十四至二十五,批札七卷,諮札一卷)

430000－2423－0000406 54/14
左文襄公全集 (清)左宗棠撰 清光緒長沙萃文堂刻本 一百三冊 存一百十三卷(首一卷,奏稿一至三十七、三十九至六十四,謝摺二卷,文集四至五,詩集一卷,聯語一卷,書牘一至九、十一至二十四、二十六,說帖一卷,批札一至六,諮札一卷,告示一卷,左文襄公年譜十卷)

430000－2423－0000407 54/17
左文襄公全集 (清)左宗棠撰 清光緒長沙萃文堂刻本 一百十一冊 存一百十七卷(首一卷,奏稿一至六、八、十至三十一、三十三、三十六至三十八、四十至四十七、四十九至五十九、六十二至六十三,謝摺二卷,文集五卷,詩集一卷,聯語一卷,書牘一至五、七至二十二、二十四至二十六,說帖一卷,批札三至七,諮札一卷告示一卷,張大司馬奏稿四

卷，駱文忠公奏稿一至七、九至十，左文襄公年譜一至四、七至十）

430000－2423－0000408　54/18
曾文正公全集　（清）曾國藩撰　清同治、光緒間湖南傳忠書局刻民國何鍵重印本　五十三冊　存八十八卷（奏稿四至九、十二至十三、十九至二十二，十八家詩鈔三至五、八、十、十二、十八，經史百家雜鈔十、十二、十六、二十至二十四，鳴原堂論文二卷，詩集四卷，書劄一至八、十一至十二、十七至二十九、三十二至三十三，雜著四卷，求闕齋讀書錄十卷，求闕齋日記類鈔二卷，曾文正公年譜一至六、十至十二，孟子要略五卷）

430000－2423－0000409　54/19
曾文正公全集　（清）曾國藩撰　清同治、光緒間湖南傳忠書局刻本　三十一冊　存三十一卷（奏稿三十卷、首一卷）

430000－2423－0000410　54/20
曾文正公全集　（清）曾國藩撰　清同治、光緒間湖南傳忠書局刻本　二冊　存二卷（經史百家雜鈔十七、十八家詩鈔十三）

430000－2423－0000411　54/21
曾文正公手書日記　（清）曾國藩撰　清宣統元年（1909）上海中國圖書公司影印本　三十二冊

430000－2423－0000412　54/22
曾文正公文集三卷　（清）曾國藩撰　清光緒二年（1876）長沙傳忠書局刻本　三冊

430000－2423－0000413　54/23
曾文正公詩集四卷　（清）曾國藩撰　清同治十三年（1874）傳忠書局刻本　一冊

430000－2423－0000414　54/25
曾文正公家訓二卷　（清）曾國藩撰　清光緒五年（1879）傳忠書局刻本　二冊

430000－2423－0000415　54/26
曾惠敏公使西日記二卷　（清）曾紀澤撰　清光緒十九年（1893）江南製造總局鉛印本　一冊

430000－2423－0000416　54/27
徐位山六種　（清）徐文靖撰　清雍正、乾隆間志寧堂刻本　二十三冊　缺八卷（經言拾遺七至十四）

430000－2423－0000417　54/28
白雲山人詩集二十三卷文集五卷詞選一卷詩選六卷奏議六卷　（清）吳榮光撰　清道光二十一年（1841）南海吳氏筠清館刻本　二十冊

430000－2423－0000418　54/29
黃漳浦集五十卷首一卷目錄二卷　（明）黃道周撰　**漳浦先生年譜二卷**　（明）莊起儔編　清道光九年（1829）刻本　二十三冊　缺三卷（首一卷、目錄二卷）

430000－2423－0000419　54/29
黃漳浦集五十卷　（明）黃道周撰　**漳浦黃先生年譜二卷**　（清）莊起儔編　清道光九年（1829）刻本　二十三冊

430000－2423－0000420　54/30.1
觀古堂所著書第一集　葉德輝撰　清光緒長沙葉氏刻本　六冊　缺一卷（瑞應圖記一卷）

430000－2423－0000421　54/30.2
觀古堂彙刻書　葉德輝輯　清光緒長沙葉氏刻本　十六冊

430000－2423－0000422　54/31
崔東壁遺書　（清）崔述撰　清光緒元年（1875）木活字本　十二冊　存四十卷（唐虞考信錄四卷、夏考信錄二卷、豐鎬考信錄八卷、洙泗考信錄四卷、豐鎬考信別錄三卷、洙泗考信餘錄三卷、孟子事實錄二卷、考古續說二卷、考信附錄二卷、王政三大典考三卷、五服異同彙考三卷、無聞集四卷）

430000－2423－0000423　54/31.1
補上古考信錄二卷　（清）崔述撰　清光緒元年（1875）木活字本　一冊

430000－2423－0000424　54/33
陳忠裕公全集三十卷首一卷末一卷　（明）陳子龍撰　（清）王昶編　清嘉慶八年（1803）簳山草堂刻本　八冊　缺八卷（十三至二十）

430000－2423－0000425　54/34
清芬樓遺稿四卷　(清)任啟運撰　清光緒十四年(1888)家塾刻本　二冊

430000－2423－0000426　54/35
羅山遺書十七卷　(清)羅澤南著　清咸豐七年至同治二年(1857－1863)長沙刻本　五冊　存十卷(羅忠節公遺集一至五、西銘講義一卷、人極衍義一卷、姚江學辨一、羅忠節公年譜二卷)

430000－2423－0000427　54/36
柏堂集前編十四卷　(清)方宗誠撰　清光緒六年(1880)刻本　二冊

430000－2423－0000428　54/41
綱目訂誤四卷紀元要略二卷補輯一卷　(清)陳景雲撰　清乾隆十九年(1754)陳黃中樸茂齋刻文道十書本　一冊

430000－2423－0000429　54/43
河南程氏全書　(宋)程顥等輯　清同治十年(1871)求我齋刻本　十六冊　存五十九卷(河南程氏遺書一至十九、河南程氏外書十二卷、河南程氏文集十二卷遺文一卷附錄一卷、周易程氏傳四卷、河南程氏經說八卷、河南程氏粹言二卷)

430000－2423－0000430　54/44
堅白齋駢文存一卷雜稿存四卷　(清)龍汝霖撰　清光緒七年(1881)刻本　三冊

430000－2423－0000431　54/45
欽定四庫全書總目二百卷首四卷　(清)高宗弘曆敕撰　清刻本　六冊　存十卷(二十五至二十六、二十九至三十二、四十二、七十四至七十五、一百四十)

430000－2423－0000432　54/47
荔墻叢刻十四種　(清)汪曰楨輯　清同治、光緒間烏程汪氏刻本　二冊　存八卷(傳書樓詩稿一卷、壽花軒詩略一卷、濾月軒詩集二卷文集一卷文續集一卷詩餘一卷、荔墻詞一卷)

430000－2423－0000433　54/49
金陵朱氏家集二十九種四十卷　(清)朱緒曾輯　清道光二十年(1840)刻本　四冊

430000－2423－0000434　54/50
劍南詩鈔不分卷　(宋)陸游撰　(宋)楊大鶴選　清刻本　一冊(殘葉)　存十二頁(一百三十四至一百四十五)

430000－2423－0000435　54/101
惜餘鬒賦一卷　(清)王夫之撰　清光緒二十三年(1897)邵陽曾氏菜香山館刻本　一冊

430000－2423－0000436　54/36(1)
柏堂集前編十四卷後編二十二卷次編十三卷續編二十二卷　(清)方宗誠撰　清光緒六年(1880)刻本　十二冊　存五十三卷(前編十四卷、後編二十二卷、次編七至十三、續編一至十)

430000－2423－0000437　151/1△
禮箋三卷　(清)金榜撰　清嘉慶刻本　二冊

430000－2423－0000438　151/4
周禮註疏四十二卷附校勘記　(漢)鄭玄註　(唐)陸德明音義　(唐)賈公彥疏　清同治十年(1871)湖南省城尊經閣刻本　十八冊　存四十九卷(一至十二、十五至四十二,校勘記三十四至四十二)

430000－2423－0000439　151/9
周禮正義八十六卷　(清)孫詒讓撰　清光緒三十一年(1905)陳日新印刷所鉛印本　二十冊

430000－2423－0000440　151/11
周官新義十六卷　(宋)王安石撰　清道光、咸豐間大梁書院刻經苑本　一冊

430000－2423－0000441　151/12
宋黃宣獻公周禮說五卷首一卷末一卷　(宋)黃度撰　(清)陳金鑒輯　(清)陳廷夔訂　清道光十年(1830)剡東陳氏五馬山樓刻本　二冊

430000－2423－0000442　151/14
重刊宋本十三經註疏附校勘記　(清)阮元校

勘　(清)盧宣旬摘錄　清嘉慶二十年(1815)江西南昌府學刻本　二十七册

430000－2423－0000443　152/4
儀禮十七卷嚴本儀禮鄭氏注校錄一卷續一卷　(漢)鄭玄註　(清)黄丕烈校勘　清嘉慶二十年(1815)吳門黄氏讀未見書齋刻本　二册

430000－2423－0000444　152/5
儀禮十七卷　(漢)鄭玄註　清道光十四年(1834)立本齋刻本　四册　存十四卷(四至十七)

430000－2423－0000445　152/6
儀禮註疏並校勘記八卷　(唐)賈公彦等撰　清光緒十三年(1887)點石齋石印本　三册

430000－2423－0000446　152/8
儀禮疏五十卷　(唐)賈公彦等撰　清道光十年(1830)顧千里影宋景祐刻本　八册

430000－2423－0000447　152/9
儀禮正義四十卷　(清)胡培翬撰　清咸豐二年(1852)蘇州湯晉苑局刻本　二十册

430000－2423－0000448　152/10
儀禮釋官九卷首一卷　(清)胡匡衷撰　清同治八年(1869)胡肇智刻本　四册

430000－2423－0000449　152/11
儀禮經傳通解五十八卷　(清)楊丕復撰　清光緒十八年(1892)博約堂刻本　二十七册　存四十卷(十一至十四、二十三至五十八)

430000－2423－0000450　152/12
儀禮節略二十卷　(清)朱軾撰　清光緒二十三年(1897)刻本　四册　存五卷(一至五)

430000－2423－0000451　152/13
儀禮私箋八卷　(清)鄭珍撰　清同治五年(1866)成山唐氏刻本　二册

430000－2423－0000452　152/15
弁服釋例八卷　(清)任大椿撰　清道光九年(1829)廣東學海堂刻皇清經解本　二册　存五卷(三至七)

430000－2423－0000453　152/16
儀禮十七卷嚴本儀禮鄭氏注校錄一卷　(漢)鄭玄註　(清)黄丕烈校勘　清嘉慶二十年(1815)吳門黄氏讀未見書齋刻本　一册

430000－2423－0000454　152/18
儀禮釋宫一卷　(宋)李如圭撰　清道光、咸豐間大梁書院刻經苑本　一册

430000－2423－0000455　152/19
儀禮集釋三十卷　(宋)李如圭撰　清道光、咸豐間大梁書院刻經苑本　四册

430000－2423－0000456　153/1
禮記二十卷　(漢)鄭玄註　清仿宋刻本　十册

430000－2423－0000457　153/5
禮記二十卷　(漢)鄭玄註　掃葉山房石印本　五册　存五卷(六至十)

430000－2423－0000458　153/6
鄭氏禮記箋四十九卷　(清)郝懿辰撰　清刻郝氏遺書本　二册　存六卷(檀弓上第三、檀弓下第四、中庸第三十一、表記第三十二、緇衣第三十三、奔表第三十四)

430000－2423－0000459　153/7
禮記章句四十九卷　(清)王夫之撰　清同治四年(1865)湘鄉曾氏金陵節署刻船山遺書本　十六册

430000－2423－0000460　153/10
禮記註疏六十三卷附校勘記　(漢)鄭玄註　(唐)陸德明音義　(唐)孔穎達疏　清同治十年(1871)湖南省城尊經閣刻本　十五册　存七十九卷(一至五、二十三至二十四、二十九至三十九、四十六至四十七,校勘一至七、十二至六十三)

430000－2423－0000461　153/12
禮記註疏並校勘記十二卷　(漢)鄭玄註　(唐)陸德明音義　(唐)孔穎達疏　清光緒十三年(1887)點石齋石印本　二册　存六卷(一至三、十至十二)

430000－2423－0000462　153/15

大戴禮記十三卷 (漢)戴德撰 (北周)盧辯註 清康熙精刻本 一冊

430000－2423－0000463 153/17
明堂陰陽夏小正經傳考釋十卷夏時等列說一卷 (清)莊述祖撰 清光緒九年(1883)劉翊宸刻本 四冊

430000－2423－0000464 153/20
王制箋一卷 (清)皮錫瑞撰 清光緒三十四年(1908)思賢書局刻本 一冊

430000－2423－0000465 154/1△
禮箋三卷 (清)金榜撰 清嘉慶刻本(游文齋藏板) 一冊

430000－2423－0000466 154/1
天子肆獻祼饋食禮纂三卷朝廟宮室考一卷田賦考一卷 (清)任啟運撰 清光緒十四年(1888)家刻本 二冊

430000－2423－0000467 154/2
讀禮志疑不分卷 (清)陸隴其撰 清嘉慶二十一年(1816)刻本 一冊

430000－2423－0000468 155/1
五禮通考二百六十二卷首一卷目錄二卷 (清)秦蕙田編輯 清光緒六年(1880)江蘇書局刻本 九十三冊

430000－2423－0000469 156/1
讀禮叢鈔十六篇 (清)李輔燿輯 清光緒十七年(1891)湘西李氏鞠園懷翼草廬刻本 六冊

430000－2423－0000470 161/1
春秋左傳六十卷 (晉)杜預註 (唐)孔穎達疏 (唐)陸德明釋文 明刻本 十三冊 存三十二卷(一至十五、十九下至二十二、四十二至四十三、四十八至五十八)

430000－2423－0000471 161/4.1
附釋音春秋左傳註疏並校勘記十二卷 (晉)杜預註 (唐)孔穎達疏 (唐)陸德明釋文 清光緒十三年(1887)點石齋石印本 五冊

430000－2423－0000472 161/4.2
附釋音春秋公羊傳註疏並校勘記四卷 (漢)何休撰 (唐)陸德明音義 清光緒十三年(1887)點石齋石印本 二冊

430000－2423－0000473 161/4.3
附釋音春秋穀梁傳註疏並校勘記四卷 (晉)范甯集解 (唐)陸德明音義 清光緒十三年(1887)點石齋石印本 一冊

430000－2423－0000474 161/4.4
附釋音爾雅註疏並校勘記二卷 (晉)郭璞註 (唐)陸德明音義 清光緒十三年(1887)點石齋石印本 一冊

430000－2423－0000475 161/4.5
十三經註疏校勘記識語四卷 (清)汪文臺撰 清光緒十三年(1887)點石齋石印本 一冊

430000－2423－0000476 161/8
春秋左傳補註六卷 (清)惠棟撰 清刻本 二冊

430000－2423－0000477 161/9
春秋左傳杜註三十卷首一卷 (清)姚培謙增輯 清乾隆十一年(1746)陸氏小鬱林刻本 八冊

430000－2423－0000478 161/11
春秋詩話五卷 (清)勞孝輿輯 清乾隆十六年(1751)刻本 一冊

430000－2423－0000479 161/12
春秋左氏傳述義一卷 (隋)劉炫撰 清嘉慶三年(1798)金谿王氏刻漢魏遺書鈔本 一冊

430000－2423－0000480 161/13
春秋左氏古經十二卷 (清)段玉裁撰 清道光元年(1821)刻經韻樓叢書本 一冊 存七卷(一至七)

430000－2423－0000481 161/15
左傳紀事本末五十三卷 (清)高士奇撰 清刻本 二冊 存十一卷(十至十七、四十八至五十)

430000－2423－0000482 161/16
劉炫規杜持平六卷 (清)邵瑛撰 清光緒十

四年(1888)江陰南菁書院刻南菁書院叢書本　一冊

430000－2423－0000483　161/17
左通補釋三十二卷　(清)梁履繩撰　清道光九年(1829)錢塘汪氏振綺堂刻光緒元年(1875)補刻本　十二冊

430000－2423－0000484　161/20
東萊博議二十五卷　(宋)呂祖謙撰　清崇明馮泰松刻本　一冊　存一卷(四)

430000－2423－0000485　162/1
春秋繁露十七卷　(漢)董仲舒撰　清光緒二年(1876)浙江書局刻本　二冊

430000－2423－0000486　162/2
春秋繁露十七卷　(漢)董仲舒撰　清刻漢魏叢書本　一冊　存七卷(十一至十七)

430000－2423－0000487　162/3
春秋繁露註十七卷　(漢)董仲舒撰　(清)淩曙註　清嘉慶二十年(1815)刻本　四冊

430000－2423－0000488　162/5
春秋公羊經傳解詁十二卷　(漢)何休撰　(唐)陸德明音義　清道光四年(1824)揚州汪氏問禮堂影刻宋紹熙本　二冊

430000－2423－0000489　162/8
公羊禮疏十一卷公羊問答二卷　(清)淩曙撰　清光緒九年(1883)歸安姚氏刻咫進齋叢書本　五冊

430000－2423－0000490　162/10
春秋公羊傳註疏二十八卷附校勘記　(漢)何休撰　(唐)徐彥疏　(唐)陸德明音義　清同治十年(1871)湖南省城尊經閣刻本　九冊　缺九卷(四至五、十三至十四、二十四至二十八)

430000－2423－0000491　162/14
春秋公羊經傳解詁十二卷　(漢)何休撰　(唐)陸德明音義　清道光四年(1824)揚州汪氏問禮堂影刻宋紹熙本　一冊　存六卷(一至六)

430000－2423－0000492　163/4
春秋穀梁經傳補註二十四卷首一卷末一卷　(清)鍾文烝撰　清光緒二年(1876)鍾氏信美室刻本　八冊

430000－2423－0000493　181/1△
論語十卷　(宋)朱熹集註　清刻本　四冊　存八卷(一至二、五至十)

430000－2423－0000494　181/5
論語註疏解經十卷　(三國魏)何晏集解　(宋)邢昺疏　清光緒三十年(1904)貴池劉氏玉海堂影元刻本　二冊

430000－2423－0000495　181/6
論語古論十卷　(清)陳鱣撰　清嘉慶元年(1796)刻本　二冊

430000－2423－0000496　181/7
四書恒解十一卷　(清)劉沅輯註　清光緒十年(1884)豫誠堂刻本　一冊

430000－2423－0000497　181/8
論語十卷　(宋)朱熹集註　影印本　一冊　存二卷(三至四)

430000－2423－0000498　181/9
論語十卷　(三國魏)何晏集解　清光緒八年(1882)遵義黎氏日本使署影刻本　一冊　存十九章(一至十九)

430000－2423－0000499　182/1△
孟子十四卷　(宋)朱熹集註　明經廠刻本　七冊

430000－2423－0000500　182/5
讀孟子札記二卷　(清)羅澤南撰　清咸豐九年(1859)長沙刻本　一冊

430000－2423－0000501　185/1
四書正義二十四卷　(清)周大璋撰　清刻本　二冊

430000－2423－0000502　191/1△
經義雜記三十卷　(清)臧琳撰　清嘉慶三年(1798)武進臧氏拜經堂刻本　四冊

430000－2423－0000503　191/2△

經典釋文三十卷　(唐)陸德明撰　清康熙十九年(1680)通志堂刻通志堂經解本　九冊　存二十七卷(一至十七、二十一至三十)

430000－2423－0000504　191/3△
六經圖二十四卷　(清)鄭之僑編輯　清乾隆九年(1744)述堂刻本　十冊　存十六卷(九至二十四)

430000－2423－0000505　191/3
經典釋文三十卷　(唐)陸德明撰　清同治十二年(1873)粵東書局刻本　二冊　存三卷(十三至十四、二十九)

430000－2423－0000506　191/6
經義述聞三十二卷　(清)王引之撰　清道光七年(1827)京師壽藤書屋刻本　二十四冊

430000－2423－0000507　191/7
群經平議三十五卷　(清)俞樾撰　清光緒十七年(1891)兩儀堂刻本　十六冊

430000－2423－0000508　191/9
駁五經異義疏證十卷　(清)皮錫瑞撰　清光緒二十五年(1899)刻本　三冊

430000－2423－0000509　191/10
五經同異三卷　(清)顧炎武撰　清常熟蔣氏省吾堂刻省吾堂四種本　三冊

430000－2423－0000510　191/12
九經古義十六卷　(清)惠棟撰　清惠承緒刻本　二冊

430000－2423－0000511　191/13
聖證論一卷　(三國魏)王肅撰　清刻漢魏遺書鈔本　一冊

430000－2423－0000512　191/14
十三經　清稽古樓刻本　六十三冊

430000－2423－0000513　191/15
群經音辨七卷　(宋)賈昌朝撰　清楊霈刻本　一冊

430000－2423－0000514　191/17
春秋左傳註疏六十卷　(晉)杜預註　(唐)孔穎達疏　清同治十年(1871)湖南尊經閣刻本　二冊　存五卷(五至七、二十三至二十四)

430000－2423－0000515　191/19
授經圖四卷　(明)朱睦㮮撰　清光緒十四年(1888)長沙惜陰書局刻本　二冊

430000－2423－0000516　191/21
周官箋六卷　王闓運撰　清光緒二十二年(1896)東洲講舍刻本　一冊　存一卷(三)

430000－2423－0000517　191/22
通經表一卷傳經表一卷　(清)畢沅撰　清刻本　二冊

430000－2423－0000518　191/23
古微書三十六卷　(明)孫瑴編　清嘉慶十七年(1812)對山問月樓刻本　四冊

430000－2423－0000519　191/24
新刻小爾雅一卷　(漢)孔鮒撰　(漢)宋咸註　(明)胡文煥校　清刻本　一冊

430000－2423－0000520　191/25
愚一錄十二卷　(清)鄭獻甫撰　清光緒二年(1876)黔南薇署刻本　五冊

430000－2423－0000521　191/26
娛親雅言六卷　(清)嚴元照撰　清光緒十一年(1885)皡園王氏刻本　二冊　存二卷(一、六)

430000－2423－0000522　191/27
娛親雅言六卷　(清)嚴元照撰　清光緒十年(1884)吳興陸氏刻本　一冊　存二卷(一至二)

430000－2423－0000523　191/28
鄭氏佚書二十三種　(漢)鄭玄撰　(清)袁鈞輯　清光緒十四年(1888)浙江書局刻本　八冊

430000－2423－0000524　191/30
仿宋相臺五經　清刻本　十八冊

430000－2423－0000525　191/10(1)
五經同異三卷　(清)顧炎武撰　清常熟蔣氏省吾堂刻省吾堂四種本　三冊

430000－2423－0000526　192/1
小學考五十卷　(清)謝啟昆撰　清嘉慶二十一年(1816)樹經堂刻本　十二冊

430000－2423－0000527　192/1
顧氏音學五書三十八卷　(清)顧炎武撰　清康熙六年(1667)山陽張符山堂刻本　十六冊

430000－2423－0000528　192/3
大廣益會玉篇三十卷　(宋)陳彭年等撰　清康熙四十三年(1704)澤存堂刻澤存堂五種本　一冊　存一卷(一)

430000－2423－0000529　192/4
古音諧八卷　(清)姚文田輯　清道光二十六年(1846)刻本　四冊

430000－2423－0000530　192/5
古今韻略五卷　(清)邵長蘅纂　清康熙三十五年(1696)刻本　五冊

430000－2423－0000531　192/6
康熙字典十二集附備考一卷補遺一卷　(清)張玉書等編撰　清珊城分香書室胡氏刻本　三十九冊

430000－2423－0000532　192/6
說文正字二卷　(清)王瑜　(清)孫馮翼撰　清嘉慶六年(1801)金陵藩署刻本　四冊

430000－2423－0000533　192/8
康熙字典十二集附備考一卷補遺一卷　(清)張玉書等編撰　清刻本　十五冊

430000－2423－0000534　192/9
字典考證十二集　(清)王引之等纂　清愛日堂刻本　七冊　缺二集(巳、午)

430000－2423－0000535　192/10
字鑒五卷　(元)李文仲撰　清刻本　一冊　存三卷(一至三)

430000－2423－0000536　192/15
說文解字十五篇三十卷　(清)段玉裁撰　清嘉慶段氏刻本　十四冊　缺第一篇

430000－2423－0000537　192/17
說文校定本二卷　(清)朱士端撰　清光緒五年(1879)刻咫進齋叢書本　一冊

430000－2423－0000538　192/19
說文解字斠詮十四卷　(清)錢坫撰　清嘉慶十二年(1807)刻本　八冊

430000－2423－0000539　192/20
說文解字通釋四十卷　(五代)徐鍇撰　(宋)朱翺反切　清道光十九年(1839)據影宋鈔本影刻本　九冊

430000－2423－0000540　192/24
說文佚字考四卷　(清)張鳴珂撰　清光緒十三年(1887)豫章刻本　一冊

430000－2423－0000541　192/25
說文解字桂氏義證五十卷　(清)桂馥撰　清同治九年(1870)崇文書局刻本　二十九冊　缺四卷(十、十四至十六)

430000－2423－0000542　192/26
說文經字正誼四卷　(清)郭慶藩撰　清光緒二十年(1894)湘陰郭氏揚州刻本　二冊

430000－2423－0000543　192/27
說文逸字二卷附一卷　(清)鄭珍撰　清咸豐八年(1858)刻本　二冊

430000－2423－0000544　192/28
說文檢字二卷補遺一卷　(清)毛謨輯　清光緒元年(1875)刻咫進齋叢書本　二冊

430000－2423－0000545　192/29
說文釋例二十卷　(清)王筠撰　清道光十七年(1837)刻本　十冊

430000－2423－0000546　192/33
說文繫傳校錄三十卷　(清)王筠撰　清咸豐七年(1857)刻本　四冊

430000－2423－0000547　192/34
說文答問疏證六卷　(清)薛傳均撰　清光緒元年(1875)刻咫進齋叢書本　二冊

430000－2423－0000548　192/35
說文發疑六卷　(清)張行孚撰　清光緒九年(1883)邗上寓廬刻本　四冊

430000－2423－0000549　192/36
說文外編十六卷　(清)雷浚撰　清光緒二年(1876)刻本　三册　缺三卷(十四至十六)

430000－2423－0000550　192/38
說文管見三卷古韻論三卷　(清)胡秉虔撰　清同治吳縣潘氏京師刻滂喜齋叢書本　一册

430000－2423－0000551　192/39
說文解字引經考二卷　(清)吳玉搢撰　清光緒九年(1883)歸安姚氏刻咫進齋叢書本　二册

430000－2423－0000552　192/40
說文解字句讀三十卷　(清)王筠撰　清道光三十年(1850)刻本　十五册

430000－2423－0000553　192/41
說文新附考六卷　(清)鄭珍撰　清光緒五年(1879)刻咫進齋叢書本　三册

430000－2423－0000554　192/42
說文通訓定聲十八卷檢韻一卷古今韻準一卷行狀一卷　(清)朱駿聲撰　清道光二十八年(1848)刻本　二十四册

430000－2423－0000555　192/43
段氏說文注訂八卷　(清)鈕樹玉撰　清同治十三年(1874)崇文書局刻本　二册

430000－2423－0000556　192/44
汲古閣說文訂一卷　(清)段玉裁撰　清同治十一年(1872)崇文書局刻本　一册

430000－2423－0000557　192/44
汲古閣說文訂一卷　(清)段玉裁撰　清刻本　一册

430000－2423－0000558　192/44
汲古閣說文訂一卷　(清)段玉裁撰　清光緒刻咫進齋叢書本　一册

430000－2423－0000559　192/46
小爾雅一卷　(漢)孔鮒撰　(清)任兆麟註　清乾隆五十三年(1788)映雪草堂刻述記本　一册

430000－2423－0000560　192/48
稗雅四卷　(清)龍彪輯　(清)龍埰釋　清嘉慶二十二年(1817)寄南雲齋木活字本　四册

430000－2423－0000561　192/50
爾雅註疏十一卷附校勘記　(晉)郭璞註　(宋)邢昺疏　清同治十三年(1874)湖南書局刻本　六册

430000－2423－0000562　192/52
爾雅補註疏四卷　(清)周春撰　清光緒三十四年(1908)長沙葉氏刻本　二册

430000－2423－0000563　192/53
爾雅補郭二卷　(清)翟灝撰　清光緒八年(1882)粵東承宣使署刻咫進齋叢書本　一册

430000－2423－0000564　192/54
駢雅訓纂十六卷　(清)魏茂林撰　清光緒七年(1881)成都瀹雅齋刻本　六册

430000－2423－0000565　192/55
爾雅匡名二十卷　(清)嚴元照撰　清光緒十一年(1885)吳興陸氏守先閣刻本　四册

430000－2423－0000566　192/58
拾雅二十卷　(清)夏味堂撰　清嘉慶二十四年(1819)遂園刻本　十册

430000－2423－0000567　192/61
玉篇三十卷　(宋)陳彭年纂　清康熙張士俊影宋刻本　一册　存下册

430000－2423－0000568　192/65
類篇十六卷　(宋)司馬光纂　清光緒二年(1876)川東官舍刻本　十四册

430000－2423－0000569　192/66
書敘指南二十卷　(宋)任廣撰　清光緒長沙惜陰書局刻惜陰軒叢書本　二册　存十卷(十一至二十)

430000－2423－0000570　192/69
古今尚書考證三十卷　(清)皮錫瑞撰　清光緒二十三年(1897)師伏堂刻本　六册

430000－2423－0000571　192/70
古今尚書考證三十卷　(清)皮錫瑞撰　清光緒二十三年(1897)師伏堂刻本　六册

430000－2423－0000572　192/72
六書分類二十卷首一卷　(清)傅鸞祥書　(清)傅世堯輯　清康熙三十八年(1699)聽松閣刻本　十二册

430000－2423－0000573　192/73
六書正譌五卷　(元)周伯琦編註　(明)胡正言訂篆　清重刻十竹齋本　二册

430000－2423－0000574　192/74
六書辨通五卷補一卷續補一卷　(清)楊錫觀編輯　清乾隆八年(1743)刻本　三册

430000－2423－0000575　192/79
萬言肄雅一卷　(清)屈曾發次韻　清乾隆三十七年(1772)刻本　一册

430000－2423－0000576　192/81
漢書蒙拾三卷　(清)杭世駿抄撮　清刻杭大宗七種叢書本　一册

430000－2423－0000577　192/83
釋名疏證八卷補遺一卷　(清)畢沅撰　清乾隆五十四年(1789)江寧劉文奎劉文楷刻本　二册

430000－2423－0000578　192/84
釋名疏證八卷釋名補遺一卷續釋名一卷疏證補附一卷　(清)畢沅撰　王先謙增補　清光緒二十二年(1896)刻本　四册

430000－2423－0000579　192/85
虚字說一卷　(清)袁仁林撰　清光緒十四年(1888)長沙惜陰書局刻惜陰軒叢書本　一册

430000－2423－0000580　192/86
三十五舉一卷附校勘記　(元)吾丘衍撰　**續一卷**　(清)桂馥撰　**再續一卷**　(清)姚晏撰　清光緒刻咫進齋叢書本　一册

430000－2423－0000581　192/87
隸通二卷　(清)錢慶曾撰　南陵徐乃昌刻本　一册

430000－2423－0000582　192/88
汗簡箋正八卷　(清)鄭珍撰　清光緒廣雅書局刻本　一册　存二卷(六至七)

430000－2423－0000583　192/89
名原二卷　(清)孫詒讓撰　清光緒三十一年(1905)刻本　一册

430000－2423－0000584　192/90
六書音韻表五卷　(清)段玉裁撰　清同治十一年(1872)崇文書局刻本　二册

430000－2423－0000585　192/91
六書音韻表五卷　(清)段玉裁撰　清乾隆四十一年(1776)富順官廨刻本　一册

430000－2423－0000586　192/92
晏子春秋音義二卷　(清)孫星衍撰　清刻本　二册

430000－2423－0000587　192/93
諧聲譜二卷　(清)丁賢撰　清光緒二十六年(1900)刻本　二册

430000－2423－0000588　192/97
古今韻考四卷附記一卷　(唐)李因篤撰　清光緒刻咫進齋叢書本　一册

430000－2423－0000589　192/98
韻辨附文五卷　(清)沈兆霖撰　清同治十二年(1873)重慶川東書院刻本　五册

430000－2423－0000590　192/99
說文韻譜校五卷　(清)王筠撰　清光緒十七年(1891)濰縣劉氏刻本　二册

430000－2423－0000591　192/101
附釋文互注禮部韻略五卷　(宋)丁度撰　清光緒二年(1876)四川川東官舍刻本　四册

430000－2423－0000592　192/102
聲類四卷　(清)錢大昕撰　清道光五年(1825)刻本　二册

430000－2423－0000593　192/103
四聲切韻表三卷首一卷　(清)江永編　(清)汪曰楨補正　清光緒三年(1877)刻本　二册

430000－2423－0000594　192/105
廣韻五卷　(宋)陳彭年等撰　清康熙澤存堂刻澤存堂五種本　四册　缺一卷(四)

430000－2423－0000595　192/106
毛詩二十卷　(漢)鄭玄箋　清刻本　一册　存五卷(四至八)

430000－2423－0000596　192/107
石經考一卷　(清)萬斯通撰　清常熟蔣氏省吾堂刻省吾堂集本　一册

430000－2423－0000597　192/108
句讀補正三十卷　(清)王筠撰　清咸豐九年(1859)王彦侗刻本　一册

430000－2423－0000598　192/109
聲韻考四卷　(清)戴震撰　清宣統二年(1910)渭南嚴氏孝義家塾成都刻本　一册

430000－2423－0000599　192/110
志銘廣例二卷　(清)梁玉繩撰　清光緒四年(1878)會稽章氏刻本　二册

430000－2423－0000600　192/111
古今韻會舉要三十卷　(元)熊忠撰　清刻本　一册　存二卷(一至二)

430000－2423－0000601　192/83－2
釋名疏證八卷　(清)畢沅撰　清乾隆三十四年(1769)靈岩山館刻篆字本　一册　存四卷(一至四)

430000－2423－0000602　192/92－2
晏子春秋七卷附校勘記二卷音義二卷　(春秋)晏嬰撰　(清)孫星衍校　清光緒元年(1875)浙江書局刻本　四册

430000－2423－0000603　212/1
史記一百三十卷　(漢)司馬遷撰　(南朝宋)裴駰集解　(唐)司馬貞索隱　(唐)張守節正義　清刻本　一册　存二卷(一百二十八至一百二十九)

430000－2423－0000604　212/4
史記一百三十卷首一卷　(漢)司馬遷撰　(南朝宋)裴駰集解　(唐)司馬貞索隱　清光緒十年(1884)上海同文書局石印本　十四册　存七十一卷(八至二十二、七十五至一百三十)

430000－2423－0000605　212/9
史記一百三十卷首一卷　(漢)司馬遷撰　(南朝宋)裴駰集解　(唐)司馬貞索隱　清同治九年(1870)楚北崇文書局刻本　二十一册　存一百二十二卷(一至十四、二十三至一百三十)

430000－2423－0000606　212/10
史記一百三十卷首一卷　(漢)司馬遷撰　(南朝宋)裴駰集解　(唐)司馬貞索隱　清光緒四年(1878)金陵書局刻本　七册　存五十三卷(一至十八、五十四至六十八、一百三至一百二十二)

430000－2423－0000607　212/11
史記一百三十卷首一卷　(漢)司馬遷撰　(南朝宋)裴駰集解　(唐)司馬貞索隱　清光緒二年(1876)武昌張氏刻本　十四册

430000－2423－0000608　212/12
史記一百三十卷首一卷　(漢)司馬遷撰　(南朝宋)裴駰集解　(唐)司馬貞索隱　清影刻本　九册　存四十一卷(八至十四、十八、二十七至三十、四十三至四十七、七十至七十八、一百十至一百二十、一百二十七至一百三十)

430000－2423－0000609　212/13
史記志疑三十六卷　(清)梁玉繩撰　清光緒十三年(1887)廣雅書局刻本　十四册

430000－2423－0000610　212/15
史記正譌三卷　(清)王元啟撰　清光緒十六年(1890)廣雅書局刻本　二册

430000－2423－0000611　212/16
史記正譌三卷　(清)王元啟撰　清光緒十六年(1890)廣雅書局刻本　一册

430000－2423－0000612　212/18
三史拾遺五卷　(清)錢大昕撰　清光緒十七年(1891)廣雅書局刻本　一册

430000－2423－0000613　212/19
歷代循吏傳八卷　(清)朱軾輯　清刻宋文端公三傳本　一册　存二卷(一至二)

430000－2423－0000614　212/20

校刊史記集解索隱正義札記五卷　(清)張文虎撰　清同治十一年(1872)金陵書局刻本　二冊

430000－2423－0000615　212/24

廿二史札記三十六卷　(清)趙翼撰　清刻本　一冊　存四卷(二十三至二十六)

430000－2423－0000616　212/16(1)

史記正譌三卷　(清)王元啟撰　清光緒十六年(1890)廣雅書局刻本　一冊

430000－2423－0000617　213/1△

南唐書三十卷　(宋)馬令編　清康熙襄平蔣國祥校刻本　三冊

430000－2423－0000618　213/2△

尚史七十卷　(清)李鍇纂　清乾隆三十八年(1773)刻本(悦道樓藏板)　二十二冊　存六十三卷(世系圖一卷,本紀五卷,世家一至五、九至十二,列傳三十四卷,表四卷,志十卷)

430000－2423－0000619　213/2

前漢書一百卷　(漢)班固撰　(唐)顏師古註　清光緒十年(1884)上海同文書局石印本　三十冊　存九十三卷(一至八十七、九十五至一百)

430000－2423－0000620　213/3

宋遼金元別史五種三百七卷　(清)席世臣輯　清乾隆、嘉慶間南沙席氏掃葉山房刻本　三十四冊

430000－2423－0000621　213/3

前漢書一百卷　(漢)班固撰　(唐)顏師古註　清同治八年(1869)金陵書局刻本　十三冊　存八十一卷(一至十八、二十六至三十二、四十五至一百)

430000－2423－0000622　213/6

前漢書一百卷　(漢)班固撰　(唐)顏師古註　清同治八年(1869)金陵書局刻本　二冊　存十五卷(六至十三、七十九至八十五)

430000－2423－0000623　213/7

前漢書一百卷　(漢)班固撰　(唐)顏師古註　明汲古閣刻本　九冊　存三十四卷(一至十五、十七至十九、二十三至三十八)

430000－2423－0000624　213/8

前漢書一百卷　(漢)班固撰　(唐)顏師古註　清同治八年(1869)金陵書局刻本　四冊　存二十卷(四十四至四十八、五十七至六十二、六十七至七十、八十一至八十五)

430000－2423－0000625　213/9

前漢書一百卷　(漢)班固撰　(唐)顏師古註　上海圖書集成印書局鉛印本　八冊　存四十八卷(十六至十七、二十八下至三十一、四十一至七十一、八十七上至九十七下)

430000－2423－0000626　213/10

漢書補註一百卷首一卷　王先謙撰　清光緒二十六年(1900)長沙王氏刻本　三十二冊

430000－2423－0000627　213/14

前漢書注考證一卷後漢書注考證一卷　(清)何若瑤撰　清光緒二十年(1894)廣雅書局刻本　一冊

430000－2423－0000628　213/20

後漢書九十卷　(南朝宋)范曄撰　(唐)李賢註　**志三十卷**　(晉)司馬彪撰　(南朝梁)劉昭註　清同治八年(1869)金陵書局刻本　十五冊　缺八卷(三十二至三十九)

430000－2423－0000629　213/21

續後漢書九十卷　(元)郝經撰　清道光二十一年(1841)上海郁氏刻宜稼堂叢書本　三冊　存五卷(二十九至三十、八十五至八十七)

430000－2423－0000630　213/30

三國志考證八卷　(清)潘眉撰　清光緒廣雅書局刻本　一冊　存四卷(五至八)

430000－2423－0000631　213/33

晉書一百三十卷　(唐)房玄齡等撰　清光緒十年(1884)上海同文書局石印本　二十三冊　存九十四卷(一至九十四)

430000－2423－0000632　213/35

晉紀六十八卷　(清)郭倫撰　清乾隆二十一年(1756)刻本　二十三册

430000－2423－0000633　213/38
宋書一百卷　(南朝梁)沈約撰　清光緒十年(1884)上海同文書局石印本　二十三册　存九十五卷(一至二十九、三十五至一百)

430000－2423－0000634　213/39
宋書一百卷　(南朝梁)沈約撰　清同治十二年(1873)金陵書局刻本　四册　存二十六卷(五十三至七十八)

430000－2423－0000635　213/40
晉書一百三十卷　(唐)房玄齡等撰　清同治十年(1871)金陵書局刻本　十一册　存五十五卷(一至五十五)

430000－2423－0000636　213/43
南齊書五十九卷　(南朝梁)蕭子顯撰　清同治十三年(1874)金陵書局刻本　一册　存十一卷(三十七至四十七)

430000－2423－0000637　213/44
南齊書五十九卷　(南朝梁)蕭子顯撰　清光緒十年(1884)上海同文書局石印本　八册

430000－2423－0000638　213/47
梁書五十六卷　(唐)姚思廉撰　清同治十三年(1874)金陵書局刻本　四册　存四十四卷(七至五十)

430000－2423－0000639　213/48
梁書五十六卷　(唐)姚思廉撰　清同治十三年(1874)金陵書局刻本　二册　存二十二卷(十七至二十八、四十至四十九)

430000－2423－0000640　213/49
梁書五十六卷　(唐)姚思廉撰　清光緒十年(1884)上海同文書局石印本　一册　存五卷(四十七至五十一)

430000－2423－0000641　213/50
陳書三十六卷　(唐)姚思廉撰　清同治十一年(1872)金陵書局刻本　二册　存十一卷(二十六至三十六)

430000－2423－0000642　213/51
新舊唐書互證二十卷　(清)趙紹祖撰　清光緒十七年(1891)廣雅書局刻本　四册

430000－2423－0000643　213/53
陳書三十六卷　(唐)姚思廉撰　清光緒十年(1884)上海同文書局石印本　六册

430000－2423－0000644　213/56
魏書一百十四卷　(北齊)魏收撰　石印本　二十二册　存一百五卷(一至五十五、六十五至一百十四)

430000－2423－0000645　213/57
魏書一百十四卷　(北齊)魏收撰　清同治十一年(1872)金陵書局刻本　九册　存四十五卷(六至十八、二十八至五十一、六十七至七十一、九十三至九十五)

430000－2423－0000646　213/58
魏書一百十四卷　(北齊)魏收撰　清光緒十四年(1888)上海圖書集成印書局鉛印本　一册　存七卷(一至七上)

430000－2423－0000647　213/61
北齊書五十卷　(唐)李百藥撰　清同治十三年(1874)金陵書局刻本　三册　存三十四卷(一至八、二十一至四十六)

430000－2423－0000648　213/64
周書五十卷　(唐)令狐德棻等撰　石印本　八册

430000－2423－0000649　213/69
隋書八十五卷　(唐)魏徵等撰　石印本　二十一册　存七十五卷(三至二十七、三十二至六十九、七十四至八十五)

430000－2423－0000650　213/70
南史八十卷　(唐)李延壽撰　清光緒十四年(1888)上海圖書集成印書局鉛印本　二册　存十二卷(一至四、五十三至六十)

430000－2423－0000651　213/71
南史八十卷　(唐)李延壽撰　石印本　二十册

430000－2423－0000652　213/72

南史八十卷　(唐)李延壽撰　清同治十一年(1872)金陵書局刻本　八册　存三十五卷(一至三十一、七十二至七十五)

430000－2423－0000653　213/75

北史一百卷　(唐)李延壽撰　清光緒十四年(1888)上海圖書集成印書局鉛印本　十八册　缺二十卷(二十二至四十一)

430000－2423－0000654　213/77

北史一百卷　(唐)李延壽撰　清同治十一年(1872)金陵書局刻本　二十一册　存九十二卷(一至三十七、四十一至五十六、六十二至一百)

430000－2423－0000655　213/79

新唐書二百二十五卷釋音二十五卷　(宋)歐陽修等撰　石印本　二十六册　存一百三十二卷(十八至四十一、四十六至六十九、七十二下至七十九、九十二至九十七、一百六十五至一百七十一、一百七十九至一百九十一、一百九十八至二百十六上、二百二十至二百二十五,釋音二十五卷)

430000－2423－0000656　213/80

唐書二百二十五卷　(宋)歐陽修等撰　清乾隆武英殿刻本　十二册　存八十二卷(七十三、七十九至九十四、一百四十二至一百六十九、一百八十至一百八十八、一百九十八至二百二十五)

430000－2423－0000657　213/83

舊唐書二百卷　(五代)劉昫等撰　清光緒十年(1884)上海同文書局石印本　四十六册　存一百九十二卷(一至一百四十五、一百五十一至一百九十七)

430000－2423－0000658　213/84

舊唐書二百卷　(五代)劉昫等撰　清武英殿刻本　十九册　存一百二卷(三至七、十一至十三、十七下至十九上、三十一至四十、四十九至六十九、八十五至九十七、一百十一至一百二十八、一百三十五至一百四十、一百四十八至一百五十五、一百七十四至一百七十八、一百八十五上至一百八十七下、一百九十四下至二百下)

430000－2423－0000659　213/85

舊唐書二百卷　(五代)劉昫等撰　清乾隆武英殿刻本　三十三册　存一百六十三卷(四至八、九至二十七,三十六至四十五、四十九至一百十二、一百二十一至一百二十九、一百三十六至一百四十八、一百五十八至二百)

430000－2423－0000660　213/86

舊唐書二百四十卷　(五代)劉昫等撰　清刻本　二十一册　存七十九卷(十八至二十九、五十二至五十四、六十八至七十、七十四至七十六、九十至九十七、一百二十一至一百三十、一百三十六至一百四十四、一百五十至一百五十二、一百七十九至一百八十四、一百九十七至二百、二百八至二百十五、二百二十八至二百三十四、二百三十八至二百四十)

430000－2423－0000661　213/89

新唐書二百二十五卷　(宋)歐陽修等撰　清武英殿刻本　二册　存九卷(一百六十四至一百六十九、二百二十三上至二百二十五下)

430000－2423－0000662　213/90

新舊唐書互證二十卷　(清)趙紹祖撰　清光緒十七年(1891)廣雅書局刻本　三册　存十五卷(一至十五)

430000－2423－0000663　213/91

五代史七十四卷　(宋)歐陽修撰　(宋)徐無黨註　清同治十一年(1872)湖北崇文書局刻本　一册　存六卷(四十六至五十一)

430000－2423－0000664　213/92

五代史七十四卷　(宋)歐陽修撰　(宋)徐無黨註　清同治十一年(1872)湖北崇文書局刻本　八册

430000－2423－0000665　213/93

五代史七十四卷　(宋)歐陽修撰　(宋)徐無黨註　清光緒十年(1884)上海同文書局石印本　四册　存二十四卷(一至七、五十八至七十四)

430000－2423－0000666　213/94

五代史七十四卷　（宋）歐陽修撰　（宋）徐無黨註　清光緒十四年（1888）上海圖書集成書局鉛印本　一册　存十二卷（四十四至五十五）

430000－2423－0000667　213/95

舊五代史一百五十卷目錄二卷　（宋）薛居正等撰　清刻本　五册　存五十卷（二十七至三十三、四十二至五十一、六十二至七十三、八十三至九十二、一百一至一百十一）

430000－2423－0000668　213/96

舊五代史一百五十卷目錄二卷　（宋）薛居正等撰　清同治十一年（1872）湖北崇文書局刻本　十六册

430000－2423－0000669　213/99

舊五代史一百五十卷目錄二卷　（宋）薛居正等撰　清光緒十年（1884）上海同文書局石印本　十四册　存八十五卷（一至六十一、六十九至七十四、八十一至九十八）

430000－2423－0000670　213/102

五代史記七十四卷　（宋）歐陽修撰　（宋）徐無黨原註　（清）彭元瑞註　（清）劉鳳誥排次　清同治十三年（1874）刻本　二十九册　存五十九卷（五下至五十一、五十八至六十一下、六十二中之上至六十四、六十七上、七十一下之下至七十四）

430000－2423－0000671　213/107

宋史四百九十六卷　（元）脱脱等撰　清光緒十年（1884）上海同文書局石印本　七十五册　存三百九十一卷（六至六十七、七十三至七十六、八十五至九十、九十八至一百五十四、一百六十一至二百九、二百四十二至三百二、三百十三至三百四十九、三百六十六至三百七十九、三百八十四至四百二十、四百二十六至四百三十八、四百四十六至四百九十六）

430000－2423－0000672　213/108

宋史四百九十六卷目錄三卷　（元）脱脱等撰　清光緒十四年（1888）上海圖書集成印書局鉛印本　十五册　存一百二十四卷（二十六至四十七、一百十七至一百三十七、二百十八至二百二十一、二百二十六至二百二十八、二百三十八至二百四十一、二百五十二至二百六十二、三百三十八至三百四十七、三百七十九至三百九十七、四百九至四百十七、四百二十九至四百三十六、四百五十七至四百六十六，目錄三卷）

430000－2423－0000673　213/109

宋史四百九十六卷目錄三卷　（元）脱脱等撰　清光緒元年（1875）浙江書局刻本　八十册　存四百十二卷（一至十二、四十三至四十七、五十六至七十一、七十六至二百三十一、二百四十二至二百九十一、三百十四至三百五十三、三百六十至三百九十九、四百七至四百九十六，目錄三卷）

430000－2423－0000674　213/110

宋史四百九十六卷目錄三卷　（元）脱脱等撰　清光緒元年（1875）浙江書局刻本　四十一册　存二百五十八卷（一至六十、七十四至一百三十六、一百四十三至一百五十、一百六十九至一百九十、二百十四至二百十六、二百三十二至二百三十三、二百三十八至二百三十九、二百五十七至二百六十三、二百七十至二百七十六、二百八十四至二百九十、二百九十七至三百十、三百三十一至三百三十六、三百四十四至三百七十五、四百二十三至四百二十九、四百四十四至四百五十二、四百六十三至四百七十一）

430000－2423－0000675　213/111

宋史四百九十六卷目錄三卷　（元）脱脱等撰　清光緒元年（1875）浙江書局刻本　四十八册　存二百十一卷（一百十六至一百八十六、一百九十二至一百九十四、一百九十九至二百二十八、二百三十四至二百三十五、二百三十八至二百三十九、二百四十四至二百五十、二百六十四至二百六十九、二百九十四至三百十七、三百二十三至三百二十八、三百三十四至三百三十九、三百五十八至三百八十、三百九十一至四百二十一）

430000－2423－0000676　213/112

宋史紀事本末一百九卷 (明)馮琦撰 (明)陳邦瞻增訂 (明)張溥論正 清同治十三年(1874)江西書局刻本 三冊 存十五卷(七十九至八十六、九十七至一百三)

430000－2423－0000677 213/114
東都事略一百三十卷 (宋)王偁撰 清光緒九年(1883)淮南書局刻本 八冊

430000－2423－0000678 213/115
宋史藝文志八卷 (元)脱脱等修 清光緒九年(1883)鎮海張壽榮刻本 一冊 存二卷(一至二)

430000－2423－0000679 213/116
南唐書十八卷 (宋)陸游撰 (清)蔣國祥 (清)蔣國祚校 清康熙襄平蔣國祥校刻南唐書合刻本(振鷺堂藏板) 三冊

430000－2423－0000680 213/116.1
南唐書十八卷家世舊聞一卷 (宋)陸游撰 **音釋一卷** (元)戚光撰 明毛氏汲古閣刻本 十一冊

430000－2423－0000681 213/117
後漢書補注續一卷 (清)侯康撰 清光緒十七年(1891)廣雅書局刻本 一冊

430000－2423－0000682 213/119
遼史一百十六卷 (元)托克托等撰 清同治十二年(1873)江蘇書局刻本 八冊 存六十七卷(一至二十七、四十五至四十八、六十四至六十九、八十六至一百十五)

430000－2423－0000683 213/122
遼史一百十六卷 (元)脱脱等撰 清光緒十年(1884)上海同文書局石印本 七冊 缺二十五卷(七十一至九十五)

430000－2423－0000684 213/124
遼史拾遺二十四卷 (清)厲鶚撰 **遼史拾遺補五卷** (清)楊復吉輯 清道光錢塘汪氏振綺堂刻本 四冊 缺十三卷(一至十三)

430000－2423－0000685 213/125
遼史拾遺補五卷 (清)楊復吉輯 清光緒三年(1877)江蘇書局刻本 二冊

430000－2423－0000686 213/126
金史一百三十五卷 (元)托克托等修 清同治十三年(1874)江蘇書局刻本 五冊 存三十八卷(五十二至五十八、六十三至九十三)

430000－2423－0000687 213/127
金史一百三十五卷 (元)托克托等修 清同治十三年(1874)江蘇書局刻本 十四冊 存七十九卷(八至二十八、三十九至五十三、七十六至八十八、九十四至一百十、一百十七至一百二十九)

430000－2423－0000688 213/128
金史一百三十五卷 (元)脱脱等修 上海圖書集成印書局鉛印本 四冊 存二十六卷(五至十一、二十五至三十一、五十一至六十二)

430000－2423－0000689 213/130
金史一百三十五卷 (元)脱脱等撰 清光緒十年(1884)上海同文書局石印本 十九冊 存一百八卷(一至三、十四至五十八、六十九至七十五、八十三至一百三十五)

430000－2423－0000690 213/133
元書一百二卷 曾廉撰 清宣統三年(1911)層漪堂刻本 二十冊

430000－2423－0000691 213/134
元史二百十卷 (明)宋濂撰 清刻本 十九冊 存一百一卷(四至三十五、四十四至四十八、六十九至八十八、一百三十至一百四十七、一百五十九至一百六十九、一百八十九至二百三)

430000－2423－0000692 213/135
元史二百十卷目錄二卷 (明)宋濂撰 清同治十三年(1874)江蘇書局刻本 二十五冊 存一百二十九卷(一至五十、五十四至九十二、一百六至一百三十二、一百六十五至一百六十九、二百五至二百十,目錄二卷)

430000－2423－0000693 213/136
元史二百十卷 (明)宋濂撰 清刻本 九冊

存五十五卷(二十二至二十五、三十一至三十七、七十七至八十一、一百三十五至一百四十、一百五十八至一百六十三、一百六十九至一百八十二、一百八十九至一百九十五、二百五至二百十)

430000－2423－0000694　213/139
元史二百十卷目錄二卷　(明)宋濂撰　清光緒十四年(1888)上海圖書集成印書局鉛印本　十二冊　存一百五卷(一至七、二十六至三十四、八十三至一百二十三、一百三十三至一百三十九、一百六十三至二百一,目錄二卷)

430000－2423－0000695　213/140
元史二百十卷目錄二卷　(明)宋濂撰　清光緒十年(1884)上海同文書局石印本　四十五冊　存一百八十二卷(一至三十五、五十二至一百二十八、一百三十三至一百四十二、一百四十九至一百五十三、一百五十八至二百十,目錄二卷)

430000－2423－0000696　213/142
元史藝文志四卷　(清)錢大昕補　清刻本　三冊

430000－2423－0000697　213/144
明史三百三十二卷目錄四卷　(清)張廷玉等撰　清刻本　二十六冊　存九十八卷(十九至二十五、二十九至三十一、三十六至四十二、八十五至八十八、一百八十至一百八十二、二百五十九至三百三十二)

430000－2423－0000698　213/144.1
明史藝文志四卷　(清)張廷玉等撰　清刻八史經籍志本　一冊　存二卷(三至四)

430000－2423－0000699　213/145
明史三百三十二卷目錄四卷　(清)張廷玉等撰　清光緒三年(1877)湖北崇文書局刻本　十五冊　存七十三卷(一百十一至一百十三、一百二十四至一百七十四、一百八十至一百九十四、二百十一至二百十四)

430000－2423－0000700　213/146
明史三百三十二卷目錄四卷　(清)張廷玉等撰　上海圖書集成印書局鉛印本　六冊　存四十八卷(九十一至九十九、一百十至一百十二、一百四十九至一百六十、二百二十五至二百三十四、三百十二至三百十八、三百二十六至三百三十二)

430000－2423－0000701　213/149
明史三百三十二卷目錄四卷　(清)張廷玉等撰　清光緒十年(1884)上海同文書局石印本　九十四冊　存二百七十三卷(一至四、十至十五、二十五至三十、四十二至一百二十一、一百二十六至一百三十八、一百四十五至二百七、二百十八至二百四十、二百四十四至二百五十八、二百六十五至二百六十八、二百七十五至二百八十八、二百九十二至三百三十二,目錄四卷)

430000－2423－0000702　213/150
明史稿三百十卷目錄三卷　(清)王鴻緒撰　清乾隆敬慎堂刻本　六十冊　存二百五十四卷(一至一百一、一百五十九至三百十,目錄三)

430000－2423－0000703　213/153
南疆繹史勘本三十卷首二卷　(清)溫睿臨撰　(清)李瑤勘定　**繹史摭遺十卷卹謚考八卷**　(清)李瑤撰　清都城琉璃廠半松居士刻本　十八冊

430000－2423－0000704　213/133(1)
元書一百二卷　曾廉撰　清宣統三年(1911)層漪堂刻本　二十冊

430000－2423－0000705　213/144(1)
明史三百三十二卷目錄四卷　(清)張廷玉等撰　清刻本　七冊　存二十七卷(二百五十九至二百六十一、二百八十三至二百八十六、二百六十七至二百七十二、二百九十一至二百九十四、三百至三百三、三百十三至三百十八)

430000－2423－0000706　213/153(1)
南疆繹史勘本三十卷首二卷　(清)溫睿臨撰　(清)李瑤勘定　**繹史摭遺十卷卹謚考八卷**　(清)李瑤撰　清都城琉璃廠半松居士刻本

十七册

430000－2423－0000707　213/39(1)

宋書一百卷　(南朝梁)沈約撰　清同治十二年(1873)金陵書局刻本　六册　存三十六卷(三十九至四十三、五十二至五十八、七十七至一百)

430000－2423－0000708　213/72(1)

南史八十卷　(唐)李延壽撰　清同治十一年(1872)金陵書局刻本　五册　存三十五卷(二十五至四十、四十九至五十五、六十三至七十四)

430000－2423－0000709　217/17

史記索隱三十卷　(唐)司馬貞撰　**五代史補五卷**　(宋)陶岳撰　**五代史闕文一卷**　(宋)王禹偁撰　明末汲古閣刻本　二册

430000－2423－0000710　221/3

竹書紀年統箋十二卷前編一卷雜述一卷(南朝梁)沈約附註　(清)徐文靖統箋　清光緒三年(1877)浙江書局刻本　三册　存十一卷(一至七、十一至十二,前編一卷,雜述一卷)

430000－2423－0000711　221/4

竹書紀年統箋十二卷　(南朝梁)沈約註(清)徐文靖統箋　**商君書五卷**　(戰國)商鞅撰　清光緒十九年(1893)鴻文書局石印本一册

430000－2423－0000712　221/6

資治通鑑二百九十四卷目錄三十卷考異三十卷釋例一卷問疑一卷釋文三十卷辨誤十二卷　(宋)司馬光撰　(元)胡三省音註　清光緒十七年(1891)長沙胡元常刻校刊資治通鑑全書本　一百十六册　缺十五卷(五十七至七十一)

430000－2423－0000713　221/7

資治通鑑二百九十四卷　(宋)司馬光撰(元)胡三省音註　清光緒十四年(1888)長沙楊氏刻本　十四册　存五十卷(一百九十七至二百四十六)

430000－2423－0000714　221/8

資治通鑑二百九十四卷目錄三十卷考異三十卷釋文三十卷　(宋)司馬光撰　(元)胡三省音註　清光緒十四年(1888)長沙楊氏刻本　十二册　存四十二卷(十至十二、十七至十九、二十三至二十六、一百二十一至一百二十八、一百五十六至一百五十九、一百六十七至一百六十九、一百九十七至一百九十九、二百十九至二百二十一、二百八十三至二百八十五,考異十五至十七,釋文十八至二十二)

430000－2423－0000715　221/23

資治通鑑目錄三十卷　(宋)司馬光撰　清同治八年(1869)江蘇書局刻本　十册　存二十九卷(一至二、四至三十)

430000－2423－0000716　221/24

資治通鑑刊本識誤三卷　(清)張敦仁撰　清光緒十二年(1886)新陽趙氏刻本　一册

430000－2423－0000717　221/26

歷代通鑑纂要九十二卷　(明)李東陽等撰清光緒二十三年(1897)廣雅書局刻本　四十八册

430000－2423－0000718　221/27

御批歷代通鑑輯覽一百二十卷　(清)傅恒等撰　清光緒二十四年(1898)湖北書局刻本四十二册　存五十五卷(一至五、二十九至五十一、七十三至七十六、八十二至八十七、一百四至一百二十)

430000－2423－0000719　221/28

御批歷代通鑑輯覽一百二十卷　(清)傅恒等撰　清光緒三十年(1904)上海商務印書館鉛印本　二十三册　存一百十五卷(一至五十、五十六至一百二十)

430000－2423－0000720　221/30

尺木堂綱鑑易知錄九十二卷　(清)吳乘權等輯　清末鉛印本　二册　存十六卷(八至十五、四十一至四十八)

430000－2423－0000721　221/32

鼎鍥趙田了凡袁先生編纂古本歷史大方綱鑑

補三十九卷首一卷 （宋）劉恕外紀 （元）金履祥前編 （明）袁黄編 清刻本 六册 存十卷（一、十三、十九至二十、二十九、三十二至三十三、三十五至三十六，首一卷）

430000－2423－0000722 221/27－1
御批歷代通鑑輯覽一百二十卷 （清）傅恒等撰 清刻本 三册 存六卷（四十五至四十六、八十一至八十二、一百十至一百十一）

430000－2423－0000723 221/27（1）
御批歷代通鑑輯覽一百二十卷 （清）傅恒等撰 清光緒二十四年（1898）湖北書局刻本 一册 存二卷（四十至四十一）

430000－2423－0000724 222/1
欽定明鑑二十四卷首一卷 （清）胡敬撰 清嘉慶二十三年（1818）刻本 七册 存七卷（三、十二至十三、十七、十九、二十一、二十三）

430000－2423－0000725 222/4
漢魏叢書 （清）王謨輯 清光緒刻本 十三册

430000－2423－0000726 222/5
讀通鑑論三十卷 （清）王夫之撰 清同治四年（1865）湘鄉曾氏金陵節署刻本 二册 存四卷（十八至十九、二十四至二十五）

430000－2423－0000727 222/6
九朝東華録 王先謙撰 清光緒十三年（1887）上海圖書集成印書局鉛印本 六十三册 缺二卷（乾隆朝六十四、嘉慶朝十三）（乾隆朝五十八至六十三爲補配本）

430000－2423－0000728 222/7
東華續録 王先謙撰 清光緒十三年（1887）刻本 十八册 存五十五卷（乾隆朝一百十二至一百十三、一百二十，嘉慶朝一至七、四十六至五十，道光朝一至六、十三至二十，咸豐朝五至八、十一至十四、四十五至五十一、五十九至六十九）

430000－2423－0000729 222/8
康熙東華録一百十卷 王先謙撰 （清）周潤蕃 （清）周瀹蕃校 清光緒長沙王氏刻本 三十二册

430000－2423－0000730 222/9
東華録擥要一百十四卷 （清）汪文安輯 清光緒二十九年（1903）上海商務印書館鉛印本 二册 存八卷（三十一至三十四、五十九至六十二）

430000－2423－0000731 222/10
欽定明鑒二十四卷首一卷 （清）托津等撰 清同治九年（1870）湖北崇文書局刻本 二册 缺二十卷（二至五、九至二十四）

430000－2423－0000732 222/12
通鑑胡注舉正一卷韓集點勘四卷 （清）陳景雲撰 清乾隆十四年（1749）蔣良騏刻陳景雲遺書本 一册

430000－2423－0000733 222/13
十六國春秋一百卷 （北魏）崔鴻撰 明萬曆刻本 十六册 缺二卷（一至二）

430000－2423－0000734 222/16
資治通鑑外紀十卷目録五卷 （宋）劉恕編集 （清）胡克家註補 清同治十年（1871）江蘇書局刻本 十册

430000－2423－0000735 222/17
明通鑑九十卷首一卷目録二十卷前編四卷附編六卷 （清）夏燮撰 清同治十二年（1873）宜黄官廨刻本 四十四册 存一百十卷（一至十二、十六至四十、四十四至九十，首一卷，目録三至五、九至二十，前編四卷，附編六卷）

430000－2423－0000736 222/19
中興小紀四十卷 （宋）熊克撰 清光緒十七年（1891）廣雅書局刻本 六册

430000－2423－0000737 222/20
綏寇紀略十二卷補遺三卷 （清）吴偉業纂輯 清嘉慶九年（1804）張氏照曠閣刻本 十册

430000－2423－0000738 222/21
續資治通鑑長編五百二十卷目録二卷 （宋）李燾撰 清光緒七年（1881）浙江書局刻本

一百十八册　缺十一卷(二百九十一至二百九十六、四百八十四至四百八十八)

430000－2423－0000739　222/19(1)

中興小紀四十卷　(宋)熊克撰　清光緒十七年(1891)廣雅書局刻本　六册

430000－2423－0000740　271/1

國朝耆獻類徵初編七百卷總目二十卷賢媛類徵初編十二卷　(清)李桓輯　清光緒十年至十七年(1884－1891)刻本　二百五册

430000－2423－0000741　271/3

宋元學案一百卷首一卷　(清)黄宗羲撰　清道光二十五年至二十六年(1845－1846)道州何氏刻本　二十四册

430000－2423－0000742　271/4

宋元學案一百卷首一卷　(清)黄宗羲撰　清刻本　七册　存二十三卷(七十五至九十七)

430000－2423－0000743　271/5

宋元學案一百卷首一卷　(清)黄宗羲撰　清刻本　二册　存三卷(八十二、八十六至八十七)

430000－2423－0000744　271/6

明儒學案六十二卷　(清)黄宗羲撰　清康熙刻本　十六册

430000－2423－0000745　271/9

學案小識十四卷首一卷末一卷　(清)唐鑒撰　清道光二十五年(1845)刻本　七册　缺三卷(一至二、首一卷)

430000－2423－0000746　271/17

歷代名臣言行錄二十四卷　(清)朱桓編　清光緒十二年(1886)刻本　十三册　存十二卷(二、五至六、八至十二、十五至十六、二十、二十四)

430000－2423－0000747　271/18

歷代名臣言行錄二十四卷　(清)朱桓輯　清刻本　三册　存三卷(二、十七至十八)

430000－2423－0000748　271/19

歷代名儒傳八卷歷代名臣傳三十五卷歷代循吏傳八卷　(清)朱軾　(清)蔡世遠輯　(清)李清植分纂　清古唐朱氏古歡齋刻本　二十一册　存四十一卷(名儒傳一至六,名臣傳三至五、十二至三十五,循吏傳八卷)

430000－2423－0000749　271/24

道南源委六卷　(明)朱衡撰　(清)張伯行輯　清同治五年(1866)福州正誼書局刻正誼堂全書本　三册

430000－2423－0000750　271/27

人表考九卷　(清)梁玉繩撰　清光緒十四年(1888)廣雅書局刻本　三册　缺二卷(八至九)

430000－2423－0000751　271/28

歷代名臣傳三十五卷　(清)朱軾　(清)蔡世遠輯　(清)藍鼎元分纂　清刻本　九册　存二十卷(十六至三十五)

430000－2423－0000752　271/59

碑傳集一百六十卷首二卷末二卷　(清)錢儀吉編　清光緒十九年(1893)江蘇書局刻本　五十九册　缺二卷(一百二十三至一百二十四)

430000－2423－0000753　271/25－1

上蔡先生語錄三卷　(宋)謝良佐撰　清同治五年(1866)福州正誼書局刻正誼堂全書本　一册

430000－2423－0000754　272/1

新鐫旁批詳注總斷廣名將譜二十卷　(明)黄道周註斷　明刻本　六册　存六卷(二、四至七、十五)

430000－2423－0000755　272/1

國朝詩人徵略六十卷　(清)張維屏輯　清道光十年(1830)刻張南山全集本　九册　缺四卷(一至四)

430000－2423－0000756　272/2

十六國春秋一百卷　(北魏)崔鴻撰　清乾隆四十六年(1781)仁和汪日桂刻本　一册　存二卷(一至二)

430000－2423－0000757　272/2
五百家註音辯昌黎先生文集四十卷　(唐)韓愈撰　(宋)魏仲舉輯註　清刻本　三冊　存十一卷(二十一至三十一)

430000－2423－0000758　272/3
讀史舉正八卷　(清)張熷撰　清光緒十七年(1891)廣雅書局刻本　二冊

430000－2423－0000759　272/4
安祿山事蹟三卷　(唐)姚汝能撰　清宣統三年(1911)長沙葉氏刻本　一冊

430000－2423－0000760　272/6
疇人傳三編七卷　(清)諸可寶纂　清光緒十二年(1886)刻本　二冊

430000－2423－0000761　273/1
左忠毅[光斗]年譜二卷　(清)左宰輯　清道光二十八年(1848)湘鄉左輝春刻本　一冊

430000－2423－0000762　273/1
陶園年譜一卷　(清)張家栻編　清光緒十五年(1889)湘潭張氏刻本　一冊

430000－2423－0000763　273/4
劉忠宣公[大夏]年譜二卷　(清)劉世節撰　清刻本　一冊

430000－2423－0000764　273/5
王先謙自定年譜三卷　王先謙撰　清光緒三十四年(1908)長沙王氏刻民國六年(1917)補刻本　一冊

430000－2423－0000765　273/6
戴東原先生[震]年譜一卷　(清)段玉裁編　清乾隆刻本　一冊

430000－2423－0000766　273/7
黃梨洲先生[宗羲]年譜三卷　(清)黃炳垕編輯　清同治十二年(1873)刻本　一冊

430000－2423－0000767　273/8
陳獨漉先生[恭尹]年譜　(清)溫肅編　清咸豐廣東超華齋刻本　一冊

430000－2423－0000768　273/9
羅忠節公[澤南]年譜二卷　(清)郭嵩燾撰　清同治二年(1863)刻本　一冊

430000－2423－0000769　273/12
歷代帝王年表不分卷　(清)齊召南編　(清)阮福續編　清光緒二十年(1894)桂垣書局刻本　二冊　存二冊(一、四)

430000－2423－0000770　273/13
史表功比說一卷　(清)張錫瑜撰　清光緒十四年(1888)廣雅書局刻本　一冊

430000－2423－0000771　274/1
山海經圖贊一卷訂譌一卷　(清)郝懿行撰　清嘉慶十四年(1809)儀徵阮氏刻郝氏遺書本　一冊

430000－2423－0000772　275/2
學古堂日記不分卷　(清)雷浚選　(清)吳履剛編　清光緒十六年(1890)刻本　二冊

430000－2423－0000773　275/5
三魚堂日記十卷　(清)陸隴其撰　清同治九年(1870)浙江書局刻本　四冊

430000－2423－0000774　275/7
竹汀先生日記鈔三卷　(清)錢大昕撰　(清)何元錫輯　清光緒會稽章氏刻式訓堂叢書本　一冊

430000－2423－0000775　277/1
新纂氏族箋釋八卷　(清)熊峻運撰　清刻本　一冊　存二卷(七至八)

430000－2423－0000776　278/1
歷代名賢列女氏姓譜一百五十七卷　(清)蕭智漢纂　清乾隆五十七年(1792)聽濤山房刻本　二十四冊　存三十七卷(十七至二十、二十七至三十一、三十七至三十八、五十一、五十四至五十五、五十八至六十五、七十一至七十二、一百十、一百二十、一百二十八至一百二十九、一百三十九至一百四十五、一百四十八、一百五十一)

430000－2423－0000777　278/2
風俗通姓氏篇二卷　(漢)應劭撰　(清)張澍輯註　清道光元年(1821)武威張氏二酉堂刻

本　一冊

430000－2423－0000778　278/3
元和姓纂十卷　(唐)林寶撰　(清)孫星衍校　清嘉慶七年(1802)古歙洪氏刻本　六冊

430000－2423－0000779　278/4
世本五卷　(清)張澍輯並註　清道光元年(1821)二酉堂刻本　三冊

430000－2423－0000780　279.2/1
三國職官表三卷　(清)洪貽孫撰　清光緒十七年(1891)廣雅書局刻本　三冊

430000－2423－0000781　291/1
史通削繁四卷　(清)紀昀撰　清道光十三年(1833)兩廣節署刻本　四冊

430000－2423－0000782　291/4
史通通釋二十卷　(清)浦起龍釋　清乾隆梁溪浦氏求放心齋刻本　六冊

430000－2423－0000783　291/5
史通削繁四卷　(清)紀昀撰　清光緒元年(1875)湖北崇文書局刻本　四冊

430000－2423－0000784　291/7
二十二史札記三十六卷補遺一卷　(清)趙翼撰　清嘉慶五年(1800)刻本　十二冊

430000－2423－0000785　291/9
癸巳存稿十五卷　(清)俞正燮撰　清道光十三年(1833)求日益齋刻本　六冊　缺二卷(十三至十四)

430000－2423－0000786　291/11
李忠武公奏疏一卷　(清)李續賓撰　清光緒十七年(1891)李光久甌江巡署刻本　一冊

430000－2423－0000787　291/12
史懷二十卷　(明)鍾惺撰　清光緒十七年(1891)三餘草堂刻本　二冊　存七卷(七至十三)

430000－2423－0000788　291/14
諸史夷語解義二卷　(明)陳士元撰　清光緒十三年(1887)應城王承禧刻本　二冊

430000－2423－0000789　291/15
南宋紀一卷元紀一卷　(□)□□撰　抄本　一冊

430000－2423－0000790　291/16
元史考訂四卷　(清)曾廉撰　清光緒刻邵陽曾氏三種本　一冊

430000－2423－0000791　291/18
春秋說志五卷　(明)呂柟撰　清光緒十四年(1888)長沙惜陰書局刻惜陰軒叢書本　一冊　存二卷(四至五)

430000－2423－0000792　291/19
西藏賦一卷　(清)和寧撰　**蔔魁城賦一卷**　(清)英和撰　**新疆賦一卷**　(清)徐松撰　清光緒八年(1882)元尚居刻本　一冊

430000－2423－0000793　291/20
讀春秋左氏傳博議二卷　(清)王夫之撰　清光緒二十五年(1899)上海慎記書莊石印本　一冊

430000－2423－0000794　291/21
會稽三賦註四卷　(宋)王十朋撰　(明)南逢吉註　(明)尹壇補註　清光緒十四年(1888)長沙惜陰書局刻惜陰軒叢書本　一冊

430000－2423－0000795　292/1
荒政叢書十卷　(清)俞森輯　清康熙二十九年(1690)刻本　四冊

430000－2423－0000796　292/1
皇朝通典一百卷　(清)高宗弘曆敕撰　清光緒八年(1882)浙江書局刻本　三十八冊　缺八卷(三十四至三十九、六十二至六十三)

430000－2423－0000797　292/2
趙恭毅公自治官書二十四卷　(清)趙申喬撰　(清)何祖柱輯　清雍正四年(1726)楚攸懷策堂刻本　二十冊

430000－2423－0000798　292/2
皇朝通典一百卷　(清)高宗弘曆敕撰　清光緒二十七年(1901)上海圖書集成局鉛印本　十二冊

430000－2423－0000799　292/3△
趙恭毅公剩稿八卷　（清）趙申喬撰　（清）趙侗斆編　清乾隆趙侗斆刻本　四冊

430000－2423－0000800　292/3
通典二百卷　（唐）杜佑撰　清光緒貫吾齋石印本　八冊

430000－2423－0000801　292/4
皇朝通志一百二十六卷　（清）高宗弘曆敕撰　清光緒八年（1882）浙江書局刻本　四十冊

430000－2423－0000802　292/5
通志二百卷　（宋）鄭樵撰　清咸豐九年（1859）崇仁謝氏刻本　五十八冊　存九十卷（一至十一、十六、三十二至四十九、五十至五十七、七十八至九十九、一百七十一至二百）

430000－2423－0000803　292/5
皇朝通志一百二十六卷　（清）高宗弘曆敕撰　清光緒二十七年（1901）上海圖書集成局鉛印本　十一冊　缺八卷（五十六至六十三）

430000－2423－0000804　292/6
皇朝文獻通考三百卷　（清）高宗弘曆敕撰　清光緒二十八年（1902）貫吾齋石印本　二十冊

430000－2423－0000805　292/7
通志二百卷　（宋）鄭樵撰　清光緒貫吾齋石印本　二十四冊

430000－2423－0000806　292/9
皇朝文獻通考三百卷　（清）高宗弘曆敕撰　清光緒八年（1882）浙江書局刻本　一百十九冊　缺六十二卷（三十六至五十二、一百十、一百五十至一百六十八、二百五十六至二百八十）

430000－2423－0000807　292/10
皇朝文獻通考三百卷　（清）高宗弘曆敕撰　清光緒二十七年（1901）上海圖書集成局鉛印本　四十六冊　缺十卷（三十九至四十三、一百五十九至一百六十三）

430000－2423－0000808　292/11
文獻通考三百四十八卷　（元）馬端臨撰　明嘉靖三年（1524）刻本　八十冊

430000－2423－0000809　292/11
文獻通考三百四十八卷　（元）馬端臨撰　清光緒二十八年（1902）貫吾齋石印本　十九冊

430000－2423－0000810　292/12
文獻通考三百四十八卷　（元）馬端臨撰　清光緒上海圖書集成局鉛印本　三十四冊　缺七十九卷（一至五、五十五至六十、一百七十四至一百八十三、二百五十至二百五十六、二百七十八至二百九十四、三百六至三百三十一、三百三十九至三百四十六）

430000－2423－0000811　292/14
皇朝文獻通考輯要二十六卷　（清）湯壽潛輯　清末刻本　一冊　存三卷（十四至十六）

430000－2423－0000812　292/15
皇朝政典類纂五百卷　（清）湯壽潛纂　清光緒鉛印本　九十三冊

430000－2423－0000813　292/17△
通志二十略五十二卷　（宋）鄭樵撰　（明）陳宗夔校　明嘉靖刻本　二十冊　存五十一卷（氏族略一至六、樂略一至二、禮略一至四、地理略一、都邑略一、職官略一至七、選舉略一至二、刑法略一、食貨略一至二、藝文略一至八、災祥略一、昆蟲草木略一、校讎略一、圖譜略一、金石略一、七音略一至二、天文略一至二、六書略一至五、謚略一、器服略一至二）

430000－2423－0000814　292/19
三通序一卷　清光緒十四年（1888）寶慶漢文書局刻本　一冊

430000－2423－0000815　292/21
欽定續通典一百五十卷　（清）高宗弘曆敕撰　清光緒十二年（1886）浙江書局刻本　十三冊　存五十二卷（一至三十六、一百二十一至一百二十六、一百三十至一百三十四、一百四十六至一百五十）

430000－2423－0000816　292/22
欽定續通典一百五十卷　（清）高宗弘曆敕撰

清光緒二十七年(1901)上海圖書集成局鉛印本　四册

430000－2423－0000817　292/23
欽定續通典一百五十卷　(清)高宗弘曆敕撰　清光緒貫吾齋石印本　六册

430000－2423－0000818　292/24
欽定續通志六百四十卷　(清)高宗弘曆敕撰　清光緒浙江書局刻本　二十一册　存六十六卷(一百七十一至一百八十八、一百九十七至二百、三百八十五至三百九十七、四百三至四百五、五百八至五百十五、五百五十至五百五十四、五百八十八至五百九十二、六百三至六百六、六百十至六百十五)

430000－2423－0000819　292/25
欽定續通志六百四十卷　(清)高宗弘曆敕撰　清光緒二十七年(1901)上海圖書集成局鉛印本　三十七册

430000－2423－0000820　292/26
欽定續通志六百四十卷　(清)高宗弘曆敕撰　清光緒二十八年(1902)石印本　二十四册

430000－2423－0000821　292/27
欽定續文獻通考二百五十卷　(清)高宗弘曆敕撰　清光緒十三年(1887)浙江書局刻本　八十六册　存一百六十卷(一至十八、二十五至九十六、一百五至一百三十四、一百三十七至一百四十四、一百九十九至二百三十)

430000－2423－0000822　292/28
欽定續文獻通考二百五十卷　(清)高宗弘曆敕撰　清光緒二十七年(1901)上海圖書集成書局鉛印本　二十九册

430000－2423－0000823　292/29
欽定續文獻通考二百五十卷　(清)高宗弘曆敕撰　清光緒石印本　十二册　缺三十卷(八十一至一百十)

430000－2423－0000824　292/30
通典二百卷　(唐)杜佑撰　清光緒二十八年(1902)上海圖書集成書局鉛印本　十六册

430000－2423－0000825　292/31
通志二百卷　(宋)鄭樵撰　清光緒二十七年(1901)上海圖書集成局鉛印本　二十八册

430000－2423－0000826　292/32
廣陵通典十卷　(清)汪中撰　清道光三年(1823)刻本　二册

430000－2423－0000827　292/33
文獻通考正續彙纂十二卷　(清)周宗濂原本　(清)楊守仁參校　清刻本　一册　存三卷(四至六)

430000－2423－0000828　292/34
皇朝經世文編一百二十卷　(清)賀長齡輯　清末石印本　三册　存十八卷(八至十四、三十至三十四、四十至四十五)

430000－2423－0000829　292/36
兩朝剝復錄六卷首一卷　(明)吳應箕輯　(清)夏燮校證　清同治二年(1863)江西省寓刻本　四册

430000－2423－0000830　292/37
樊山批判十四卷附一卷　樊增祥撰　清光緒刻本　七册

430000－2423－0000831　292/38
籌濟編三十二卷　(清)楊景仁撰　清光緒九年(1883)武昌書局刻本　八册

430000－2423－0000832　292/39
欽定康濟錄四卷　(清)倪國璉撰　清同治八年(1869)崇文書局刻本　三册

430000－2423－0000833　292/40
實政錄七卷　(明)呂坤撰　清同治七年(1868)湖北崇文書局刻本　三册

430000－2423－0000834　292/42
鹽鐵論十卷　(漢)桓寬撰　清光緒十七年(1891)湖南思賢講舍刻本　二册

430000－2423－0000835　292/44
在官法戒錄四卷　(清)陳弘謀撰　清刻本　二册

430000－2423－0000836　292/45

讀律心得三卷蜀僚問答一卷 （清）劉衡撰 清道光十六年(1836)刻本 一册

430000－2423－0000837 292/47

學治臆説二卷 （清）汪輝祖纂 清同治七年(1868)湖北崇文書局刻本 一册

430000－2423－0000838 292/48

樊山公牘三卷 樊增祥撰 清光緒刻本 一册 存一卷(三)

430000－2423－0000839 292/51

幕學舉要一卷 （清）萬維翰纂 清光緒十八年(1892)浙江書局刻入幕須知五種本 一册

430000－2423－0000840 292/52

佐治藥言一卷續一卷 （清）汪輝祖撰 清光緒十八年(1892)浙江書局刻入幕須知五種本 一册

430000－2423－0000841 292/54

學治臆説二卷 （清）汪輝祖撰 清光緒十八年(1892)浙江書局刻入幕須知五種本 一册

430000－2423－0000842 292/55

禘説二卷 （清）惠棟撰 清乾隆刻經訓堂叢書本 一册

430000－2423－0000843 292/56

防海輯要十八卷首一卷 （清）俞昌會撰 清道光二十二年(1842)百甓山房刻本 一册 存一卷(十六)

430000－2423－0000844 292/57

荒政輯要九卷 （清）汪志伊纂 清同治八年(1869)崇文書局刻本 一册

430000－2423－0000845 292/59

救荒補遺書二卷 （宋）董煟撰 （元）張光大新增 （明）朱熊補遺 清同治八年(1869)崇文書局刻本 一册 存一卷(上)

430000－2423－0000846 292/60

國朝先正學規彙鈔不分卷 （清）黃舒昺編 清同治七年(1868)湘潭紹濂書屋刻本 一册 存首册

430000－2423－0000847 292/61

民務三卷 （明）呂坤編 清刻本 一册 存二卷(二至三)

430000－2423－0000848 292/62

牧令書輯要十卷 （清）徐棟編 （清）丁日昌重編 清同治八年(1869)湖北崇文書局刻本 十册

430000－2423－0000849 292/3(1)△

趙恭毅公剩稿八卷 （清）趙申喬撰 （清）趙侗斆編 清乾隆趙侗斆刻本 四册

430000－2423－0000850 292/7(1)

曾惠敏公文集五卷 （清）曾紀澤撰 清光緒十九年(1893)江南製造總局鉛印本 一册 存二卷(一至二)

430000－2423－0000851 292.1/2

文獻通考三百四十八卷首一卷 （元）馬端臨撰 清咸豐謝氏刻本 七十三册 存二百十五卷(十七至十八、四十五至一百三十一、一百九十四至二百三十八、二百六十九至三百四十八,首一卷)

430000－2423－0000852 293/1

郭侍郎奏疏十二卷 （清）郭嵩燾撰 清光緒十八年(1892)湘陰郭氏刻本 十二册

430000－2423－0000853 293/2

駱文忠公奏稿十卷 （清）駱秉章撰 清光緒十七年(1891)刻本 九册 缺一卷(八)

430000－2423－0000854 293/3

卞制軍奏議十二卷 （清）卞寶第撰 清光緒二十年(1894)刻本 十二册

430000－2423－0000855 293/4

李肅毅伯奏議二十卷 （清）李鴻章撰 （清）章洪鈞 （清）吴汝綸編 清光緒二十五年(1899)上海鴻文書局石印本 二十册

430000－2423－0000856 293/5

石林奏議十五卷 （宋）葉夢得撰 清光緒十一年(1885)陸心源刻本 四册

430000－2423－0000857 293/6

張大司馬奏稿四卷 （清）張亮基撰 清光緒

十七年(1891)刻本　四册

430000－2423－0000858　293/7
曾惠敏公奏疏六卷　(清)曾紀澤撰　清光緒十九年(1893)江南製造總局鉛印本　四册

430000－2423－0000859　293/8
駱文忠公奏稿十卷　(清)駱秉章撰　清光緒十七年(1891)刻本　三册　存三卷(四、六至七)

430000－2423－0000860　293/9
包孝肅奏議十卷附一卷　(宋)包拯撰　清光緒元年(1875)合肥張氏毓秀堂刻廬陽三賢集本　二册

430000－2423－0000861　293/12
林文忠公政書三十七卷　(清)林則徐撰　清光緒二年至五年(1876－1879)刻本　一册　存乙集

430000－2423－0000862　293/13
垂光集二卷　(明)周璽撰　清光緒元年(1875)合肥張氏毓秀堂刻廬陽三賢集本　一册

430000－2423－0000863　293/15
南皮張宫保政書十二卷　(清)張之洞撰　清光緒鉛印本　一册　存二卷(奏議初編九至十)

430000－2423－0000864　294/1
隋經籍志考證十三卷　(清)章宗源撰　清光緒三年(1877)湖北崇文書局刻本　二册　存六卷(一至四、十二至十三)

430000－2423－0000865　294/2
崇文總目十二卷　(宋)王堯臣等編　清光緒八年(1882)常熟後知不足齋刻本　二册　存三卷(三至五)

430000－2423－0000866　294/3
營壘學三卷首一卷　(清)錢德培纂輯　清光緒江南製造總局刻本　一册　缺二卷(二至三)

430000－2423－0000867　294/1(1)
隋經籍志考證十三卷　(清)章宗源撰　清光緒三年(1877)湖北崇文書局刻本　四册

430000－2423－0000868　296/1
廣輿古今鈔二卷　(清)程晴川輯　清乾隆臨河有誠堂刻本　四册

430000－2423－0000869　296/2
漢書地理志校本二卷　(清)汪遠孫撰　清道光二十七年(1847)刻本　二册

430000－2423－0000870　296/3
水經註四十卷　(北魏)酈道元撰　清光緒湖北崇文書局刻本　七册　存二十四卷(十七至四十)

430000－2423－0000871　296/6
水經註四十卷　(北魏)酈道元撰　王先謙校　清光緒十八年(1892)長沙思賢講舍刻本　十六册

430000－2423－0000872　296/7
水經註四十卷補遺一卷附錄二卷　(北魏)酈道元撰　清光緒十四年(1888)無錫薛氏刻本　十二册

430000－2423－0000873　296/10
山海經十八卷　(晉)郭璞傳　(清)郝懿行箋疏　清嘉慶十四年(1809)儀徵阮氏刻郝氏遺書本　一册　存五卷(四至八)

430000－2423－0000874　296/11
山海經十八卷　(晉)郭璞傳　清光緒三年(1877)浙江書局刻本　三册

430000－2423－0000875　296/12
山海經存九卷　(清)汪紱釋　清光緒二十一年(1895)立雪齋石印本　四册

430000－2423－0000876　296/15
日本國志四十卷首一卷　(清)黄遵憲撰　清光緒十六年(1890)羊城富文齋刻本　十四册

430000－2423－0000877　296/16
蒙古游牧記十六卷　(清)張穆纂　(清)何秋濤校　清同治六年(1867)壽陽祁氏刻本　四册

430000－2423－0000878　296/19
南嶽總勝集三卷　(宋)陳田夫撰　清光緒三十二年(1906)長沙葉氏影南宋刻本　二册

430000－2423－0000879　296/19
南嶽總勝集三卷　(宋)陳田夫撰　清光緒三十二年(1906)長沙葉氏影南宋刻本　二册　存二卷(上、下)

430000－2423－0000880　296/20
輿地沿革表四十卷　(清)楊丕復撰　清光緒十四年(1888)刻本　十一册　存十九卷(五至七、十四至二十二、三十三至三十四、三十六至四十)

430000－2423－0000881　296/22
西陲要略四卷　(清)祁韻士輯　清道光十七年(1837)筠淥山房刻本　二册

430000－2423－0000882　296/23
東西洋考十二卷　(明)張燮撰　清光緒十四年(1888)長沙惜陰書局刻惜陰軒叢書本　三册　缺三卷(十至十二)

430000－2423－0000883　296/27
漢書地理志水道圖說七卷　(清)陳澧撰　清道光二十八年(1848)刻本　二册

430000－2423－0000884　296/28
漢志水道疏證四卷　(清)洪頤煊撰　清光緒十四年(1888)長洲蔣氏心矩齋刻心矩齋叢書本　一册

430000－2423－0000885　296/29
漢志水道疏證四卷　(清)洪頤煊撰　清光緒十八年(1892)廣雅書局刻本　一册

430000－2423－0000886　296/30
晉書地理志新補正五卷　(清)畢沅撰　清光緒會稽章氏刻本　二册

430000－2423－0000887　296/31
居濟一得八卷　(清)張伯行撰　清同治五年(1866)福州正誼書局刻正誼堂全書本　二册

430000－2423－0000888　296/32
楚漢諸侯疆域志三卷　(清)劉文淇撰　清光緒二年(1876)金陵刻本　一册

430000－2423－0000889　296/33
地理精微六卷　(清)盛廷謨撰　清光緒二十四年(1898)江寧刻本　三册　缺一卷(二)

430000－2423－0000890　296/35
測地志要四卷　(清)黄炳垕撰　清同治六年(1867)刻本　一册

430000－2423－0000891　296/36
西徼水道一卷　(清)黄楙材撰　清光緒十二年(1886)夢花軒刻本　一册

430000－2423－0000892　296/37
太華太白紀游略二卷　(清)趙嘉肇撰　清光緒十年(1884)焦護刻本　一册

430000－2423－0000893　296/38
雲南機務抄黄一卷　(明)張紞編　清光緒十四年(1888)長沙惜陰書局刻惜陰軒叢書本　一册

430000－2423－0000894　296/40
留都見聞錄二卷　(明)吴應箕撰　清同治三年(1864)夏燮刻本　一册

430000－2423－0000895　296/41
蓮峰志五卷　(清)王夫之撰　清同治四年(1865)湘鄉曾氏金陵節署刻船山遺書本　一册

430000－2423－0000896　296/42
漢書西域傳補註二卷　(清)徐松撰　清光緒六年(1880)刻本　二册

430000－2423－0000897　296/43
二酉堂叢書　(清)張澍輯　清道光元年(1821)武威張氏二酉堂刻本　四册

430000－2423－0000898　296/48
遼史地理志考五卷　(清)李慎儒撰　清光緒二十八年(1902)丹徒李氏刻本　二册

430000－2423－0000899　296/49
乾道臨安志三卷　(宋)周淙撰　清光緒四年(1878)會稽章氏刻本　一册　存二卷(一至二)

430000－2423－0000900　296/50
[同治]湘鄉縣志二十三卷首一卷末一卷　(清)齊德五等修　(清)黄楷盛纂　清同治十三年(1874)刻本　二册　存二卷(十五、二十二)

430000－2423－0000901　296/52
桂陽直隸州志二十七卷首一卷　(清)汪敩灝修　王闓運等纂　清同治七年(1868)刻本　一册　存二卷(七至八)

430000－2423－0000902　296/53
[道光]永州府志十八卷首一卷　(清)吕恩湛等修　(清)宗績辰等纂　清道光八年(1828)刻本　三册　存四卷(九下、十三至十五)

430000－2423－0000903　296/56
[光緒]零陵縣志十五卷補遺一卷　(清)嵇有慶　(清)徐保齡修　(清)劉沛纂　清光緒二年(1876)刻本　一册　存二卷(七至八)

430000－2423－0000904　296/3(1)
今水經一卷　(清)黄宗羲撰　清光緒三年(1877)湖北崇文書局刻本　一册

430000－2423－0000905　297/4
中州金石目錄八卷　(清)楊鐸輯　南陵徐乃昌刻本　二册

430000－2423－0000906　297/5
雍州金石記十卷　(清)朱楓撰　清光緒十四年(1888)長沙惜陰書局刻惜陰軒叢書本　二册

430000－2423－0000907　297/6
癖談六卷　(清)蔡雲撰　清光緒十一年(1885)刻本　一册

430000－2423－0000908　297/7
京畿金石考二卷　(清)孫星衍撰　清光緒十四年(1888)長沙惜陰書局刻惜陰軒叢書本　一册　存一卷(上)

430000－2423－0000909　297/8
金石存十卷　(清)鈍根老人(吴玉搢)撰　清乾隆刻函海本　一册　存五卷(四至八)

430000－2423－0000910　297/4(1)
中州金石目四卷補遺一卷　(清)姚晏撰　清光緒九年(1883)歸安姚氏刻咫進齋叢書本　二册

430000－2423－0000911　298/1
平津館鑒藏記書籍三卷　(清)孫星衍撰　清光緒章氏刻式訓堂叢書本　一册

430000－2423－0000912　298/1
知聖道齋讀書跋二卷　(清)彭元瑞撰　清光緒會稽章氏刻式訓堂叢書本　一册

430000－2423－0000913　298/4
龔定庵集十四卷　(清)龔自珍撰　清光緒二十三年(1897)豐城余氏寶墨齋刻本　五册

430000－2423－0000914　298/6
應繳違礙書目一卷銷毁抽毁書目一卷　(清)姚覲元輯　清歸安姚氏咫進齋刻咫進齋叢書本　一册

430000－2423－0000915　298/8
禁書總目不分卷　(清)姚覲元輯　清歸安姚氏咫進齋刻咫進齋叢書本　二册

430000－2423－0000916　298/11
文章指南五集　(明)歸有光選　(清)許佐重輯　清光緒二年(1876)皖江節署刻本　五册

430000－2423－0000917　298/12
六如畫譜三卷　(明)唐寅輯　清光緒十四年(1888)長沙惜陰書局刻惜陰軒叢書本　一册

430000－2423－0000918　298/14
欽定四庫全書總目二百卷　(清)高宗弘曆敕撰　清刻本　九册　存十四卷(三至四、十三至十六、十九、三十七、六十一至六十二、一百三十四至一百三十五、一百四十六、一百九十六)

430000－2423－0000919　298/16
天真閣集五十四卷外集六卷　(清)孫原湘撰　清嘉慶五年(1800)刻光緒十七年(1891)補刻本　十五册

430000－2423－0000920　298/17

拜經樓藏書題跋記五卷　(清)吳壽暘纂　清光緒會稽章氏刻式訓堂叢書本　三冊

430000－2423－0000921　298/18
八史經籍志三十卷　(日本)□□輯　清光緒九年(1883)鎮海張氏刻本　十四冊　缺三卷(前漢書藝文志一卷、宋史藝文志一至二)

430000－2423－0000922　298/19
郡齋讀書志二十卷　(宋)晁公武撰　**附志二卷**　(宋)趙希弁撰　清光緒十年(1884)長沙王氏刻本　九冊

430000－2423－0000923　298/20
隋書經籍志四卷　(唐)長孫無忌等撰　清光緒九年(1883)鎮海張氏刻本　一冊　存二卷(一至二)

430000－2423－0000924　298/26
兩晉南北合纂二十卷　(明)錢岱纂　(明)姚宗儀校　明萬曆刻本　十冊

430000－2423－0000925　298/17－1
對策六卷　(清)陳鱣撰　清光緒會稽章氏刻式訓堂叢書本　二冊

430000－2423－0000926　299/1
海國圖志六十卷　(清)魏源撰　清道光二十七年(1847)古微堂刻本　十五冊　存四十六卷(二至十九、二十四至二十七、三十三至三十五、四十至六十)

430000－2423－0000927　299/2
海國圖志　(清)魏源撰　清刻本　一冊　存三卷(三十一至三十三)

430000－2423－0000928　299/3
海國圖志一百卷　(清)魏源撰　清刻本　十三冊　存四十八卷(三十至四十、四十六至七十五、八十至八十六)

430000－2423－0000929　311/1
晏子春秋七卷　(春秋)晏嬰撰　(清)孫星衍校　清乾隆五十三年(1788)陽湖孫氏刻本　二冊

430000－2423－0000930　311/3
尸子二卷存疑一卷　(清)汪繼培輯　清光緒三年(1877)浙江書局刻本　一冊

430000－2423－0000931　311/4
傅子三卷　(晉)傅玄撰　葉德輝輯　清光緒二十八年(1902)長沙葉氏刻本　一冊

430000－2423－0000932　311/12
鬼谷子三卷　(南朝梁)陶弘景註　清嘉慶十年(1805)江都秦氏石研齋刻本　二冊

430000－2423－0000933　311/14
諸子平議三十五卷　(清)俞樾撰　清刻本　十二冊

430000－2423－0000934　311/15
列子八卷　(晉)張湛註　清光緒二年(1876)浙江書局據明世德堂本刻本　二冊

430000－2423－0000935　311/16
列子八卷　(唐)盧重元解　清嘉慶九年(1804)江都秦氏石研齋刻本　二冊

430000－2423－0000936　311/19
養正遺規二卷補編一卷　(清)陳弘謀撰　上海掃葉山房石印德育叢書本　一冊

430000－2423－0000937　311/20
淮南萬畢述二卷　(漢)劉安纂　清光緒長沙葉氏郎園刻本　一冊

430000－2423－0000938　311/22
養正遺規二卷補編一卷　(清)陳弘謀撰　清光緒五年(1879)江西書局刻本　二冊

430000－2423－0000939　311/24
子書百家　(清)崇文書局輯　清光緒元年(1875)湖北崇文書局刻本　四十三冊

430000－2423－0000940　311/25
二十二子　(清)浙江書局輯　清光緒三年(1877)浙江書局刻本　四十五冊

430000－2423－0000941　311/26
鬼谷子三卷　(南朝梁)陶弘景註　清刻本　二冊

430000－2423－0000942　311/28

孫子十家註十三卷　(宋)吉天保輯　(清)孫星衍等校　清光緒浙江書局刻本　一册　存二卷(十一至十二)

430000－2423－0000943　311/1(1)
晏子春秋七卷　(春秋)晏嬰撰　(清)孫星衍校　清乾隆五十三年(1788)陽湖孫氏刻本　一册

430000－2423－0000944　312/1
述記不分卷　(清)任兆麟述　清乾隆五十三年(1788)忠敏家塾刻本　五册　缺下册之上

430000－2423－0000945　312/1
管子二十四卷　(春秋)管仲撰　(唐)房玄齡註　清光緒二年(1876)浙江書局刻吳郡趙氏本　六册

430000－2423－0000946　312/3
管子二十四卷　(春秋)管仲撰　(唐)房玄齡註　清光緒二年(1876)浙江書局刻吳郡趙氏本　一册　存三卷(二十二至二十四)

430000－2423－0000947　333/1
新鋟葛稚川内篇二十卷　(晉)葛洪撰　(宋)張可大評校　(明)慎懋官閲　清刻本　二册　存二卷(一至二)

430000－2423－0000948　371/1
衛生寶鑒二十四卷　(元)羅天益撰　清光緒二十二年(1896)長沙惜陰書局刻惜陰軒叢書本　二册　存四卷(一至二、十七至十八)

430000－2423－0000949　372/7
補注黄帝内經素問二十四卷遺篇一卷靈樞十二卷　(唐)王冰註　(宋)林億等校　清光緒三年(1877)浙江書局刻本　十册

430000－2423－0000950　379/1△
東坡養生集十二卷　(清)王如錫編次　(清)丘象升批評　清康熙三年(1664)刻本　十二册

430000－2423－0000951　379.3/1
小兒藥證真訣三卷　(宋)錢乙撰　清光緒十四年(1888)長沙惜陰書局刻惜陰軒叢書本　一册

430000－2423－0000952　381/1
御製曆象考成上編十六卷下編十卷表十六卷　(清)聖祖玄燁敕纂　清康熙内府刻本　二十九册　缺一卷(表七)

430000－2423－0000953　382/2
歷代長術輯要十卷首一卷古今推步諸術考二卷　(清)汪曰楨撰　清同治六年(1867)刻本　四册　存八卷(一至六、九至十)

430000－2423－0000954　383/6
幾何原本十三卷續二卷　(西洋)利瑪竇口譯　(明)徐光啟筆受　清同治四年(1865)金陵刻本　七册

430000－2423－0000955　383/10
五緯捷算四卷附自述百韻詩一卷　(清)黄炳垕撰　(清)胡士培校梓　清光緒四年(1878)餘姚黄氏留書種閣刻本　一册

430000－2423－0000956　391/4
板橋集六卷　(清)鄭燮撰　清刻本(玉書樓藏板)　四册

430000－2423－0000957　391/5
書法離鉤十卷　(明)潘之淙著　清光緒十四年(1888)長沙惜陰書局刻惜陰軒叢書本　二册

430000－2423－0000958　391/6
六書例解一卷六書雜説一卷八分書辨一卷　(清)楊錫觀述　清雍正十三年(1735)刻本　四册

430000－2423－0000959　391/16
律音彙考八卷補證一卷　(清)邱之稑編　**琴旨申邱一卷**　劉人熙撰　清宣統三年(1911)瀏陽禮樂局刻本　三册　缺三卷(二至四)

430000－2423－0000960　391/18
御刻三希堂石渠寶笈法帖　(清)高宗弘曆編　影印本　八册　存八册(二、四至五、八至九、二十二、二十四、二十六)

430000－2423－0000961　391/19

新增格古要論十三卷 (明)曹昭撰 (明)舒敏編 (明)王佐增 清光緒十四年(1888)長沙惜陰書局刻本 二册 存四卷(一、十一至十三)

430000－2423－0000962 391/20
宋拓淳化閣帖十卷 (宋)王著編 影印本 三册 存三卷(二、四至五)

430000－2423－0000963 392/1
清異錄二卷 (宋)陶穀撰 清光緒十四年(1888)長沙惜陰書局刻惜陰軒叢書本 二册

430000－2423－0000964 393/1
居易錄三十四卷 (清)王士禎撰 清康熙刻本 八册

430000－2423－0000965 393/2
論衡三十卷 (漢)王充撰 明刻本 九册

430000－2423－0000966 393/3
春渚紀聞十卷 (宋)何薳撰 清嘉慶十六年(1811)祝氏刻本 二册

430000－2423－0000967 393/5△
呂氏春秋二十六卷 (战國)呂不韋撰 (漢)高誘注 (清)畢沅校輯 清乾隆五十三年(1788)靈岩山館刻本 六册

430000－2423－0000968 393/7
東塾讀書記二十五卷 (清)陳澧撰 清光緒刻本 四册

430000－2423－0000969 393/7△
淮南子二十一卷 (漢)劉安撰 (漢)高誘註 清乾隆五十三年(1788)咸寧官署刻本 十册

430000－2423－0000970 393/8△
義門讀書記五十八卷 (清)何焯撰 清乾隆三十四年(1769)刻本 十二册

430000－2423－0000971 393/9
文中子中說十卷 (隋)王通撰 (宋)阮逸註 清光緒二年(1876)浙江書局刻本 二册

430000－2423－0000972 393/10△
芝庵雜記四卷 (清)陸雲錦撰 清嘉慶八年(1803)刻本 一册

430000－2423－0000973 393/11△
在園雜志四卷 (清)劉廷璣撰 清康熙五十四年(1715)刻本 四册

430000－2423－0000974 393/21
淮南子二十一卷 (漢)劉安撰 (漢)高誘註 清光緒二年(1876)浙江書局刻本 六册

430000－2423－0000975 393/22
淮南許注異同詁四卷補遺一卷續補一卷 (清)陶方琦撰 清光緒七年(1881)湘南使院刻本 三册

430000－2423－0000976 393/24
淮南天文訓補註二卷 (清)錢塘綴述 清道光八年(1828)嘉定縣署刻本 二册

430000－2423－0000977 393/25
日知錄三十二卷 (清)顧炎武撰 清康熙三十四年(1695)刻本 十册

430000－2423－0000978 393/26
日知錄集釋三十二卷 (清)顧炎武撰 (清)黃汝成集釋 清刻本 二册 存四卷(四至七)

430000－2423－0000979 393/29
世說新語三卷 (南朝宋)劉義慶撰 (南朝梁)劉孝標註 清光緒十四年(1888)長沙惜陰書局刻惜陰軒叢書本 六册

430000－2423－0000980 393/30
世說新語三卷考證一卷校勘小識一卷補一卷注引用書目一卷佚文一卷 (南朝宋)劉義慶撰 (南朝梁)劉孝標註 清光緒十七年(1891)長沙思賢講舍刻本 六册

430000－2423－0000981 393/33
淮南鴻烈閑詁二卷 (漢)許慎記 葉德輝輯 清光緒二十一年(1895)長沙葉氏刻本 一册

430000－2423－0000982 393/52
酉陽雜俎續集十卷 (唐)段成式撰 清光緒三年(1877)湖北崇文書局刻本 一册 存五

卷(一至五)

430000－2423－0000983　393/54
群學肄言十六卷　(英國)斯賓塞爾撰　嚴復譯　清光緒二十九年(1903)上海文明編譯書局鉛印本　四册　缺教辟第十二

430000－2423－0000984　393/55
群書拾補不分卷　(清)盧文弨撰　清乾隆五十二年(1787)抱經堂刻本　八册

430000－2423－0000985　393/63
困學紀聞注二十卷　(清)翁元圻撰　清道光五年(1825)餘姚翁元圻守福堂刻本　九册　缺四卷(五至八)

430000－2423－0000986　393/64
墨子閒詁十五卷目錄一卷附錄一卷後語二卷　(清)孫詒讓撰　清光緒二十一年(1895)蘇州毛上珍木活字本　八册

430000－2423－0000987　393/65
墨子經説解二卷　(清)張惠言撰　清宣統元年(1909)國學保存會影印本　一册

430000－2423－0000988　393/67
墨子十六卷　(春秋)墨翟撰　(清)畢沅註　清光緒二年(1876)浙江書局刻本　四册

430000－2423－0000989　393/69
讀書雜志八十二卷餘編二卷　(清)王念孫撰　清同治九年(1870)金陵書局刻本　二十四册

430000－2423－0000990　393/71
原富　(英國)斯密亞丹撰　嚴復譯　清光緒二十七年(1901)刻本　八册

430000－2423－0000991　393/75
瀛舟筆談十二卷首一卷　(清)阮亨撰　清嘉慶二十五年(1820)刻本　八册

430000－2423－0000992　393/78
兩山墨談十八卷　(明)陳霆撰　清光緒十四年(1888)長沙惜陰書局刻惜陰軒叢書本　四册

430000－2423－0000993　393/80
舒藝室雜著甲編二卷乙編二卷賸稿一卷　(清)張文虎撰　清光緒刻本　三册

430000－2423－0000994　393/81
尖陽叢筆十卷　(清)吳騫撰　清宣統三年(1911)國學扶輪社鉛印張氏適園叢書本　二册

430000－2423－0000995　393/82
子史精華一百六十卷　(清)吳士玉等纂　清刻本　三册　存十二卷(三十一至三十八、五十六至五十九)

430000－2423－0000996　393/84
校邠廬抗議二卷　(清)馮桂芬撰　清光緒二十三年(1897)聚豐坊刻本　二册

430000－2423－0000997　393/85
賮存四卷　(清)胡式鈺撰　清道光二十一年(1841)刻本　四册

430000－2423－0000998　393/88
天文易貫解補十卷　(清)陳洪道註釋　清咸豐十一年(1861)家刻本　一册　存一卷(五)

430000－2423－0000999　393/90
白虎通四卷　(漢)班固撰　**校勘補遺一卷**　(清)盧文弨撰　清乾隆四十九年(1784)餘姚盧氏抱經堂刻本　二册　存四卷(一下至二下、四,校勘補遺一卷)

430000－2423－0001000　393/93
求闕齋日記類鈔二卷　(清)曾國藩撰　(清)王啟原校編　清光緒二年(1876)傳忠書局刻本　二册

430000－2423－0001001　395/1△
陽宅集成八卷　(清)姚廷鑾纂輯　清乾隆十六年(1751)刻本　二册　存二卷(一、三)

430000－2423－0001002　395/4
焦氏易林校略十六卷　(清)翟云升撰　清道光二十八年(1848)東萊翟氏刻本　八册

430000－2423－0001003　395/7
皇極經世緒言九卷首二卷　(宋)邵雍撰　(明)黃粵洲註釋　(清)劉斯組輯　清嘉慶四

年(1799)錢塘徐樹堂刻本　五册

430000－2423－0001004　395/8
事物紀原十卷　(宋)高承輯　(明)李果訂　清光緒十四年(1888)長沙惜陰書局刻本　八册　存八卷(三至十)

430000－2423－0001005　395/9
袖中書二卷游藝録六卷　(清)俞樾撰　清光緒刻春在堂全書本　一册

430000－2423－0001006　395/10
堪輿三昧一卷　(清)康基田纂　清道光八年(1828)刻本　一册

430000－2423－0001007　395/13
巾經纂二十卷　(清)宋宗元撰　清李廷樟刻本　一册　存四卷(五至八)

430000－2423－0001008　395/15
撼龍經一卷　(唐)楊益撰　清刻本　一册　存武曲星第六至右弼星第九

430000－2423－0001009　395/16
地理八竅追尋古跡心法捷訣四卷　(清)朱冠臣撰　清光緒九年(1883)刻本　一册　存二卷(一至二)

430000－2423－0001010　396/16
新鍥葛稚川外篇四卷　(晉)葛洪撰　(明)盧舜治評校　(明)慎懋官閲　清刻漢魏叢書本　二册

430000－2423－0001011　396/24
太上感應篇四卷　成都扶經堂書局刻本　四册

430000－2423－0001012　396/27
勸戒彙鈔十六卷　(清)賀獻書輯　清刻本　二册　存八卷(五至十二)

430000－2423－0001013　396/28
居士傳五十六卷　(清)彭紹升撰　清刻本　三册　存三十八卷(一至十三、三十二至五十六)

430000－2423－0001014　396/29
經懺集成五卷　(清)劉沅輯　清宣統三年(1911)刻民國五年(1916)成都守經堂印本　三册

430000－2423－0001015　396/30
大方廣佛華嚴經疏鈔會本二百二十卷　(唐)釋實叉難陁譯　(唐)釋澄觀撰　清末□□刻經處刻本　七册　存二十六卷(九十三至一百七、二百五至二百十五)

430000－2423－0001016　396/32
金剛般若波羅蜜經二篇太上感應篇纘義二卷　(清)俞樾撰　清光緒刻春在堂全書本　一册

430000－2423－0001017　397/1△
南華真經副墨八卷　(明)陸西星述　(明)孫大綬重校　明萬曆十三年(1585)黄守言刻本　八册

430000－2423－0001018　397/2
佩文韻府一百六卷　(清)張玉書等輯　清光緒二十二年(1896)上海點石齋石印本　五十七册　存一百卷(一至七十四、七十八至八十一、八十四至九十八、一百至一百六)

430000－2423－0001019　397/3
佩文韻府一百六卷　(清)張玉書等輯　**韻府拾遺一百六卷**　(清)張廷玉等輯　清末刻本　六十五册　存五十五卷(二十四下、二十六下、二十七、三十一至三十二、三十四下、四十四至四十七、六十三、六十五、六十六上至六十七上、六十八、七十一至七十二、七十四至七十五、七十六下、八十二至八十三、八十五、九十、九十二至九十八、九十九下至一百下、一百二上,拾遺一、四、六至七、十二至十五、五十九至七十一)

430000－2423－0001020　397/5
佩文韻府一百六卷　(清)張玉書等輯　**韻府拾遺一百六卷**　(清)張廷玉等輯　清光緒十二年(1886)上海同文書局石印本　三十一册　存一百十八卷(一至二十一、二十二下至三十四下、三十五至五十九,拾遺一至五十九)

430000－2423－0001021　397/6

新增說文韻府群玉二十卷　(元)陰時夫編　(元)陰中夫註　(清)王元貞校正　清三讓堂刻本　四冊　存八卷(一至四、十三至十六)

430000－2423－0001022　397/8
北堂書鈔一百六十卷　(唐)虞世南撰　(清)孔廣陶校註　清光緒十四年(1888)南海孔氏三十有三萬卷堂刻本　二十冊

430000－2423－0001023　397/9
子史精華一百六十卷　(清)吳士玉等纂　清石印本　三冊　存六十卷(二十一至四十、八十一至一百、一百二十一至一百四十)

430000－2423－0001024　397/7－1
增補事類統編九十三卷　(清)黃葆真增輯　清光緒十四年(1888)上海積山書局石印本　十二冊

430000－2423－0001025　397/3(1)
佩文韻府一百六卷　(清)張玉書等輯　**韻府拾遺一百六卷**　(清)張廷玉等輯　清末刻本　六十八冊　存五十三卷(二、四至十二、十三下至十六下、三十至四十七、五十一至五十三、五十五至五十九、六十四至六十五、六十六下、九十下至九十九上)

430000－2423－0001026　411/3
十種唐詩選十五卷　(清)王士禎刪纂　清康熙刻王漁洋遺書本　五冊

430000－2423－0001027　411/4
宋百家詩存二十卷　(清)曹庭棟輯　清乾隆五年至六年(1740－1741)嘉善曹氏二六書堂刻本　七冊

430000－2423－0001028　411/5
唐人三家集三種二十六卷　(清)秦恩復輯　清道光十年(1830)江都秦氏石研齋影宋刻本　四冊

430000－2423－0001029　411/14
初唐四傑集三十七卷　(清)項家達輯　清同治十二年(1873)鄒氏叢雅居重刻星渚項氏本　八冊

430000－2423－0001030　411/17
河岳英靈集二卷　(唐)殷璠輯　清光緒四年(1878)秀水高行篤揚州刻本　一冊

430000－2423－0001031　411/19
樵川二家詩六卷　(清)徐榦編輯　清光緒七年(1881)刻本　二冊

430000－2423－0001032　411/21
湖州叢書　(清)陸心源輯　清光緒湖城義塾刻本　十七冊

430000－2423－0001033　411/22
國朝十家四六文鈔　王先謙輯　清光緒十五年(1889)長沙王氏刻本　四冊

430000－2423－0001034　411/24
徐迪功詩集四卷外集三卷　(明)徐禎卿撰　清光緒二十一年(1895)長沙張氏湘雨樓刻弘正四傑詩集本　一冊

430000－2423－0001035　411/25
李空同詩集三十三卷目錄一卷　(明)李夢陽撰　清光緒二十一年(1895)長沙張氏湘雨樓刻弘正四傑詩集本　五冊　存二十八卷(一至二十二、二十九至三十三,目錄一卷)

430000－2423－0001036　411/27
南宋群賢小集　(宋)陳起輯　(清)顧修重輯　清嘉慶六年(1801)石門顧氏讀書齋刻本　三十一冊　缺十五卷(采芝集一卷續集一卷、雲泉詩集一卷、芸居乙稿一卷、增廣聖宋高僧詩選前集一卷後集三卷續集一卷補遺一卷、前賢小集拾遺五卷)

430000－2423－0001037　411/28
石渠意見拾遺二卷補缺一卷　(明)王恕著　清光緒十四年(1888)長沙惜陰軒刻本　一冊

430000－2423－0001038　411/30
阮齋詩鈔六卷　(清)勞孝輿撰　(清)馮公侯編次　清乾隆刻本　一冊

430000－2423－0001039　411/32
唐宋八大家文鈔十九卷首一卷　(清)張伯行輯　清同治八年(1869)福州正誼書院刻本

四册　存十二卷(一至八、十二至十四,首一卷)

430000－2423－0001040　411/34
小倉山房外集八卷　(清)袁枚撰　清光緒十八年(1892)著易堂鉛印本　一册

430000－2423－0001041　412/1
經史百家簡編二卷　(清)曾國藩纂　清同治十二年(1873)傳忠書局刻本　二册

430000－2423－0001042　412/1
瀛奎律髓四十九卷　(元)方回輯　清康熙五十二年(1713)刻本　四册

430000－2423－0001043　412/2
玉臺新詠十卷　(南朝陳)徐陵編　清馮班精刻本　二册

430000－2423－0001044　412/2
經史百家雜鈔二十六卷　(清)曾國藩纂　清光緒二年(1876)傳忠書局刻本　十九册　缺一卷(十九)

430000－2423－0001045　412/3
古詩歸十五卷　(明)鍾惺　(明)譚元春輯　明刻本　十二册

430000－2423－0001046　412/3
經史百家雜鈔二十六卷　(清)曾國藩纂　清光緒二年(1876)傳忠書局刻本　二十四册　缺四卷(十七至十九、二十六)

430000－2423－0001047　412/4
唐文粹補遺二十六卷　(清)郭麐纂　清光緒十一年(1885)江蘇書局刻本　四册

430000－2423－0001048　412/4
大廣益會玉篇三十卷　(宋)陳彭年等撰　清康熙四十三年(1704)刻本　三册

430000－2423－0001049　412/6
駢體文鈔三十一卷　(清)李兆洛輯　清光緒八年(1882)滬上刻本　三册　存八卷(十二至十六、二十一至二十三)

430000－2423－0001050　412/6
六朝文絜四卷　(清)許槤評選　清道光五年(1825)刻朱墨套印本　二册

430000－2423－0001051　412/7
文選六十卷　(南朝梁)蕭統輯　(唐)李善註　清刻朱墨套印本　九册

430000－2423－0001052　412/7
駢體文鈔三十一卷　(清)李兆洛輯　清光緒八年(1882)滬上刻本　十册

430000－2423－0001053　412/8
駢體文鈔三十一卷　(清)李兆洛輯　清同治六年(1867)婁江徐氏刻本　十册

430000－2423－0001054　412/8△
古文約編十卷　(清)倪承茂訂　**歷朝文一卷**　(清)潘大鈉訂　清雍正十年(1732)懷古堂刻本　十册

430000－2423－0001055　412/9
忠雅堂評選四六法海八卷　(清)蔣士銓評選　清同治十年(1871)歲月山房刻朱墨套印本　八册

430000－2423－0001056　412/10△
文選課虚四卷　(清)杭世駿類次　(清)杭宗濂覆審　清乾隆刻本　一册

430000－2423－0001057　412/11△
古文淵鑒六十四卷　(清)徐乾學輯註　清内府刻五色套印本　三十五册　存三十六卷(十二至十七、二十、二十三至三十四、三十六至五十一、五十三)

430000－2423－0001058　412/12△
古文眉詮二十七鈔七十九卷　(清)浦起龍論次　清乾隆九年(1744)三吳書院刻本(靜寄東軒藏板)　三十二册

430000－2423－0001059　412/13
樂府詩集一百卷　(宋)郭茂倩編　清同治十二年(1873)崇文書局刻本　九册　存五十一卷(一至九、三十一至四十八、七十七至一百)

430000－2423－0001060　412/14
八代詩選二十卷　王闓運輯　清光緒章氏經濟堂刻本　十二册

430000－2423－0001061　412/17
古文辭類纂七十四卷　(清)姚鼐纂　清合河康氏刻本　十二册

430000－2423－0001062　412/23
古文淵鑒六十四卷　(清)徐乾學等編　清刻五色套印本　一册　存二卷(三十六至三十七)

430000－2423－0001063　412/24
古文苑二十一卷　(宋)章樵註　清光緒十四年(1888)長沙惜陰書局刻惜陰軒叢書本　四册

430000－2423－0001064　412/25
古詩箋三十二卷　(清)王士禛選　(清)聞人倓箋　清乾隆三十一年(1766)芷蘭堂刻本　一册　存二卷(十六至十七)

430000－2423－0001065　412/26
漁洋山人精華錄箋註十二卷年譜一卷　(清)王士禛撰　(清)金榮註　(清)徐淮輯　清刻本　三册　存三卷(一、十一,年譜一卷)

430000－2423－0001066　412/27
兩晉南北史樂府二卷唐宋小樂府一卷　(清)洪亮吉撰　清光緒十二年(1886)懺花庵刻本　一册

430000－2423－0001067　412/28
悔餘庵樂府四卷　(清)何栻撰　清同治四年(1865)鳩江戎幄刻本　二册

430000－2423－0001068　412/30
六朝文絜箋注十二卷　(清)許槤評選　清光緒十五年(1889)刻本　二册

430000－2423－0001069　412/31
文選集釋二十四卷　(清)朱珔撰　清光緒元年(1875)涇川朱氏梅村家塾刻本　十八册

430000－2423－0001070　412/32
濂洛風雅九卷　(清)張伯行訂　清同治五年(1866)福州正誼書局刻本　二册

430000－2423－0001071　412/36
佩文齋詠物詩選四百八十六卷　(清)聖祖玄燁敕輯　清康熙内府刻本　十七册

430000－2423－0001072　412/37
桐城吳氏古文讀本不分卷　(清)吳汝綸評選　清光緒三十一年(1905)上海文明書局鉛印本　四册

430000－2423－0001073　412/39
回文類聚四卷續編十卷　(清)桑世昌纂　清道光刻本　一册　缺七卷(續編四至十)

430000－2423－0001074　412/40
駢文類纂四十六卷　王先謙輯　清光緒二十八年(1902)思賢書局刻本　十一册　存十九卷(一上、二十一上至三十七、四十六)

430000－2423－0001075　412/41
十八家詩鈔二十八卷　(清)曾國藩纂　清同治十三年(1874)傳忠書局刻本　二十八册

430000－2423－0001076　412/42
古唐詩合解十二卷　(清)王堯衢註　清刻本　二册　存五卷(五至九)

430000－2423－0001077　412/43
三十家詩鈔六卷　(清)曾國藩輯　(清)王定安增輯　清同治十三年(1874)傳忠書局刻本　二册　存二卷(一、四)

430000－2423－0001078　413/1
欽定全唐文一千卷　(清)董誥等輯　清光緒二十七年(1901)廣雅書局刻本　一百九十九册　缺五卷(六十四至六十八)

430000－2423－0001079　413/2△
唐人萬首絕句選七卷　(宋)洪邁元本　(清)王士禛選本　清康熙吳郡宋廣業刻本　二册

430000－2423－0001080　413/3
全唐詩九百卷　(清)曹寅等輯　清康熙内府刻本　三十五册

430000－2423－0001081　413/4
唐文粹一百卷　(清)姚鉉纂　清光緒九年(1883)江蘇書局刻本　十六册

430000－2423－0001082　413/4△
元文類七十卷目錄三卷　(元)蘇天爵編次

(元)王守誠校訂　明修德堂刻本　十五冊　存六十六卷(一至三十六、四十一至七十)

430000－2423－0001083　413/5
全唐詩九百卷　(清)曹寅等輯　清康熙內府刻本　四冊

430000－2423－0001084　413/5
宋詩鈔初集　(清)呂留良等輯　清康熙十年(1671)吳氏鑒古堂刻本　十七冊

430000－2423－0001085　413/5.1
三十家詩鈔六卷首一卷末一卷　(清)曾國藩纂　(清)王定安增輯　清同治十三年(1874)傳忠書局刻本　四冊　存五卷(二至三、五至六,末一卷)

430000－2423－0001086　413/6
唐詩選十三卷　王闓運選　清宣統三年(1911)東洲刻本　八冊

430000－2423－0001087　413/19
金文雅十六卷　(清)莊仲方編　清光緒十七年(1891)江蘇書局刻本　十六冊

430000－2423－0001088　413/20
七子詩十四卷　(清)沈德潛選　清乾隆十八年(1753)精刻本　二冊

430000－2423－0001089　413/21
八旗文經六十卷　(清)盛昱輯　清光緒二十七年(1901)刻本　十二冊

430000－2423－0001090　413/22
濾月軒詩續集二卷　(清)趙棻撰　清刻本　一冊

430000－2423－0001091　413/23
論語後案二十卷　(清)黃式三撰　清光緒九年(1883)浙江書局刻本　八冊　缺四卷(一至四)

430000－2423－0001092　413/26
館課賦鈔二十卷　(清)林召棠等輯　清道光刻本　二冊　存一卷(二)

430000－2423－0001093　413/27
感舊集十六卷　(清)王士禛選　(清)盧見曾補傳　鉛印本　七冊　缺二卷(三至四)

430000－2423－0001094　413/28
國朝二十四家文鈔二十四卷　(清)徐斐然輯評　清刻本　一冊　存二卷(二十三至二十四)

430000－2423－0001095　413/29
國朝古文正的七卷　(清)楊彝珍輯　清光緒六年(1880)獨山莫氏上海淞隱園鉛印本　六冊

430000－2423－0001096　413/30
國朝駢體正宗十二卷　(清)曾燠輯　清嘉慶十一年(1806)刻本　四冊

430000－2423－0001097　413/32
賦學正鵠集釋十卷　(清)李元度編　清光緒二十年(1894)澹雅書局刻本　六冊

430000－2423－0001098　413/35
林嚴文鈔四卷　林紓　嚴復撰　清宣統三年(1911)上海國學扶輪社鉛印本　四冊

430000－2423－0001099　413/36
歸樸齋詩鈔　(清)曾紀澤撰　清光緒二十年(1894)遵義黎氏川東道署刻四友遺詩本　一冊

430000－2423－0001100　413/37
金文最一百二十卷　(清)張金吾輯　清光緒八年(1882)粵雅堂刻本　二十一冊　存七十二卷(三十四至九十三、一百一至一百四、一百九至一百十六)

430000－2423－0001101　413/38
唐人萬首絕句選七卷　(宋)洪邁輯　(清)王士禎選　清康熙刻本　一冊　存三卷(一至三)

430000－2423－0001102　413/118
後漢書注又補一卷　(清)沈銘彝撰　清光緒十四年(1888)廣雅書局刻本　一冊

430000－2423－0001103　414/1
東武詩存十卷　(清)王賡言纂　清嘉慶二十五年(1820)化香閣刻本　九冊　缺一卷(一)

430000－2423－0001104　414/2
嶺南三大家詩選二十四卷　（清）王隼輯　清同治七年(1868)南海陳氏刻本　一册　存三卷(一至三)

430000－2423－0001105　414/3
沅湘耆舊集二百卷　（清）鄧顯鶴輯　清道光二十三年(1843)新化鄧氏南邨草堂刻本　一册　存三卷(四十八至五十)

430000－2423－0001106　415/1
雁門集十四卷唱和錄一卷　（元）薩都拉撰　清嘉慶十二年(1807)刻本　八册

430000－2423－0001107　415/7
移芝室古文讀本十三卷　（清）楊彝珍撰　清光緒二十二年(1896)刻本　三册　缺三卷(一至三)

430000－2423－0001108　415/9
湘潭郭氏閨秀集　（清）郭潤玉輯　清道光十七年(1837)刻本　一册

430000－2423－0001109　415/11
戴氏三俊集三卷　（清）汪曰楨輯　清光緒四年(1878)烏程汪氏會稽學署刻本　一册

430000－2423－0001110　415/12
桐城方氏七代遺書二十種　（清）方昌翰輯　清光緒十四年(1888)刻本　二册　存二卷(九至十)

430000－2423－0001111　416/5
重刊綸灊文集二十七卷　（明）龍膺撰　清光緒十二年至十四年(1886－1888)武陵龍正楷刻本　一册　存三卷(二十二至二十四)

430000－2423－0001112　416/7
龍壁山房文鈔二卷　（清）王拯撰　清咸豐四年(1854)臨桂唐氏涵通樓刻本　一册

430000－2423－0001113　431/1△
蔡中郎文集十卷　（漢）蔡邕撰　清順治十一年(1654)劉嗣美刻本　三册

430000－2423－0001114　431/1
南滘楛話八卷　（清）蔣超伯輯　清同治刻本　二册

430000－2423－0001115　431/5
陶淵明集六卷　（晉）陶潛撰　清同治九年(1870)刻本　二册

430000－2423－0001116　431/6
陶淵明集六卷　（晉）陶潛撰　清退補齋刻本　一册

430000－2423－0001117　431/8
汗簡八卷　（五代）郭忠恕　（清）鄭珍撰　清光緒十五年(1889)廣雅書局刻本　三册　存五卷(一至五)

430000－2423－0001118　431/12
晉二俊集二種　（宋）徐民瞻輯　清光緒四年(1878)長沙寄生草堂刻本　四册　存十九卷(陸士衡集一至四、六至十，陸士龍集十卷)

430000－2423－0001119　432/1△
唐賢三體詩句法六卷　（宋）周弼選　（元）釋圓至註　（清）高士奇輯　（清）何焯評　清光緒十二年(1886)瀘州鹽局刻朱墨套印本　二册

430000－2423－0001120　432/1
唐詩三百首註釋六卷　（清）孫洙編　（清）章燮註　清光緒十七年(1891)寶慶務本書局刻本　二册　存四卷(一至四)

430000－2423－0001121　432/1
唐詩三百首續選一卷　（清）于慶元編　清光緒十七年(1891)寶慶務本書局刻本　一册

430000－2423－0001122　432/2△
唐大家韓文公文抄十六卷　（唐）韓愈撰　（明）茅坤批評　（明）茅闇叔重訂　清雲林大盛堂刻本　四册

430000－2423－0001123　432/2
唐詩三百首六卷　（清）孫洙編　清光緒龍城曾氏刻本　一册　存三卷(一至三)

430000－2423－0001124　432/3
唐詩六百編八卷　（清）羅汝懷編　清同治十三年(1874)湘潭刻本　二册

430000－2423－0001125　432/4△
李太白文集三十二卷　(唐)李白撰　(清)王琦輯註　清乾隆二十三年(1758)刻本　八册

430000－2423－0001126　432/5
錢考功詩集十卷　(唐)錢起撰　清康熙四十一年(1702)洞庭席氏琴川書屋刻唐詩百名家全集本　一册

430000－2423－0001127　432/6△
溫庭筠詩集七卷詩别集一卷集外詩一卷　(唐)溫庭筠撰　**杜荀鶴文集三卷**　(唐)杜荀鶴撰　清康熙席氏琴川書屋刻本　一册

430000－2423－0001128　432/6
唐陸宣公全集二十二卷　(唐)陸贄撰　清光緒二十九年(1903)揚州益智印書社鉛印本　二册　存九卷(六至十二、二十一至二十二)

430000－2423－0001129　432/7
杜工部詩集二十卷　(唐)杜甫撰　(清)朱鶴齡輯註　清康熙金陵葉永茹刻本　十二册

430000－2423－0001130　432/8
杜詩偶評四卷　(清)沈德潛纂評　清乾隆十二年(1747)賦閑堂刻本　二册

430000－2423－0001131　432/8
唐丞相曲江張文獻公集十二卷附録一卷　(唐)張九齡撰　清光緒十八年(1892)刻本　五册

430000－2423－0001132　432/9
杜詩詳注二十五卷附編二卷　(唐)杜甫撰　(清)仇兆鰲輯註　清康熙三十二年(1693)刻本　二十七册　缺一卷(十七)

430000－2423－0001133　432/9
莆陽黄御史集二秩　(唐)黄滔撰　清光緒十年(1884)福山王氏天壤閣刻本　二册

430000－2423－0001134　432/12
草堂詩餘正集六卷續集二卷别集四卷新集五卷　(明)顧從敬選　明刻本　八册　缺一卷(新集五)

430000－2423－0001135　432/13
中晚唐詩主客圖二卷　(清)李懷民輯　清嘉慶十八年(1813)刻本　四册

430000－2423－0001136　432/15
唐賢三昧集三卷　(清)王士禎編　清康熙二十七年(1688)刻王漁洋全書本　一册

430000－2423－0001137　432/24
唐大家柳柳州文抄十二卷　(唐)柳宗元撰　(明)茅坤評　清雲林大盛堂刻本　三册

430000－2423－0001138　432/25
唐女郎魚玄機詩一卷　(唐)魚玄機撰　清光緒二十年(1894)京師影宋刻本　一册

430000－2423－0001139　432/26
樊川詩集四卷　(唐)杜牧撰　(清)馮集梧註　上海掃葉山房石印本　一册　存一卷(一)

430000－2423－0001140　432/27
樊川詩集四卷　(唐)杜牧撰　(清)馮集梧註　清刻本(德裕堂藏板)　四册

430000－2423－0001141　432/31
杜工部集二十卷　(唐)杜甫撰　清同治十一年(1872)致一齋校刻玉勾草堂本　十册

430000－2423－0001142　432/33
杜工部草堂詩箋二十二卷　(唐)杜甫撰　(宋)魯訔編　(宋)蔡夢弼會箋　清光緒元年(1875)巴陵方氏碧琳琅館廣州刻本　五册

430000－2423－0001143　432/39
李文山詩集三卷　(唐)李群玉撰　清道光二十八年(1848)吴藼馥刻本　一册

430000－2423－0001144　432/45
李衛公文集二十卷别集十卷　(唐)李德裕撰　清光緒十六年(1890)常慊慊齋刻本　五册　缺二卷(文集四至五)

430000－2423－0001145　432/54
白香山長慶集四十卷　(唐)白居易撰　清康熙一隅草堂刻本　三册　存八卷(一至八)

430000－2423－0001146　432/63
李文公集十八卷　(唐)李翱撰　清光緒元年(1875)南海馮氏讀有用書齋刻本　二册

430000－2423－0001147　432/67

李衛公會昌一品集二十卷別集十卷外集四卷補遺一卷　(唐)李德裕撰　清光緒五年(1879)刻畿輔叢書本　六冊

430000－2423－0001148　432/71

杜工部集二十卷　(唐)杜甫撰　(清)錢謙益箋註　清宣統三年(1911)時中書局石印本　六冊　缺五卷(十至十四)

430000－2423－0001149　432/73

韓集點勘四卷　(清)陳景雲撰　清同治九年(1870)江蘇書局刻本　一冊

430000－2423－0001150　432/74

五百家註音辨昌黎先生文集四十卷首一卷　(唐)韓愈撰　清末坊刻本　六冊　存十卷(五、八至九、十三至十四、三十七至四十,首一卷)

430000－2423－0001151　432/77

唐陸宣公集四卷　(唐)陸贄撰　清同治五年(1866)福州正誼書局刻正誼堂全書本　二冊

430000－2423－0001152　432/78

唐陸宣公集二十二卷　(唐)陸贄撰　清同治五年(1866)善化楊氏問竹軒刻本　五冊

430000－2423－0001153　432/79

唐陸宣公集二十二卷　(唐)陸贄撰　清同治五年(1866)善化楊氏問竹軒刻本　五冊

430000－2423－0001154　432/80

唐陸宣公集二十二卷　(唐)陸贄撰　清雍正元年(1723)年羹堯刻本　五冊　缺三卷(一至三)

430000－2423－0001155　432/91

汾湖草堂詩草二卷　(清)周開錫撰　清光緒元年(1875)刻本　一冊　存一卷(上)

430000－2423－0001156　432/105

溫飛卿詩集九卷　(唐)溫庭筠撰　(明)曾益註　(清)顧予咸補註　(清)顧嗣立續註　清康熙三十六年(1697)顧氏秀野草堂刻本　一冊　存三卷(一至三)

430000－2423－0001157　432/112

新刊權載之文集五十卷　(唐)權德輿撰　清嘉慶十一年(1806)刻本　八冊

430000－2423－0001158　432/116

林和靖詩集四卷拾遺一卷　(宋)林逋撰　清同治十二年(1873)長洲朱氏刻本　二冊

430000－2423－0001159　432/123

司空表聖文集十卷　(唐)司空圖著　清光緒三十一年(1905)仁和朱氏結一廬刻本　一冊

430000－2423－0001160　432/130

孟襄陽集三卷　(唐)孟浩然撰　清同治九年(1870)退補齋刻唐四家詩集本　一冊

430000－2423－0001161　432/135

王摩詰詩集七卷　(唐)王維撰　清光緒五年(1879)巴陵方氏碧琳瑯館刻朱墨套印本　二冊

430000－2423－0001162　432/136

王右丞集四卷　(唐)王維撰　清同治九年(1870)退補齋刻唐四家詩集本　一冊

430000－2423－0001163　432/139

韋蘇州集十卷　(唐)韋應物撰　清同治九年(1870)退補齋刻唐四家詩集本　二冊

430000－2423－0001164　432/141

韋蘇州集十卷　(唐)韋應物撰　**抱經堂群書拾補一卷**　清刻本　二冊

430000－2423－0001165　432/146

劉隨州詩集十一卷　(唐)劉長卿撰　清光緒五年(1879)刻畿輔叢書本　二冊

430000－2423－0001166　432/148

劉賓客文集三十卷外集十卷　(唐)劉禹錫撰　清光緒三十一年(1905)仁和朱氏結一廬刻本　五冊

430000－2423－0001167　432/168

五百家註音辨昌黎先生全集四十卷　(唐)韓愈撰　清坊刻本　九冊

430000－2423－0001168　432/171

昌黎先生集四十卷外集十卷遺集一卷　(唐)

韓愈撰　清光緒十九年(1893)慈利吳恭亨刻本　八冊

430000－2423－0001169　432/77－2
唐陸宣公集二十二卷　(唐)陸贄撰　清光緒三年(1877)刻本(太极堂藏板)　一冊　存五卷(一至五)

430000－2423－0001170　432/80－2
唐陸宣公集二十二卷　(唐)陸贄撰　清初刻本　二冊　存二卷(二十一至二十二)

430000－2423－0001171　433/1△
呂東萊先生文集二十卷首一卷　(宋)呂祖謙撰　(清)王崇炳輯　(清)陳思臚校梓　清雍正元年(1723)敬勝堂刻本　八冊

430000－2423－0001172　433/4
陳同甫集三十卷　(宋)陳亮撰　清道光五年(1825)壽經堂刻本　八冊

430000－2423－0001173　433/5
元豐類稿五十卷　(宋)曾鞏撰　清康熙刻本　十冊

430000－2423－0001174　433/6
范忠宣公文集二十卷奏議二卷補遺一卷　(宋)范純仁撰　清康熙歲寒堂刻本　六冊

430000－2423－0001175　433/7
隆平集二十卷　(宋)曾鞏撰　清康熙四十年(1701)七業堂刻本　六冊

430000－2423－0001176　433/8.1
劍南詩稿八十五卷放翁逸稿二卷　(宋)陸游撰　明毛氏汲古閣刻本　二十五冊　存七十四卷(詩稿一至四、八至二十、二十八至七十二、七十六至八十五,逸稿二卷)

430000－2423－0001177　433/8.2
渭南文集五十卷　(宋)陸游撰　明毛氏汲古閣刻本　十冊　缺六卷(一至六)

430000－2423－0001178　433/11
晦庵先生朱文公文集一百卷續集十一卷別集十卷目錄二卷　(宋)朱熹撰　清同治十二年(1873)六安涂氏求我齋刻本　六十一冊　缺十八卷(文集九至十一、二十七至二十八、四十八至四十九、九十一至一百,目錄下)

430000－2423－0001179　433/12
晦庵先生朱文公文集一百卷續集十一卷別集十卷目錄二卷　(宋)朱熹撰　清同治十二年(1873)六安涂氏求我齋刻本　十冊　存二十三卷(文集一至十一、三十一至三十三、四十四至四十五、四十八至四十九、五十二至五十四,目錄二卷)

430000－2423－0001180　433/13
朱子文集十八卷　(宋)朱熹撰　清同治五年(1866)福州正誼書局刻正誼堂全書本　三冊　存七卷(四至五、八至十、十五至十六)

430000－2423－0001181　433/14
宋大家曾文定公文鈔十卷　(明)茅坤批評　(明)茅闇叔重訂　清刻本　二冊　存七卷(一至七)

430000－2423－0001182　433/14
淵鑒齋御纂朱子全書六十六卷　(宋)朱熹撰　清刻本　十五冊　存三十一卷(七至十七、二十二至二十五、三十八至五十三)

430000－2423－0001183　433/15
宋大家蘇文公文鈔十卷宋大家蘇文忠公文鈔二十八卷宋大家蘇文定公文鈔二十卷　(明)茅坤輯　清刻本　十二冊　缺八卷(蘇文忠公文鈔二十五至二十八、蘇文定公文鈔一至四)

430000－2423－0001184　433/16
宋大家王文公文鈔十六卷　(明)茅坤批評　(明)茅闇叔重訂　清刻本　四冊

430000－2423－0001185　433/17
節孝先生集三十卷節孝集事實一卷　(宋)徐積撰　清康熙三十五年(1696)刻本　四冊

430000－2423－0001186　433/18
宋大家歐陽文忠公文鈔三十二卷　(宋)歐陽修撰　(明)茅坤評　清康熙四十二年(1703)雲林大盛堂刻本　七冊

430000－2423－0001187　433/18

歐陽文忠公全集一百五十三卷首一卷附錄五卷　(宋)歐陽修撰　清嘉慶二十四年(1819)歐陽衡刻本　一册　存六卷(一百六至一百十一)

430000－2423－0001188　433/20

歐陽文忠公五代史抄二十卷　(宋)歐陽修撰　(明)茅坤批評　清刻本　三册　存十六卷(一至十六)

430000－2423－0001189　433/50

淮海集十七卷後集二卷淮海詞一卷補遺一卷考證一卷　(宋)秦觀撰　清道光十七年(1837)刻本　六册

430000－2423－0001190　433/68

范文正公文集九卷　(宋)范仲淹撰　清同治八年(1869)福州正誼書院刻本　三册

430000－2423－0001191　433/71

宛陵先生集六十卷拾遺一卷續金鍼詩格一卷　(宋)梅堯臣撰　清道光十年(1830)梁中孚刻本　十五册

430000－2423－0001192　433/74

水心先生別集十六卷　(宋)葉適撰　清同治十年(1871)瑞安孫氏刻本　四册

430000－2423－0001193　433/75

司馬文正公傳家集八十卷　(宋)司馬光撰　(清)陳弘謀重訂　清乾隆六年(1741)陳弘謀刻本　十册　存六十卷(一至三十、四十至四十七、五十九至八十)

430000－2423－0001194　433/76

司馬溫公文集十四卷　(宋)司馬光撰　(清)張伯行重訂　清同治五年(1866)福州正誼書局刻正誼堂全書本　五册

430000－2423－0001195　433/85

豫章先生遺文十二卷　(宋)黄庭堅撰　清乾隆婺源汪氏刻如皋祝氏補刻本　四册

430000－2423－0001196　433/86

羅豫章先生集十卷　(宋)羅從彦撰　(清)張伯行重訂　清同治五年(1866)福州正誼書局刻正誼堂全書本　二册

430000－2423－0001197　433/87

山谷詩集二十卷外集十七卷　(宋)黄庭堅撰　(宋)任淵等註　清光緒義寧陳氏四覺草堂刻本　七册　存十二卷(詩集一至四,外集一至五、八至十)

430000－2423－0001198　433/104

三蘇全集　(宋)蘇洵等撰　清道光十二年(1832)眉州三蘇祠刻本　四十五册　存一百九十一卷(嘉祐集二十卷;東坡全集八十四卷;欒城集一至三十五、四十二至四十八,後集一至六、十四至二十四,三集十卷;應詔集十二卷;斜川集六卷)

430000－2423－0001199　433/105

横塘集二十卷　(宋)許景衡撰　清光緒二年(1876)瑞安孫氏刻本　四册

430000－2423－0001200　433/107

南軒文集四十四卷　(宋)張栻撰　清道光二十五年(1845)綿邑南軒祠刻本　六册

430000－2423－0001201　433/108

南軒文集四十四卷　(宋)張栻撰　清道光二十五年(1845)綿邑南軒祠刻本　六册

430000－2423－0001202　433/110

河南先生文集二十七卷　(宋)尹洙撰　清刻本　二册

430000－2423－0001203　433/128

東萊集註類編觀瀾文甲集二十五卷乙集二十五卷丙集二十卷　(宋)林之奇編　(宋)吕祖謙集註　清光緒十年(1884)碧琳琅館影宋刻本　十二册

430000－2423－0001204　433/129

蘇文忠公詩集五十卷目錄二卷　(宋)蘇軾撰　(清)紀昀評點　清同治八年(1869)韞玉山房刻朱墨套印本　十二册

430000－2423－0001205　433/130

蘇文忠公詩編註集成一百三卷　(宋)蘇軾撰

（清）王文誥輯　清光緒十四年（1888）浙江書局刻本　二十三册　缺八卷（附韻山堂詩集七卷、補遺詩一卷）

430000－2423－0001206　433/131
宋大家蘇文忠公文鈔二十八卷　（宋）蘇軾撰　（明）茅坤批評　清刻本　一册　存四卷（二十五至二十八）

430000－2423－0001207　433/133
蘇詩補註八卷　（宋）蘇軾撰　（清）翁方綱補註　**志道集一卷**　（宋）顧禧撰　清乾隆四十七年（1782）刻本　四册

430000－2423－0001208　433/134
徐騎省集三十卷徐集補遺一卷徐集附錄一卷　（宋）徐鉉撰　**徐騎省集校勘記一卷**　（清）李英元纂　清光緒十六年至十七年（1890－1891）黟南李氏校刻本　八册

430000－2423－0001209　433/135
龍川文集三十卷附錄一卷辨譌考異二卷（宋）陳亮撰　清同治七年（1868）刻本　十册

430000－2423－0001210　433/138
龍洲集十四卷首一卷　（宋）劉過撰　（清）蕭作梅校刊　**玉淵吟稿**　（宋）劉子澄著　清光緒二十五年（1899）蕭氏閑餘軒刻本　一册

430000－2423－0001211　433/139
張南軒先生文集七卷　（宋）張栻撰　清同治五年（1866）福州正誼書院刻本　二册

430000－2423－0001212　433/147
施註蘇詩四十二卷總目二卷　（宋）蘇軾撰（宋）施元之　（宋）顔禧註　（清）邵長蘅等刪補　**續補遺二卷**　（清）馮景補註　**東坡年譜**　（宋）王宗稷編　（清）邵長蘅重訂　清康熙刻本　十一册

430000－2423－0001213　433/148
李延平先生文集四卷　（宋）李侗撰　清同治五年（1866）福州正誼書局刻本　一册

430000－2423－0001214　433/161
黄勉齋先生文集八卷　（宋）黄榦撰　（清）張伯行訂　清同治五年（1866）福州正誼書局刻本　三册

430000－2423－0001215　433/162
鐔津文集十九卷首一卷　（宋）釋契嵩撰　清光緒二十八年（1902）揚州藏經院刻本　四册

430000－2423－0001216　433/163
岳忠武王集八卷末一卷　（宋）岳飛撰　（清）黄邦甯輯　清同治三年（1864）刻本　二册　存五卷（五至八、末一卷）

430000－2423－0001217　433/164
陳克齋先生集五卷　（宋）陳文蔚撰　（清）張伯行重訂　清同治五年（1866）福州正誼書局刻本　一册　存二卷（一至二）

430000－2423－0001218　433/173
文山先生文集二卷　（宋）文天祥撰　清同治五年（1866）福州正誼書局刻本　二册

430000－2423－0001219　433/174
羅鄂州小集六卷　（宋）羅願撰　清光緒十九年（1893）黟縣李氏刻本　一册　存三卷（四至六）

430000－2423－0001220　433/175
尹和靖先生集一卷　（宋）尹焞撰　清同治五年（1866）福州正誼書局刻本　一册

430000－2423－0001221　433/178
廬陵周益國文忠公集二百卷　（宋）周必大撰　（清）歐陽棨重刊　清道光二十八年（1848）歐陽棨刻本　一册　存五卷（一百二十五至一百二十九）

430000－2423－0001222　433/179
韓魏公集二十卷　（宋）韓琦撰　（清）張伯行訂　清同治五年（1866）福州正誼書局刻本　二册　存八卷（一至八）

430000－2423－0001223　433/180
宋李忠定集　（宋）李綱撰　清光緒二十九年（1903）湖南愛日堂校刻本　二十册

430000－2423－0001224　433/110
後山先生集二十四卷　（宋）陳師道撰　清光

緒十一年(1885)番禺陶福祥刻本　四冊

430000－2423－0001225　433/13(1)
朱子語類輯略八卷　(清)張伯行輯　清同治五年(1866)福州正誼書局刻正誼堂全書本　一冊　存二卷(一至二)

430000－2423－0001226　433/135(1)
龍川文集三十卷附錄一卷辨譌考異二卷　(宋)陳亮撰　清同治七年(1868)刻本　一冊　存四卷(十三至十六)

430000－2423－0001227　434/2
元遺山詩集箋注十四卷首一卷末一卷　(金)元好問撰　(元)張德輝類次　(清)施國祁箋　清宣統三年(1911)掃葉山房石印本　一冊　存九卷(一至八、首一卷)

430000－2423－0001228　434/12
遺山先生詩集二十卷　(金)元好問撰　明崇禎十一年(1638)汲古閣刻本　十一冊

430000－2423－0001229　435/1
雲陽集四卷　(元)李祁撰　(明)李東陽校定　清嘉慶十九年(1814)茶陵劉之屏刻本　三冊

430000－2423－0001230　435/2
所安遺集一卷　(元)陳泰撰　清光緒六年(1880)武林節署刻本　一冊

430000－2423－0001231　435/3
元詩選　(清)顧嗣立編　清康熙長洲顧氏秀野草堂刻本　三十一冊

430000－2423－0001232　435/48
余忠宣青陽山房集五卷附錄一卷　(元)余闕撰　清光緒元年(1875)合肥張氏毓秀堂刻廬陽三賢集本　二冊

430000－2423－0001233　435/50
楊仲宏集八卷　(元)楊載撰　清嘉慶十五年(1810)浦城祝氏留香室刻本　一冊

430000－2423－0001234　436/1
太師誠意伯劉文成公全集二十卷　(明)劉基撰　清康熙四十六年(1707)劉元奇溫州刻雍正八年(1730)萬里補刻本　十二冊

430000－2423－0001235　436/2
湛甘泉先生文集三十二卷　(明)湛若水撰　明萬曆刻清康熙重印本　十冊

430000－2423－0001236　436/3
白沙子全集十卷白沙子古詩教解二卷附錄一卷　(明)陳獻章撰　清乾隆三十六年(1771)刻本　十冊

430000－2423－0001237　436/5
震川先生全集三十卷別集十卷　(明)歸有光撰　清康熙歸莊、歸玠刻本　七冊

430000－2423－0001238　436/6
王陽明先生全集二十二卷首一卷　(明)王守仁撰　(清)俞嶙編　清康熙刻本(敦厚堂藏板)　二十四冊

430000－2423－0001239　436/7
何大復先生集三十八卷附錄一卷　(明)何景明撰　清乾隆十五年(1750)刻本　八冊

430000－2423－0001240　436/8
鄭少谷先生全集二十四卷首一卷　(明)鄭善夫撰　(清)鄭炳文校　清道光五年(1825)刻本　十冊

430000－2423－0001241　436/9
荊川文集十八卷　(明)唐順之撰　清康熙五十一年(1712)唐執玉刻本　八冊

430000－2423－0001242　436/11
青邱高季迪先生詩集十八卷遺詩一卷扣舷集一卷鳧藻集五卷　(明)高啟撰　清雍正六年(1728)刻本　八冊

430000－2423－0001243　436/12
念庵羅先生文集二十四卷　(明)羅洪先撰　清雍正七年(1729)羅復晉等校刻本　十二冊

430000－2423－0001244　436/13
文清公薛先生文集二十四卷讀書錄十一卷讀書續錄十二卷從政名言一卷策問一卷理學粹言一卷手稿一卷附行實錄五卷年譜一卷　(明)薛瑄撰　(明)張鼎輯　明萬曆四十二年

(1614)薛士弘刻清雍正十二年(1734)重刊本　二十六册

430000－2423－0001245　436/19
方正學先生遜志齋集二十四卷拾補一卷外紀一卷校勘記一卷　(明)方孝孺撰　(明)張紹謙纂　(清)孫憙重刊　清同治十二年(1873)吳縣孫憙任有容齋刻本　十三册　缺二卷(八至九)

430000－2423－0001246　436/24
太師誠意伯劉文成公全集二十卷　(明)劉基撰　清康熙四十六年(1707)劉元奇溫州刻雍正八年(1730)萬里補刻本　三册　存八卷(八至十、十四至十八)

430000－2423－0001247　436/41
懷麓堂集一百卷首一卷末一卷　(明)李東陽撰　**明李文正公年譜七卷**　(清)法式善輯　(清)唐仲冕增補　清嘉慶八年(1803)隴下學易堂刻本　二十二册

430000－2423－0001248　436/42
霍勉齋集二十二卷　(明)霍與瑕撰　清乾隆三十三年(1768)重修道光三年(1823)補修本　十册

430000－2423－0001249　436/43
劉子全書四十卷首一卷　(明)劉宗周撰　(明)董瑒編　清道光四年至十五年(1824－1835)刻本　二十三册

430000－2423－0001250　436/44
龍谿王先生全集二十二卷　(明)王畿撰　(明)丁賓編　清光緒八年(1882)刻本　十二册

430000－2423－0001251　436/45.1
耐庵奏議存稿十二卷　(清)賀長齡撰　清光緒八年(1882)刻本　五册　存八卷(一至二、七至十二)

430000－2423－0001252　436/45.2
耐庵詩存三卷　(清)賀長齡撰　清咸豐十一年(1861)刻本　一册

430000－2423－0001253　436/45.3
耐庵文存六卷　(清)賀長齡撰　清咸豐十一年(1861)刻本　一册　存二卷(一至二)

430000－2423－0001254　436/45.4
耐庵公牘存稿四卷　(清)賀長齡撰　清光緒八年(1882)刻本　二册

430000－2423－0001255　436/46
困知記二卷續二卷三續一卷四續一卷續補一卷外編一卷附錄一卷整庵先生存稿二十卷整庵續稿十三卷整翁儀訓錄一卷　(明)羅欽順撰　清乾隆二十一年(1756)刻嘉慶四年(1799)闕城房補刻道光六年(1826)重修本　十四册

430000－2423－0001256　436/48
弇山堂別集一百卷　(明)王世貞著　清光緒廣雅書局刻本　二十册

430000－2423－0001257　436/49
樓山堂集二十七卷附熹朝忠節死臣列傳一卷　(明)吳應箕撰　**忠節吳次尾先生年譜一卷**　(清)夏燮編　**樓山遺事**　清同治六年(1867)永寧官廨校刻本　七册

430000－2423－0001258　436/50
王龍谿先生全集二十卷　(明)王畿撰　清道光二年(1822)會稽莫晉校刻本　十册

430000－2423－0001259　436/51
金忠節公文集八卷　(明)金聲撰　清光緒十四年(1888)黟縣李氏刻本　四册

430000－2423－0001260　436/54
明大司馬盧公集十二卷首一卷　(明)盧象昇撰　清光緒元年(1875)刻本　九册

430000－2423－0001261　436/55
明詩別裁集十二卷　(清)沈德潛　(清)周準輯　清乾隆四年(1739)刻本　四册

430000－2423－0001262　436/56
東里文集二十五卷別集聖諭錄三卷奏對錄一卷代言錄一卷　(明)楊士奇撰　清光緒楊觀光刻本　八册

430000－2423－0001263　436/57
何大復詩集二十六卷附錄一卷　（明）何景明撰　清光緒二十一年（1895）長沙張氏湘雨樓刻弘正四傑詩集本　四冊　缺六卷（十六至二十一）

430000－2423－0001264　436/58
康齋先生集十二卷首一卷　（明）吳與弼撰　清道光十五年（1835）刻本　六冊

430000－2423－0001265　436/59
邊華泉詩集七卷　（明）邊貢撰　清光緒二十一年（1895）長沙張氏湘雨樓刻弘正四傑詩集本　四冊

430000－2423－0001266　436/61
劉忠宣公遺集六卷　（明）劉大夏撰　（清）劉乙燃輯　**年譜二卷**　（清）劉世節編次　清光緒元年（1875）劉乙燃刻本　五冊

430000－2423－0001267　436/64
方正學先生集七卷　（明）方孝孺撰　（清）張伯行重訂　清同治五年（1866）福州正誼書局刻本　三冊

430000－2423－0001268　436/65
薛敬軒先生文集十卷　（明）薛瑄撰　（清）張伯行輯　清同治五年（1866）福州正誼書局刻本　三冊

430000－2423－0001269　436/67
太史升庵全集八十一卷　（明）楊慎撰　清乾隆六十年（1795）新都周參元刻本　五冊　存二十一卷（二十四至三十一、四十至四十三、四十七至五十五）

430000－2423－0001270　436/68.1
左忠毅公集三卷附年譜二卷　（明）左光斗撰　清道光二十六年（1846）湘鄉左輝春詠史齋刻本　四冊

430000－2423－0001271　436/68.2
左忠貞公集十一卷附一卷　（明）左懋第撰　清道光二十七年（1847）湘鄉左輝春詠史齋刻本　二冊　存六卷（三至五、九至十一）

430000－2423－0001272　436/71
海叟詩集四卷集外詩一卷　（明）袁凱撰　（清）曹炳曾重輯　清宣統三年（1911）江西印刷局石印本　二冊

430000－2423－0001273　436/74
趙文肅公文集二十三卷　（明）趙大洲撰　清道光十九年（1839）刻本　二冊　存九卷（十五至二十三）

430000－2423－0001274　436/75
青藤書屋文集三十卷　（明）徐渭撰　（明）袁宏道輯　清宣統三年（1911）石印本　七冊　缺五卷（八至十二）

430000－2423－0001275　436/77
西昌王抑庵集四十卷　（明）王直撰　清同治六年（1867）王啟鑅刻本　八冊

430000－2423－0001276　436/78
明張文忠公文集十一卷　（明）張居正撰　清宣統三年（1911）醉古堂石印本　一冊　存四卷（一至四）

430000－2423－0001277　436/79
張龍湖先生文集十五卷詩餘一卷　（明）張治撰　清雍正四年（1726）彭思眷刻本　三冊　存十一卷（一至十一）

430000－2423－0001278　436/80
張陽和文選三卷　（明）張元忭撰　（清）張伯行輯訂　清同治五年（1866）福州正誼堂刻本　一冊

430000－2423－0001279　436/81
周忠介公燼餘錄三卷　（明）周順昌著　**周吏部年譜一卷**　（明）殷獻臣述　**忠介遺事一卷**　清光緒二十九年（1903）太倉唐文治刻本　二冊

430000－2423－0001280　436/82
歐陽南野先生文集五卷　（明）歐陽德撰　（明）李春芳選編　（明）馮惟訥校訂　清道光十五年（1835）蜀江書室刻民國六年（1917）重印本　三冊　存四卷（二至五）

430000－2423－0001281　436/83
雪鴻堂詩蒐逸三卷附錄一卷　（明）謝三秀撰　清咸豐元年（1851）遵義刻本　一册

430000－2423－0001282　436/86
羅整庵先生存稿二卷　（明）羅欽順撰　清同治五年（1866）福州正誼書局刻本　一册

430000－2423－0001283　436/87
魏莊渠先生集二卷　（明）魏校撰　清同治五年（1866）福州正誼書局刻本　一册

430000－2423－0001284　436/89
元城語錄解三卷行錄解一卷　（宋）馬永卿輯　（明）王崇慶解　清光緒十四年（1888）長沙惜陰書局刻惜陰軒叢書本　二册

430000－2423－0001285　436/91
疑雨集四卷　（明）王彦泓撰　清光緒三十一年（1905）長沙郎園葉氏刻本　一册

430000－2423－0001286　436/94
胡敬齋先生文集三卷　（明）胡居仁撰　（清）張伯行輯　清同治五年（1866）福州正誼書局刻本　二册

430000－2423－0001287　436/95
變雅堂集十八卷　（清）杜濬撰　清康熙刻本　一册

430000－2423－0001288　436/96
西涯樂府二卷　（明）李東陽撰　（清）宋澤元校刊　清光緒十一年（1885）山陰宋氏懺花盦刻本　一册

430000－2423－0001289　436/98
駢雅訓纂十六卷　（清）魏茂林撰　清光緒七年（1881）成都淪雅齋刻本　一册　存三卷（十二至十四）

430000－2423－0001290　436/99
重刊綸瀘文集二十七卷　（明）龍膺撰　（清）龍正楷等輯　清光緒十二年至十四年（1886－1888）武陵龍正楷刻本　一册　存三卷（二十五至二十七）

430000－2423－0001291　436/100
冬青館甲集六卷　（清）張鑑撰　清道光十九年（1839）烏程張氏刻本　一册

430000－2423－0001292　437/1
隨輦集十卷續集一卷　（清）高士奇撰　清康熙二十年（1681）刻本　一册

430000－2423－0001293　437/1.3
湘綺先生文集八卷　王闓運撰　清光緒三十三年（1907）長沙劉氏墨莊刻本　四册

430000－2423－0001294　437/1.4
湘綺先生文集八卷　王闓運撰　清光緒三十三年（1907）長沙墨莊劉氏刻本　四册

430000－2423－0001295　437/2
望溪集不分卷　（清）方苞撰　（清）王兆符　（清）程崟輯　清乾隆十一年（1746）刻本　三册

430000－2423－0001296　437/3
養晦堂詩集二卷　（清）劉蓉著　清光緒刻本　二册

430000－2423－0001297　437/4
午亭文編五十卷　（清）陳廷敬撰　清乾隆四十三年（1778）刻本　十六册

430000－2423－0001298　437/5
變雅堂集五卷　（清）杜濬撰　清康熙刻本　四册　存三卷（一至二、五）

430000－2423－0001299　437/7
滄洲近詩十卷　（清）陳鵬年撰　清乾隆刻本　一册　存二卷（五至六）

430000－2423－0001300　437/8
壯悔堂文集十卷遺稿一卷　（清）侯方域撰　清刻本　八册

430000－2423－0001301　437/9
王氏漁洋詩鈔十二卷　（清）王士禛撰　（清）邵長蘅選　清康熙三十四年（1695）刻二家詩鈔本　三册

430000－2423－0001302　437/9
梅村集四十卷目錄二卷　（清）吳偉業撰　清康熙七年（1668）刻本　八册　存三十卷（一

至八、二十一至四十，目錄二卷）

430000－2423－0001303　437/10
吴詩集覽二十卷談藪一卷　（清）吳偉業撰　（清）靳榮藩輯　清乾隆四十年（1775）刻本　二十二册

430000－2423－0001304　437/10
梅村集二十卷　（清）吳偉業撰　清宣統二年（1910）上海國學昌明社石印本　二册　存七卷（七至十、十四至十六）

430000－2423－0001305　437/12
香蘇山館全集十六種　（清）吳嵩梁撰　清嘉慶二十三年（1818）刻本　十册

430000－2423－0001306　437/12
梅村詩集箋註十八卷　（清）吳偉業撰　（清）吳翌鳳箋註　清光緒九年（1883）四川善成堂刻本　八册

430000－2423－0001307　437/13
漁洋山人精華錄箋注十二卷　（清）王士禛撰　（清）金榮箋註　清乾隆刻本　三册　存四卷（七、九至十一）

430000－2423－0001308　437/13
梅莊雜著不分卷　（清）謝濟世撰　清劉永錚、謝際安刻本　一册　存纂言内篇、外篇，西北域記

430000－2423－0001309　437/14
石洲詩話四卷　（清）翁方綱撰　清乾隆刻本　一册

430000－2423－0001310　437/15
施愚山先生學餘文集七卷　（清）施閏章著　（清）施彦淳　（清）施彦恪録輯　清乾隆刻本　二册

430000－2423－0001311　437/16
戴東原集十二卷　（清）戴震撰　**戴東原年譜一卷**　（清）段玉裁撰　清宣統二年（1910）渭南嚴氏孝義家塾成都刻本　四册

430000－2423－0001312　437/17
曝書亭集八十卷附錄一卷　（清）朱彝尊撰　清康熙刻本　八册　缺五卷（一至五）

430000－2423－0001313　437/17.1
曝書亭集箋注二十三卷　（清）朱彝尊撰　（清）孫銀槎輯註　清嘉慶五年（1800）刻本　六册　存十八卷（三至七、十一至二十三）

430000－2423－0001314　437/20
潛研堂文集五十卷詩集十卷　（清）錢大昕撰　清嘉慶十一年（1806）刻本　十六册　缺八卷（文集三十四至三十七、四十七至五十）

430000－2423－0001315　437/22
有懷堂詩稿六卷文稿二十二卷　（清）韓菼撰　清康熙四十二年（1703）刻本　六册

430000－2423－0001316　437/21
古微堂内集三卷　（清）魏源撰　清光緒四年（1878）淮南書局刻本　一册　存二卷（二至三）

430000－2423－0001317　437/21
潛虚先生文集十四卷年譜一卷　（清）宋潛虚（戴名世）撰　清光緒十八年（1892）刻本　七册

430000－2423－0001318　437/23
牧齋有學集詩注十四卷牧齋初學集詩注二十卷　（清）錢謙益撰　（清）錢曾箋註　清乾隆春暉堂刻本　七册　缺十七卷（牧齋初學集詩注四至二十）

430000－2423－0001319　437/24
樊榭山房文集八卷　（清）厲鶚撰　清乾隆四十三年（1778）刻本　四册

430000－2423－0001320　437/25
左海文集十卷詩集六卷　（清）陳壽祺撰　清道光刻本　十册

430000－2423－0001321　437/25
樊山續集二十八卷　樊增祥撰　清光緒三十二年（1906）寫刻本　六册　存二十卷（九至二十八）

430000－2423－0001322　437/26
漁洋山人精華錄箋註十二卷補一卷年譜一卷

（清）王士禎撰　（清）金榮箋註　（清）徐淮纂輯　清鳳翽堂刻本　七册　缺六卷（三至四、七、九至十一）

430000－2423－0001323　437/26.1
漁洋山人精華錄十卷　（清）王士禎撰　（清）林佶輯　清康熙三十九年（1700）精刻本　四册

430000－2423－0001324　437/27
屈翁山詩集八卷　（清）屈大均撰　（清）徐肇元選　清康熙研露齋刻本　四册　存三卷（一至二、五）

430000－2423－0001325　437/29
望溪先生文偶抄一卷　（清）方苞撰　（清）王兆符輯　清乾隆十一年（1746）刻本　一册

430000－2423－0001326　437/29
望溪先生文集十八卷集外文十卷集外文補遺二卷年譜二卷　（清）方苞撰　（清）戴鈞衡編　清咸豐元年至二年（1851－1852）桐城戴氏味經山館刻本　十二册

430000－2423－0001327　437/31
遂懷堂文集箋註十六卷　（清）袁翼撰　（清）朱舲箋註　清咸豐八年（1858）古唐朱氏古懽齋刻本　五册　存十三卷（一至十、十四至十六）

430000－2423－0001328　437/31
望溪先生文集十八卷集外文十卷集外文補遺二卷年譜二卷　（清）方苞撰　（清）戴鈞衡編　清光緒七年（1881）刻本　十二册

430000－2423－0001329　437/32
笛漁小稿十卷　（清）朱昆田撰　清康熙刻本　一册

430000－2423－0001330　437/32
方望溪文鈔六卷　（清）方苞撰　清宣統二年（1910）上海國學扶輪社鉛印本　五册

430000－2423－0001331　437/33
柏堂遺書　（清）方宗誠撰　清光緒桐城方氏刻本　十二册　存四十二卷（志學錄八卷、俟命錄十卷、論文章本原三卷、讀文雜記一卷、說詩章義三卷、陶詩真詮一卷、讀宋鑒論三卷、讀諸子諸儒書雜記一卷、讀史雜記一卷、讀易筆記二卷、書傳補義三卷、讀學庸筆記二卷、禮記集說補義一卷、詩傳補義三卷）

430000－2423－0001332　437/34
鍾山札記四卷　（清）盧文弨撰　清乾隆五十五年（1790）抱經堂刻本　一册

430000－2423－0001333　437/34
紀文達公遺集文十六卷詩十六卷　（清）紀昀撰　清刻本　十二册

430000－2423－0001334　437/35
苑西集十二卷　（清）高士奇撰　清康熙刻本　二册

430000－2423－0001335　437/37
汀風閣詩六卷　（清）戴永植稿　（清）戴世履編次　清乾隆二十五年（1760）刻本　一册

430000－2423－0001336　437/38
遂初堂詩集十六卷文集二十卷別集四卷　（清）潘亦雋撰　（清）潘耒編次　清康熙四十九年（1710）刻本　十六册

430000－2423－0001337　437/39
梅村詩集箋注十八卷　（清）吳偉業撰　（清）吳翌鳳箋註　清乾隆滄浪吟榭刻本　八册

430000－2423－0001338　437/40
松象文集二十卷　（清）汪由敦撰　清乾隆二十三年（1758）刻本　六册

430000－2423－0001339　437/40
黃梨洲先生南雷文約四卷　（清）黃宗羲撰　（清）鄭性訂　（清）鄭大節校　清乾隆刻本　四册

430000－2423－0001340　437/41
吳門補乘十卷　（清）錢思元纂　清乾隆三十八年（1773）刻本　六册

430000－2423－0001341　437/41
南村草堂文鈔二十卷詩鈔二十四卷　（清）鄧顯鶴撰　清咸豐元年（1851）刻本　十二册

430000－2423－0001342　437/42

改堂先生文鈔二卷　(清)唐紹祖撰　清乾隆十八年(1753)刻本　一冊

430000－2423－0001343　437/42

南村草堂詩鈔二十四卷　(清)鄧顯鶴撰　清道光九年(1829)刻本　五冊

430000－2423－0001344　437/43

陶庵文集七卷補遺一卷語錄一卷詩集八卷補遺一卷　(明)黄淳耀撰　清乾隆二十六年(1761)刻本　八冊

430000－2423－0001345　437/44

瑟廬遺詩一卷　(清)章永康撰　清光緒遵義黎氏日本刻本　一冊

430000－2423－0001346　437/45

楊園先生全集五十四卷　(清)張履祥撰　清同治九年(1870)刻本　十五冊　存五十二卷(三至五十四)

430000－2423－0001347　437/45

石園全集三十卷　(清)李元鼎撰　清康熙四十二年(1703)刻本　六冊

430000－2423－0001348　437/46

楊椒山先生文集二卷　(明)楊繼盛撰　(清)張伯行輯　清同治五年(1866)福州正誼書院刻本　一冊

430000－2423－0001349　437/46

恩餘堂經進初稿十二卷續稿二十二卷三稿十一卷恩餘堂策問存課二卷　(清)彭元瑞撰　清乾隆刻本　十七冊

430000－2423－0001350　437/47

蘇鄰遺詩二卷續集一卷　(清)李鴻裔撰　清光緒十四年(1888)遵義黎氏日本東京刻本　一冊

430000－2423－0001351　437/48

宋氏綿津詩鈔八卷　(清)宋犖撰　(清)邵長蘅選　清康熙三十四年(1695)刻二家詩鈔本　九冊

430000－2423－0001352　437/51

茗柯文初編一卷二編二卷三編一卷四編一卷　(清)張惠言撰　清光緒八年(1882)蛟川張氏花雨樓刻本　二冊

430000－2423－0001353　437/52

茗柯文初編一卷二編二卷三編一卷四編一卷　(清)張惠言撰　清光緒八年(1882)蛟川張氏花雨樓刻本　一冊　存三卷(初編一卷、二編上)

430000－2423－0001354　437/59.2

柏堂集後編二十二卷次編十三卷續編二十二卷外編十二卷　(清)方宗誠撰　清光緒六年至十年(1880－1884)刻本　十八冊

430000－2423－0001355　437/60

柏梘山房文集十六卷文續集一卷詩集十卷詩續集二卷駢體文二卷　(清)梅曾亮撰　清咸豐六年(1856)刻本　八冊

430000－2423－0001356　437/61

涵通樓師友文鈔九卷詞鈔三卷　(清)唐岳輯　清咸豐四年(1854)臨桂唐氏涵通樓刻本　六冊　缺四卷(四至五、八至九)

430000－2423－0001357　437/66

曾文正公家書十卷　(清)曾國藩撰　清光緒五年(1879)傳忠書局刻本　二冊　存二卷(五、九)

430000－2423－0001358　437/67

曾惠敏公文集五卷歸樸齋詩鈔戊集二卷己集二卷　(清)曾紀澤撰　清光緒十九年(1893)江南製造總局鉛印本　三冊　缺二卷(文集一至二)

430000－2423－0001359　437/68

湯子遺書十卷附錄一卷　(清)湯斌撰　清康熙四十二年(1703)精刻本　四冊

430000－2423－0001360　437/69

潛庵先生全集五卷疏稿一卷　(清)湯斌著　(清)閻興邦評　(清)田蘭芳校　清同治刻本　五冊　缺三十八頁(卷一之一至三十八頁)

430000－2423－0001361　437/70

湯潛庵先生集二卷 （清）湯斌撰 清同治五年（1866）福州正誼書局刻本 二冊

430000－2423－0001362 437/77
鮚埼亭集三十八卷首一卷年譜一卷 （清）全祖望撰 （清）史夢蛟校 清同治十一年（1872）姚江借樹山房刻本 十二冊

430000－2423－0001363 437/77
鮚埼亭集外編五十卷 （清）全祖望撰 清嘉慶十六年（1811）刻本 十四冊

430000－2423－0001364 437/80
湖海樓詩集十二卷補遺一卷詞集二十卷文集六卷儷體文集十二卷 （清）陳維崧撰 清乾隆六十年（1795）陳淮刻本 十四冊 缺四卷（詞集九至十二）

430000－2423－0001365 437/81
魏季子文集十六卷 （明）魏禮著 （清）魏禧訂 清易堂刻寧都三魏文集本 十二冊

430000－2423－0001366 437/82
魏伯子文集十卷 （明）魏際瑞撰 清道光二十五年（1845）寧都謝庭綬紱園書塾刻本 九冊

430000－2423－0001367 437/83
魏叔子文集外篇二十二卷日錄三卷詩集八卷 （清）魏禧撰 （清）唐景宋校 清道光二十五年（1845）寧都謝庭綬紱園書塾刻寧都三魏全集本 二十九冊

430000－2423－0001368 437/84
古微堂内集二卷外集八卷 （清）魏源撰 清宣統元年（1909）上海國學扶輪社鉛印本 六冊

430000－2423－0001369 437/85
古微堂外集七卷 （清）魏源撰 清刻本 三冊

430000－2423－0001370 437/88
虛受堂文集十五卷 王先謙撰 清光緒二十六年（1900）長沙王氏刻本 四冊

430000－2423－0001371 437/91
養知書屋詩集十五卷文集二十八卷 （清）郭嵩燾撰 清光緒十八年（1892）刻本 九冊 缺十七卷（文集一至十二、二十至二十四）

430000－2423－0001372 437/92
養知書屋詩集十五卷 （清）郭嵩燾撰 清光緒十八年（1892）刻本 四冊

430000－2423－0001373 437/93
養知書屋文集二十八卷 （清）郭嵩燾撰 清光緒十八年（1892）刻本 十二冊

430000－2423－0001374 437/95
養晦堂文集十卷 （清）劉蓉撰 清光緒三年（1877）思賢講舍刻本 三冊 存六卷（三至四、七至十）

430000－2423－0001375 437/96
養素堂詩集二十六卷 （清）張澍撰 清道光二十二年（1842）棗華書屋刻本 十四冊

430000－2423－0001376 437/97
養餘齋初集四卷二集四卷三集六卷 （清）柳樹芳撰 清道光二十七年（1847）勝谿草堂刻本 四冊

430000－2423－0001377 437/100
歷代名儒傳八卷 （清）李清植纂 **歷代名臣傳三十五卷** （清）張江纂 清古唐朱氏古懽齋刻本 三冊 存七卷（名儒傳七至八，名臣傳一至二、九至十一）

430000－2423－0001378 437/102
文貞公集十二卷 （清）張玉書撰 清乾隆五十七年（1792）松蔭堂刻本 六冊

430000－2423－0001379 437/103
張橫渠先生文集十二卷 （宋）張載撰 清同治五年（1866）福州正誼書局刻正誼堂全書本 三冊

430000－2423－0001380 437/104
虛受堂書札二卷 王先謙撰 清光緒三十三年（1907）刻本 二冊

430000－2423－0001381 437/109
研華館詞三卷 （清）羅汝懷撰 清光緒九年

(1883)長沙刻本　一冊

430000－2423－0001382　437/110

揅經室詩錄五卷　(清)阮元撰　清道光刻本　二冊

430000－2423－0001383　437/111

陶堂志微錄五卷　(清)高心夔編　(清)李鴻裔刪定　清光緒八年(1882)平湖朱氏經註經齋刻本　二冊

430000－2423－0001384　437/112

陶堂志微錄五卷　(清)高心夔編　(清)李鴻裔刪定　清光緒八年(1882)平湖朱氏經註經齋刻本　二冊

430000－2423－0001385　437/113

陶園文集八卷詩集二十四卷詩餘二卷　(清)張九鉞撰　清道光二十三年(1843)賜錦樓刻本　八冊　缺六卷(詩集十九至二十四)

430000－2423－0001386　437/120

吳詩集覽二十卷目錄一卷　(清)吳偉業撰　(清)靳榮藩輯註　清乾隆四十年(1775)淩雲亭刻本　二冊　存二卷(二、目錄一卷)

430000－2423－0001387　437/121

桐城吳先生文集四卷　(清)吳汝綸撰　清光緒三十年(1904)吳氏家刻本　四冊

430000－2423－0001388　437/122

吳學士文集四卷詩集五卷　(清)吳鼒撰　(清)梁肇煌　(清)薛時雨編訂　清光緒八年(1882)江寧藩署刻本　六冊

430000－2423－0001389　437/124

古春軒詩鈔二卷　(清)梁德繩撰　清道光二十九年(1849)刻本　一冊

430000－2423－0001390　437/125

春在堂全書　(清)俞樾撰　清光緒刻春在堂全書本　三十一冊　存一百四十二卷(俞樓雜纂五十卷、春在堂雜文二卷續編五卷三編四卷、春在堂詩編一至十、詞錄三卷、春在堂隨筆一至八、春在堂尺牘一至五、楹聯錄存三卷、四書文一卷、右台仙館筆記四至六、茶香室叢鈔二十三卷續鈔二十五卷)

430000－2423－0001391　437/126

御製全史詩六十四卷　(清)仁宗顒琰撰　(清)張師誠註　清嘉慶刻本　二十冊　存四十二卷(三至二十五、三十二至五十)

430000－2423－0001392　437/126

舒藝室隨筆六卷續筆一卷餘筆三卷　(清)張文虎撰　清同治十三年(1874)金陵冶城賓館刻本　三冊

430000－2423－0001393　437/127

抱沖齋詩集三十六卷眠琴仙館詞一卷　(清)斌良撰　清光緒五年(1879)湘南薇垣官署刻本　十二冊

430000－2423－0001394　437/136

大雲山房文稿初集四卷補編一卷二集四卷言事二卷　(清)惲敬撰　清同治八年(1869)刻本　九冊

430000－2423－0001395　437/142

月滄文集八卷首一卷　(清)呂璜撰　清道光二十一年(1841)桂林刻本　二冊　存四卷(一至三、卷首)

430000－2423－0001396　437/143

惜陰書屋遺稿三卷　(清)陶鏡瑩撰　清光緒九年(1883)刻本　二冊

430000－2423－0001397　437/145

桐埜詩集四卷　(清)周起渭撰　清咸豐二年(1852)陳氏世恩堂刻本　二冊

430000－2423－0001398　437/146

桐城方氏七代遺書二十種　(明)方大鎮撰　清光緒十四年(1888)刻本　四冊

430000－2423－0001399　437/148

天岳山館文鈔四十卷　(清)李元度撰　清光緒六年(1880)爽谿精舍刻本　十四冊　存三十六卷(一至八、十一至十三、十六至四十)

430000－2423－0001400　437/149

天遊閣集五卷詩補一卷　(清)顧太清撰　清宣統二年(1910)上海國光印刷所鉛印本

一冊

430000－2423－0001401　437/154
定庵文集三卷補編四卷續錄一卷古今體詩二卷　(清)龔自珍撰　清光緒二十三年(1897)萬本書堂刻本　三冊

430000－2423－0001402　437/155
綠漪草堂文集三十卷首一卷　(清)羅汝懷撰　清光緒九年(1883)長沙刻本　十五冊　存二十一卷(一至二十、首一卷)

430000－2423－0001403　437/156
寒松堂全集十二卷附年譜一卷　(清)魏象樞撰　清嘉慶十六年(1811)刻本　十三冊

430000－2423－0001404　437/157
寒香館文鈔八卷　(清)賀熙齡撰　清道光二十七年(1847)刻本　二冊

430000－2423－0001405　437/158
寒香館詩鈔四卷　(清)賀熙齡撰　清道光二十八年(1848)刻本　二冊

430000－2423－0001406　437/159
秀埜草堂詩集六十六卷秀埜公自訂年譜一卷　(清)顧嗣立撰　清道光二十八年(1848)刻本　十二冊

430000－2423－0001407　437/160
漁洋山人精華錄訓纂十卷目錄二卷漁洋山人自撰年譜二卷　(清)王士禛撰　(清)惠棟編　**訓纂補十卷金氏精華錄箋註辯訛一卷**　(清)惠棟撰　清光緒十七年(1891)會稽徐氏述史樓刻本　十四冊

430000－2423－0001408　437/161
東洲草堂詩鈔三十卷詩餘一卷文鈔二十卷　(清)何紹基撰　清同治六年(1867)長沙無園刻本　十冊　存三十七卷(詩鈔一至三、九至十二、十七至二十三、二十五至三十,詩餘一卷,文鈔一至十二、十七至二十)

430000－2423－0001409　437/162
東塾集六卷申範一卷　(清)陳澧撰　清光緒十八年(1892)菊坡精舍刻本　三冊

430000－2423－0001410　437/164
淮海英靈集甲集四卷乙集四卷丙集四卷丁集四卷戊集四卷壬集一卷癸集一卷　(清)阮元輯錄　清嘉慶三年(1798)儀徵阮氏小琅嬛仙館刻本　七冊

430000－2423－0001411　437/167
太乙舟文集八卷　(清)陳用光撰　清道光十七年(1837)湖北武昌王崇文堂書坊刻本　五冊

430000－2423－0001412　437/168
道榮堂文集六卷滄州近詩十卷　(清)陳鵬年撰　清乾隆二十七年(1762)刻本　十三冊　缺二卷(詩五至六)

430000－2423－0001413　437/170
忠雅堂文集十二卷詩集二十七卷補遺二卷銅絃詞二卷　(清)蔣士銓撰　清同治九年(1870)成都楊會元堂刻本　五冊　缺八卷(文集一至八)

430000－2423－0001414　437/171
芝庭先生集十八卷附錄一卷　(清)彭啟豐撰　清乾隆五十年(1785)刻本　六冊

430000－2423－0001415　437/172
移芝室古文讀本十三卷思舊集一卷芟餘草一卷　(清)楊彝珍撰　清光緒二十二年(1896)刻本　十冊

430000－2423－0001416　437/173.2
紫峴山人詩集二十六卷文集十二卷詩餘二卷　(清)張九鉞撰　清咸豐元年(1851)刻本　十一冊

430000－2423－0001417　437/174
寓意錄四卷　(清)繆曰藻撰　清道光二十年(1840)上海徐氏寒木春華館刻春暉堂叢書本　一冊

430000－2423－0001418　437/177
湛園未定稿六卷　(清)姜宸英撰　清宣統二年(1910)寧波汲綆書局、上海國學扶輪社石印本　五冊　存五卷(一至二、四至六)

430000－2423－0001419　437/178
漆室吟八卷　(清)王柏心撰　清咸豐七年(1857)刻本　四册

430000－2423－0001420　437/181
舒藝室詩存七卷索笑詞二卷　(清)張文虎撰　清咸豐六年(1856)刻本　二册

430000－2423－0001421　437/183
左忠貞公集十一卷附一卷　(明)左懋第撰　(清)左輝春校刊　清道光二十七年(1847)湘鄉左輝春詠史齋刻本　二册　存七卷(三至五、九至十一,附一卷)

430000－2423－0001422　437/184
雲臥山莊詩集八卷首一卷末一卷　(清)郭崑燾撰　清光緒十一年(1885)湘陰郭氏岵瞻堂刻本　四册

430000－2423－0001423　437/185
讀書堂綵衣全集四十六卷　(清)趙士麟撰　清光緒十九年(1893)浙江書局刻本　二册　存十二卷(二十三至三十四)

430000－2423－0001424　437/187
二林居集二十四卷　(清)彭紹升撰　清嘉慶四年(1799)味初堂刻本　三册　存十八卷(一至十八)

430000－2423－0001425　437/189
芳茂山人文集十二卷　(清)孫星衍撰　清光緒十一年(1885)吳縣朱氏槐盧家塾刻本　七册　存十一卷(一至十一)

430000－2423－0001426　437/191
羅臺山文鈔四卷　(清)羅有高撰　鉛印本　二册

430000－2423－0001427　437/192
羅忠節公遺集八卷首一卷　(清)羅澤南撰　清咸豐、同治間長沙刻本　三册

430000－2423－0001428　437/193
趙裘萼公剩稿四卷　(清)趙熊詔撰　(清)趙侗斆編　清乾隆趙侗斆刻本　一册　存三卷(一至三)

430000－2423－0001429　437/194
潘少白先生文集八卷詩集五卷常語二卷　(清)潘諮撰　(清)陳繼昌訂　清道光二十四年(1844)瞻園刻本　四册

430000－2423－0001430　437/196
定庵續集四卷　(清)龔自珍撰　清刻本　二册

430000－2423－0001431　437/200
稽古堂文集二卷　(清)方以智撰　清刻本　一册

430000－2423－0001432　437/202
宋氏綿津詩鈔八卷　(清)宋犖撰　(清)邵長蘅選　清康熙刻本　二册

430000－2423－0001433　437/203
廣雅堂詩集不分卷　(清)張之洞撰　影印本　二册

430000－2423－0001434　437/204
廣雅堂詩集四卷　(清)張之洞撰　清光緒順德龍鳳鑣刻本　二册

430000－2423－0001435　437/205
廣經室文鈔一卷　(清)劉恭冕撰　清光緒十五年(1889)廣雅書局刻本　一册

430000－2423－0001436　437/206
義門先生集十二卷附錄一卷　(清)何焯撰　清宣統三年(1911)中華圖書館石印本　三册　存十卷(一至六、十至十二,附錄一卷)

430000－2423－0001437　437/208
儀顧堂集十六卷　(清)陸心源撰　清同治十三年(1874)福州刻本　四册

430000－2423－0001438　437/210
儀衛軒遺詩二卷　(清)方東樹撰　清光緒十五年(1889)刻本　一册　存二卷(一至二)

430000－2423－0001439　437/212
小謨觴館文註四卷續註二卷　(清)彭兆蓀撰　(清)孫元培　(清)孫長熙纂輯　清道光五年(1825)刻本　二册

430000－2423－0001440　437/214

炳燭齋文集初刻一卷續刻一卷 （明）顧大韶撰 清宣統元年(1909)上海國學扶輪社鉛印本 二冊

430000－2423－0001441 437/214.1
西廬文集四卷 （清）張雋撰 清宣統二年(1910)上海國學扶輪社鉛印本 二冊

430000－2423－0001442 437/215
樂餘靜廉齋文稿一卷 （清）顧復初撰 清同治六年(1867)成都刻本 一冊

430000－2423－0001443 437/216
鳴鶴堂文集十卷 （清）任源祥撰 清光緒十五年(1889)刻本 四冊 存八卷(一至三、六至十)

430000－2423－0001444 437/219
萬山草堂詩集六卷 （清）李登雲撰 清光緒三十三年(1907)武林刻本 二冊

430000－2423－0001445 437/223
天岳山館文鈔四十卷 （清）李元度撰 清光緒六年(1880)爽谿精舍刻本 三冊 存七卷(十四、十九至二十、三十五至三十八)

430000－2423－0001446 437/224
篋衍集十二卷 （清）陳維崧撰 上海國光書局鉛印本 四冊

430000－2423－0001447 437/225
綠野齋文集四卷 （清）劉鴻翱撰 清道光七年(1827)李廷錫刻本 四冊

430000－2423－0001448 437/226
存悔齋集二十八卷外集四卷 （清）劉鳳誥撰 清道光十年(1830)刻本 八冊

430000－2423－0001449 437/230
墨香閣文集十三卷首一卷末一卷 （清）彭維新撰 清道光二年(1822)茶陵彭氏刻本 四冊

430000－2423－0001450 437/235
容甫先生遺詩五卷補遺一卷附錄一卷 （清）汪中撰 清宣統二年(1910)上海國光印刷所鉛印本 一冊

430000－2423－0001451 437/239
述學内篇三卷補遺一卷外篇一卷別錄一卷附錄一卷校勘記一卷 （清）汪中撰 清光緒二十三年(1897)豐城余氏寶墨齋刻本 二冊 缺一卷(内篇中)

430000－2423－0001452 437/243
尊聞居士集八卷附錄一卷 （清）羅有高撰 清光緒七年(1881)刻本 八冊

430000－2423－0001453 437/247
增訂少嵒賦草四卷 （清）夏思恬撰 清同治怡和堂刻本 四冊

430000－2423－0001454 437/247
顯志堂稿十二卷夢奈詩稿一卷 （清）馮桂芬撰 清光緒二年(1876)校邠廬刻本 六冊

430000－2423－0001455 437/248
少嵒改課偶存四卷 （清）夏思恬撰 清同治怡和堂刻本 四冊

430000－2423－0001456 437/249
少嵒詩稿二十二卷另一卷 （清）夏思恬撰 清同治怡和堂刻本 六冊

430000－2423－0001457 437/251
倭文端公遺書十一卷首二卷 （清）倭仁撰 清同治元年(1862)刻本 八冊

430000－2423－0001458 437/253
海峰先生文十卷詩六卷 （清）劉大櫆撰 （清）徐宗亮編 清同治十三年(1874)刻本 六冊 缺三卷(詩一至三)

430000－2423－0001459 437/256.1
金粟山房詩草六卷 （清）張培仁撰 清道光三十年(1850)刻本 二冊

430000－2423－0001460 437/256.2
確安先生詩鈔八卷文鈔六卷 （清）陳瑚著 （清）葉裕仁編次 清光緒二年(1876)合肥蒯德模安道書院刻陸陳二先生詩文鈔本 四冊

430000－2423－0001461 437/257
耐庵奏議存稿十二卷耐庵文存六卷 （清）賀長齡撰 清咸豐十一年至光緒八年(1861－

1882)刻本　二冊　存六卷(奏議五至六、文存三至六)

430000－2423－0001462　437/258
晚學集八卷　(清)桂馥撰　(清)桂顯沈錄　清道光二十一年(1841)刻本　三冊

430000－2423－0001463　437/259
悔餘庵詩稿十三卷文稿九卷　(清)何栻撰　清同治四年(1865)鳩江戎幄刻本　七冊

430000－2423－0001464　437/260
聽園詩鈔十六卷　(清)王楷撰　清光緒五年(1879)長沙刻本　四冊

430000－2423－0001465　437/262
槐軒雜著四卷　(清)劉沅撰　清同治七年(1868)致福樓刻本　二冊　存二卷(一至二)

430000－2423－0001466　437/265
蠡勺編四十卷　(清)淩揚藻撰　清同治二年(1863)南海伍氏粤雅堂刻本　七冊　存二十九卷(十二至四十)

430000－2423－0001467　437/266
切問齋文鈔三十卷　(清)陸燿輯　清道光四年(1824)崇陽楊國楨刻本　八冊

430000－2423－0001468　437/268
秋錦山房集二十二卷　(清)李良年撰　(清)李潮偕編　清康熙刻本　三冊　存十四卷(四至十、十六至二十二)

430000－2423－0001469　437/269
秋樹讀書樓遺集十六卷　(清)史善長撰　清道光十六年(1836)刻本　一冊　存四卷(五至八)

430000－2423－0001470　437/271
兩當軒集二十二卷考異二卷附錄四卷　(清)黄景仁撰　清光緒二年(1876)刻本　四冊

430000－2423－0001471　437/272
兩當軒集二十二卷　(清)黄景仁撰　清宣統二年(1910)掃葉山房石印本　一冊　存四卷(一至四)

430000－2423－0001472　437/273
蒼莨初集二十一卷　(清)孫鼎臣撰　清咸豐五年(1855)刻本　六冊

430000－2423－0001473　437/275
癸巳類稿十五卷癸巳存稿十五卷　(清)俞正燮撰　清道光十三年(1833)求日益齋刻本　八冊　存十七卷(類稿一至十四,存稿十三至十五)

430000－2423－0001474　437/276
蕉林詩集不分卷　(清)梁清標撰　清康熙十七年(1678)刻本　八冊

430000－2423－0001475　437/277
甌北集三十三卷　(清)趙翼撰　清乾隆刻本　六冊

430000－2423－0001476　437/277
滇繫四十卷　(清)師範纂輯　清刻本　八冊　存五卷(五之一,七之六,八之八至十、十二,九之二,十之一至二)

430000－2423－0001477　437/278
甌北集五十三卷　(清)趙翼撰　清刻本　六冊　存十五卷(十二至十七、三十五至四十一、四十四至四十五)

430000－2423－0001478　437/280
甘泉鄉人稿二十四卷餘稿二卷年譜一卷　(清)錢泰吉撰　清同治十一年(1872)錢氏刻本　五冊　缺三卷(七至九)

430000－2423－0001479　437/282
梨洲遺著彙刊　(清)黄宗羲著　清宣統二年(1910)上海時中書局鉛印本　十九冊

430000－2423－0001480　437/283.1
寶綸堂文鈔八卷詩鈔六卷　(清)齊召南撰　清光緒十三年(1887)金峨山館刻本　六冊

430000－2423－0001481　437/284
海愚詩鈔十二卷　(清)朱孝純撰　清乾隆五十九年(1794)刻本　四冊

430000－2423－0001482　437/285
海天琴思錄八卷　(清)林昌彝撰　清同治三年(1864)刻本　四冊

430000－2423－0001483　437/287
簡松草堂詩集二十卷　(清)張雲璈撰　清嘉慶十二年(1807)刻本　五册　存十四卷(一至二、六至八、十二至二十)

430000－2423－0001484　437/289
測海集六卷　(清)彭紹升撰　清嘉慶二十四年(1819)刻本(寶翰樓藏板)　二册

430000－2423－0001485　437/291
午亭文編五十卷　(清)陳廷敬撰　清乾隆四十三年(1778)刻本　七册　存二十二卷(一至十七、三十八至四十、四十九至五十)

430000－2423－0001486　437/293
尺云軒文集二卷續編一卷詩集四卷秋窗疊韻詩一卷　(清)朱實發撰　清道光十四年(1834)刻本　三册

430000－2423－0001487　437/295
尺牘新鈔十二卷　(清)周亮工輯　清番禺潘氏刻海山仙館叢書本　一册　存三卷(七至九)

430000－2423－0001488　437/298
柈湖文集十二卷首一卷　(清)吳敏樹撰　清光緒十九年(1893)思賢講舍刻本　四册

430000－2423－0001489　437/299
瓶水齋詩集十六卷別集二卷　(清)舒位撰　清光緒十二年(1886)刻本　六册

430000－2423－0001490　437/300
少嶽文稿二卷　(清)夏思恬撰　清同治怡和堂刻本　二册

430000－2423－0001491　437/303
汪羅彭薛四家合鈔十五卷　(清)汪縉等撰　清宣統二年(1910)上海國學扶輪社鉛印本　三册　存九卷(汪大紳文鈔一至二、彭尺木文鈔六卷、薛家三遺文一卷)

430000－2423－0001492　437/304
聽園文存八卷　(清)張學尹撰　清同治十一年(1872)師白山房刻本　四册

430000－2423－0001493　437/305
因寄軒文初集十卷二集六卷　(清)管同撰　清光緒五年(1879)刻本　三册　缺二卷(二集五至六)

430000－2423－0001494　437/306
謝疊山先生集二卷　(宋)謝枋得撰　清同治五年(1866)福州正誼書院刻正誼堂全書本　一册

430000－2423－0001495　437/307
松風草堂謝琴詩鈔四卷　(清)吳景潮編　清嘉慶二十年(1815)新安吳氏松風草堂刻本　一册

430000－2423－0001496　437/308
樂園文鈔八卷首一卷　(清)嚴如熤撰　清道光刻本　四册

430000－2423－0001497　437/312
五十自定稿一卷六十自定稿一卷　(清)王夫之撰　清同治四年(1865)湘鄉曾氏金陵書局刻船山遺書本　一册

430000－2423－0001498　437/313
薑齋文集十卷　(清)王夫之撰　清同治四年(1865)湘鄉曾氏金陵書局刻船山遺書本　一册

430000－2423－0001499　437/314
鈍翁文集十六卷　(清)汪琬撰　清宣統二年(1910)國學扶輪社石印本　八册

430000－2423－0001500　437/315
劉文清公遺集十七卷應制詩集三卷　(清)劉墉撰　清道光六年(1826)東武劉氏味經書屋刻本　四册

430000－2423－0001501　437/316
笠翁文集十卷偶集六卷　(清)李漁撰　上海會文堂書局石印笠翁一家言全集本　六册　存十一卷(一至四、六至十,偶集五至六)

430000－2423－0001502　437/317
李忠武公書牘二卷附錄一卷　(清)李續賓撰　清光緒十七年(1891)甌江巡署刻本　二册

430000－2423－0001503　437/319

考信錄提要二卷 (清)崔述撰 清光緒元年(1875)木活字本 一册

430000－2423－0001504 437/325
潛書四卷 (清)唐甄撰 (清)王聞遠編 清光緒九年(1883)中江李氏刻本 四册

430000－2423－0001505 437/327
陶堂志微錄五卷形景盦續錄一卷陶堂遺文一卷恤誦一卷碑執一卷 (清)高心夔編 (清)李鴻裔刪定 清光緒八年(1882)平湖朱氏經註經齋刻本 四册 缺一卷(五)

430000－2423－0001506 437/328
蘇盦文錄二卷駢文錄五卷詩錄八卷詞錄一卷 (清)楊葆光撰 清光緒九年(1883)杭州刻本 四册

430000－2423－0001507 437/329
蘇鄰遺詩二卷 (清)李鴻裔撰 清光緒十四年(1888)遵義黎氏日本東京刻本 一册

430000－2423－0001508 437/330
話山草堂詩鈔四卷詞鈔一卷論語比一卷操縵易知一卷 (清)沈道寬撰 (清)沈敦蘭校刊 清光緒三年(1877)潤州榷廨刻本 四册 缺二卷(詩鈔一、四)

430000－2423－0001509 437/334
西廬文集四卷補錄一卷 (清)張雋撰 清宣統二年(1910)上海國學扶輪社鉛印本 一册 存二卷(一至二)

430000－2423－0001510 437/335
西垣詩鈔二卷西垣黔苗竹枝詞一卷 (清)毛貴銘撰 清光緒十年(1884)長沙王氏刻本 一册 缺一卷(上)

430000－2423－0001511 437/338
比玉樓遺稿詩一卷文一卷詞一卷曲一卷 (清)黃振均撰 清光緒刻本 一册

430000－2423－0001512 437/340
歷代名人書札續編二卷 (清)吳曾祺輯 商務印書館鉛印本 一册 存一卷(一上)

430000－2423－0001513 437/341
東坡烏台詩案一卷 (宋)朋九萬撰 清光緒元和江氏京師刻本 一册

430000－2423－0001514 437/342
惲子居文鈔四卷 (清)惲敬撰 清宣統二年(1910)上海國學扶輪社石印本 四册

430000－2423－0001515 437/344
餘姚黃忠端公集六卷 (明)黃尊素撰 清光緒十三年(1887)正氣堂刻本 一册

430000－2423－0001516 437/345
集虛齋學古文十二卷 (清)方楘如撰 (清)方超然開雕 清乾隆十九年(1754)佩古堂刻本 一册 存三卷(四至六)

430000－2423－0001517 437/346
解春集詩鈔三卷 (清)馮景撰 清乾隆抱經堂刻本 一册

430000－2423－0001518 437/347
鐵厓詠史八卷小樂府一卷 (元)楊維禎撰 (清)宋澤元校訂 清光緒十二年(1886)懺華盦刻四家詠史樂府本 三册

430000－2423－0001519 437/349
聽香禪室詩集八卷 (清)釋芳圃撰 清光緒二十二年(1896)長沙刻本 一册 存四卷(一至四)

430000－2423－0001520 437/350
韻山堂詩集七卷 (清)王文誥撰 清光緒十四年(1888)浙江書局刻本 一册

430000－2423－0001521 437/351
汗青閣文集二卷 (明)方中履著 清光緒十四年(1888)桐城方氏刻本 一册 存一卷(上)

430000－2423－0001522 437/351
思適齋集十八卷 (清)顧廣圻撰 清道光二十九年(1849)上海徐氏刻本 一册 存八卷(一至八)

430000－2423－0001523 437/352
半巖廬遺文一卷 (清)邵懿辰撰 清光緒三十四年(1908)刻本 一册

430000－2423－0001524　437/354
安雅堂文集二卷　(清)宋琬撰　清康熙五年(1666)刻本　一册

430000－2423－0001525　437/355
怡志堂文初編六卷　(清)朱琦撰　清同治三年至四年(1864－1865)京師刻本　二册

430000－2423－0001526　437/357
阮齋文鈔四卷　(清)勞孝輿撰　(清)馮公侯編次　清乾隆二十八年(1763)刻本(荷經堂藏板)　一册

430000－2423－0001527　437/359
洛言一卷　(清)賈臻著　清咸豐四年(1854)刻本　一册

430000－2423－0001528　437/361
使黔草三卷　(清)何紹基撰　清咸豐刻本　二册

430000－2423－0001529　437/363
桴亭先生詩鈔八卷　(清)陸世儀撰　(清)蒯德模校刊　(清)葉裕仁編次　清光緒二年(1876)刻本　二册

430000－2423－0001530　437/364
桴亭先生文鈔六卷　(清)陸世儀撰　清同治九年(1870)刻本　二册

430000－2423－0001531　437/365
珠江遺愛吟一卷　(清)張人瑞　(清)張人龍編　**釣珊遺草一卷**　(清)張人鑒著　清同治三年(1864)錦城刻本　一册

430000－2423－0001532　437/366
緩雅堂駢體文八卷　(清)王詒壽撰　清光緒六年(1880)刻本　二册

430000－2423－0001533　437/369
龍壁山房文集五卷　(清)王拯撰　清光緒九年(1883)善化向氏刻本　二册

430000－2423－0001534　437/370
明大司馬盧公集十二卷首一卷　(明)盧象昇撰　清光緒元年(1875)刻本　一册　存一卷(首一卷)

430000－2423－0001535　437/371
舜水文集二十五卷　(明)朱之瑜撰　鉛印本　一册　存一卷(十)

430000－2423－0001536　437/372
七十自定稿一卷柳岸吟一卷落花詩一卷　(清)王夫之撰　清同治四年(1865)湘鄉曾氏金陵書局刻船山遺書本　一册

430000－2423－0001537　437/373
簪花閣遺稿一卷　(清)郭潤玉撰　**紅薇吟館遺草一卷**　(清)郭秉慧撰　清道光十七年(1837)刻湘潭郭氏閨秀集本　一册

430000－2423－0001538　437/374
退思軒詩集六卷補遺一卷　(清)張百熙撰　清宣統三年(1911)京師鉛印本　一册

430000－2423－0001539　437/375
郘亭詩鈔六卷　(清)莫友芝撰　清咸豐二年(1852)遵義湘川講舍刻本　一册　存三卷(一至三)

430000－2423－0001540　437/377
二曲全集二十六卷　(清)李顒撰　(清)王心敬摭次　清掃葉山房石印本　一册　存二卷(十七至十八)

430000－2423－0001541　437/378
長真閣集七卷詩餘一卷　(清)席佩蘭撰　清嘉慶十七年(1812)刻本　一册

430000－2423－0001542　437/379
後甲集二卷　(清)章大來撰　清光緒刻本　一册

430000－2423－0001543　437/385
問字堂集六卷　(清)孫星衍撰　清刻本　一册　存三卷(一至三)

430000－2423－0001544　437/386
褱節錄一卷　(清)李續賓撰　清光緒十七年(1891)甌江巡署刻本　一册

430000－2423－0001545　437/387
鄦菴集十八卷首一卷　曾廉撰　清宣統三年(1911)邵陽曾氏會輔堂刻本　一册　存二卷

（十五至十六）

430000－2423－0001546　437/390
四水子遺著一卷　（清）錢友泗撰　**邠農偶吟稿一卷**　（清）錢炳森撰　清同治十一年（1872）刻本　一冊

430000－2423－0001547　437/393
三松堂集四卷　（清）潘奕雋撰　清刻本　二冊

430000－2423－0001548　437/394
竹南賦略一卷　（清）張九鐔撰　清嘉慶十七年（1812）刻本　一冊

430000－2423－0001549　437/395
笙雅堂文集四卷　（清）張九鐔撰　清乾隆刻本　一冊　存一卷（一）

430000－2423－0001550　437/399
來鶴山房文鈔二卷　（清）朱琦撰　清咸豐四年（1854）臨桂唐氏涵通樓刻本　一冊

430000－2423－0001551　437/400
未谷詩集四卷　（清）桂馥撰　（清）桂顯沈錄　清道光二十一年（1841）刻本　二冊

430000－2423－0001552　437/403
雕菰集二十四卷　（清）焦循撰　清刻本　一冊　存四卷（四至七）

430000－2423－0001553　437/404
松圓偈庵集二卷　（明）程嘉燧撰　清宣統順德鄧氏風雨樓鉛印本　二冊

430000－2423－0001554　437/405
琅嬛仙館詩略八卷　（清）阮元撰　清嘉慶十三年（1808）刻本　二冊

430000－2423－0001555　437/408
國朝金陵文鈔十六卷首一卷末一卷　（清）陳作霖輯　清光緒二十三年（1897）刻本　十六冊

430000－2423－0001556　437/412
曬書堂文集十二卷　（清）郝懿行撰　清光緒十年（1884）東路廳署刻郝氏遺書本　一冊　存三卷（一至三）

430000－2423－0001557　437/414
宋大家曾文定公文鈔十卷　（宋）曾鞏撰　（明）茅坤重訂　清刻本　一冊　存三卷（八至十）

430000－2423－0001558　437/415
誦芬詩略三卷黄忠端公［尊素］年譜二卷　（清）黄炳垕編輯　清同治九年（1870）刻本，年譜光緒元年（1875）留書種閣刻本　一冊

430000－2423－0001559　437/418
方望溪評點史記四卷　（清）方苞撰　清刻本　一冊

430000－2423－0001560　437/40－1
南雷文定前集十一卷　（清）黄宗羲撰　清宣統二年（1910）上海時中書局鉛印本　一冊

430000－2423－0001561　437/16－1
經考五卷　（清）戴震撰　南陵徐氏據福山王氏天壤閣傳抄本刻本　一冊　存三卷（一至三）

430000－2423－0001562　437/16－2
戴東原集十二卷　（清）戴震撰　（清）段玉裁編　清乾隆五十七年（1792）經韻樓刻本　四冊

430000－2423－0001563　437/258－1
晚學集八卷附元魏滎陽鄭文公摩崖碑跋　（清）桂馥撰　清光緒會稽章氏刻式訓堂叢書本　二冊

430000－2423－0001564　437/262－2
槐軒雜著外編四卷韻語存外編一卷　（清）劉沅撰　（清）劉咸炘編次　（清）楊世賢刻　清同治七年（1868）刻本（扶經堂藏板）　二冊

430000－2423－0001565　437/298（1）
柈湖文集十二卷首一卷　（清）吴敏樹撰　清光緒十九年（1893）思賢講舍刻本　四冊

430000－2423－0001566　437/9（1）
王氏漁洋詩鈔十二卷　（清）王士禎撰　（清）邵長蘅選　清康熙三十四年（1695）刻二家詩鈔本　二冊

430000－2423－0001567　442/1
詞綜三十四卷　(清)朱彝尊輯　清康熙刻本　三冊　存十二卷(五至八、二十二至二十五、二十九至三十二)

430000－2423－0001568　442/2
絕妙好詞箋七卷　(宋)周密輯　(清)查爲仁　(清)厲鶚箋註　**絕妙好詞續鈔一卷**　(宋)周密輯　(清)余集鈔撮　清道光八年(1828)徐懋杭州愛日軒刻本　四冊

430000－2423－0001569　442/4
瑤華集二十二卷附一卷　(清)蔣景祁輯　清康熙二十五年(1686)天藜閣刻本　八冊

430000－2423－0001570　443/6
蜀桐絃詞一卷海風簫詞一卷　(清)顧復初撰　清咸豐六年(1856)刻本,海風簫詞同治四年(1865)錦城刻本　一冊

430000－2423－0001571　455/3
廿一史彈詞註十卷　(明)楊慎撰　(清)張仲璜註　清康熙四十九年(1710)刻本　八冊

430000－2423－0001572　459.3/1
中原音韻不分卷　(元)周德清撰　(明)王文璧增註　(明)葉以震校正　明刻本(九思堂藏板)　一冊

430000－2423－0001573　461/5
池北偶談二十六卷　(清)王士禛撰　(清)王廷掄校　清刻本(文粹堂藏板)　十冊　存二十二卷(一至十五、二十至二十六)

430000－2423－0001574　461/6
右臺仙館筆記十六卷　(清)俞樾撰　清光緒刻春在堂全書本　四冊　存十三卷(一至三、七至十六)

430000－2423－0001575　461/7
籜廊瑣記九卷　(清)王濟宏撰　清咸豐四年(1854)晉文齋刻本　四冊

430000－2423－0001576　461/9
雙梅景闇叢書　葉德輝輯　清光緒、宣統間長沙葉氏郎園刻本　二冊　存九卷(青樓集一卷、板橋雜記三卷、吳門畫舫錄一卷、乾嘉詩壇點將錄一卷、東林點將錄一卷附考一卷、足本乾嘉詩壇點將錄一卷)

430000－2423－0001577　461/13
牂柯客談七卷　曾廉撰　清光緒三十二年(1906)刻邵陽曾氏三種本　二冊　存三卷(二、六至七)

430000－2423－0001578　461/14
泊宅編三卷　(宋)方勺撰　明刻稗海本　一冊

430000－2423－0001579　461/15
驂鸞錄一卷續一卷　(宋)范成大撰　**驂鸞吟稿一卷**　(清)張祥河撰　清道光二十五年(1845)刻本　二冊

430000－2423－0001580　461/16
三輔決錄一卷莊子注一卷　(清)茆泮林輯　清道光十四年(1834)梅瑞軒刻十種古逸書本　一冊

430000－2423－0001581　461/5(1)
池北偶談二十六卷　(清)王士禛撰　(清)王廷掄校　清刻本(文粹堂藏板)　十冊

430000－2423－0001582　465/1
文史通義八卷　(清)章學誠撰　清光緒十九年(1893)粵東菁華閣刻本　二冊　存四卷(一至二、四至五)

永州市祁陽陶鑄圖書館古籍普查登記目録

全國古籍普查登記目録

國家圖書館出版社
National Library of China Publishing House

430000－2415－0000001　012－4
十三經註疏四百十六卷　(清)阮元撰　清同治十年(1871)尊經閣刻本　二十冊　存一百五十六卷(論語注疏二十卷、孟子注疏十四卷、爾雅注疏十卷、孝經注疏九卷、春秋公羊傳注疏二十八卷、春秋穀梁傳注疏二十卷、周易注疏校勘記十卷、尚書注疏校勘記二十卷、毛詩注疏校勘記二十卷、禮記注疏校勘記五卷)

430000－2415－0000002　012－6
宋本十三經註疏附校勘記　清光緒十三年(1887)脈望仙館石印本　十三冊　存一百五十六卷(周禮注疏四十二卷、周易正義十卷、尚書正義二十卷、毛詩正義四十卷、爾雅注疏十卷、孟子注疏十四卷、論語注疏二十卷)

430000－2415－0000003　013－7
宋本十三經註疏附校勘記四百十六卷　(漢)鄭玄註　(唐)孔穎達等疏　(清)楊泗孫署檢　清光緒十三年(1887)脈望仙館石印本　三十六冊　存三百四十七卷(周禮注疏四十二卷、毛詩注疏四十卷、爾雅注疏十卷、孟子注疏十四卷、春秋穀梁傳注疏二十卷、論語注疏二十卷、春秋公羊傳注疏二十八卷、儀禮注疏五十卷、禮記注疏六十三卷、春秋左傳注疏六十卷)

430000－2415－0000004　013－8
宋本十三經註疏附校勘記　清光緒十三年(1887)脈望仙館石印本　三十冊

430000－2415－0000005　014－10
十三經註疏校勘記識語四卷　(清)汪文臺撰　(清)丁仁煒署檢　清光緒十三年(1887)上海點石齋石印本　一冊

430000－2415－0000006　014－11
阮刻十三經註疏附校勘記四百十六卷　清光緒十三年(1887)點石齋石印本　十七冊　存三百三卷(爾雅注疏十卷、孟子注疏十四卷、春秋穀梁傳注疏二十卷、論語注疏二十卷、孝經注疏九卷、春秋公羊傳注疏二十八卷、春秋左傳注疏六十卷、周禮注疏四十二卷、毛詩注疏七十卷、周易注疏十卷、尚書注疏二十卷)

430000－2415－0000007　014－12
十三經註疏附校勘記四百十六卷　清光緒十三年(1887)點石齋石印本　三冊　存十二卷(孟子注疏一至四、論語注疏一至四、孝經注疏一至二、毛詩注疏七至八)

430000－2415－0000008　014－13
宋本十三經註疏附校勘記　清光緒十三年(1887)脈望仙館石印本　三十二冊

430000－2415－0000009　015－16
十三經註疏四百十六卷　(清)阮元撰　清稽古樓刻本　八十四冊

430000－2415－0000010　016－20
經義述聞三十二卷　(清)王引之撰　清道光七年(1827)京師西江米巷壽藤書屋刻本　十一冊　存二十三卷(一至二十三)

430000－2415－0000011　016－21
經學輯要二十四卷　(清)吳澄夫撰　清光緒二十三年(1897)上海點石齋石印本　六十三冊

430000－2415－0000012　016－24
篤志齋經解五卷　(清)張應譽撰　清同治十年(1871)南皮張氏刻本　一冊　存三卷(篤志齋周易解一至三)

430000－2415－0000013　S024－31
太乙神數四十卷　(清)羅集福重訂　清淩云山房刻本　十二冊

430000－2415－0000014　S025－34
大易集義　(清)周道腴纂述　(清)屈嵋雪校正　清乾隆五十三年(1788)紉蘭堂刻本　三冊

430000－2415－0000015　S026－64
李氏易傳十七卷釋文一卷　(唐)李鼎祚集解　清乾隆二十一年(1756)盧見曾雅雨堂刻本　八冊

430000－2415－0000016　S021－3
御纂周易折中二十二卷　(清)李光地等撰

清康熙五十四年(1715)武英殿刻本　九冊

430000－2415－0000017　021－2
御纂周易折中二十二卷　(清)李光地等撰　清同治六年(1867)浙江書局刻本　十冊

430000－2415－0000018　024－30
御纂周易折中二十二卷　(清)李光地等撰　清光緒二十年(1894)上海書局石印本　二冊

430000－2415－0000019　026－54
御纂周易折中二十二卷　(清)李光地等撰　清刻本　六冊　存十卷(一至六、九至十二)

430000－2415－0000020　026－55
御纂周易折中二十二卷　(清)李光地等撰　清刻本　十八冊

430000－2415－0000021　025－38
御纂周易折中二十二卷　(清)李光地等撰　清漱芳閣摹刻本　二冊　存四卷(五至八)

430000－2415－0000022　026－63
重刊宋本周易註疏附校勘記　(清)阮元撰　清嘉慶二十年(1815)江西南昌府學刻本　一冊

430000－2415－0000023　025－51
周易註疏校勘記九卷　(清)阮元撰　清同治十三年(1874)湖南書局刻本　二冊

430000－2415－0000024　025－50
周易註疏九卷　(三國魏)王弼註　(唐)孔穎達正義　清同治十三年(1874)湖南書局刻本　六冊

430000－2415－0000025　025－48
周易正義九卷　(三國魏)王弼註　(唐)孔穎達疏　(唐)陸德明音義　(清)阮元校勘　清嘉慶二十年(1815)刻本　五冊　存八卷(二至九)

430000－2415－0000026　025－52
周易正義九卷　(三國魏)王弼註　(唐)孔穎達疏　(唐)陸德明音義　(清)阮元校勘　清刻本　一冊　存三卷(五至七)

430000－2415－0000027　025－37
周易本義十二卷易圖一卷五贊一卷筮儀一卷　(宋)朱熹撰　清刻本　二冊

430000－2415－0000028　026－61
周易本義十二卷附音訓　(清)劉世讜輯　清同治四年(1865)金陵書局刻本　二冊

430000－2415－0000029　024－33
周易指四十七卷　(清)端木國瑚著　清道光刻本　十五冊　存二十六卷(一至二十一、三十二至三十三、三十六至三十八)

430000－2415－0000030　021－1
周易程傳八卷　(宋)程頤撰　清同治五年(1866)金陵書局刻本　三冊

430000－2415－0000031　021－1/2
周易程傳八卷　(宋)程頤撰　清同治五年(1866)金陵書局刻本　三冊

430000－2415－0000032　025－39
周易集解纂疏三十六卷　(清)李道平著　清光緒十七年(1891)湖南長沙思賢講舍刻本　三冊　存二十卷(十至二十一、二十九至三十六)

430000－2415－0000033　025－46
周易觀玩新義四卷　(清)孫謐撰　清光緒十七年(1891)王氏補刻本　二冊

430000－2415－0000034　024－32
新刻來瞿唐先生易注十五卷首一卷末一卷　(明)來知德撰　清同治刻本　十二冊

430000－2415－0000035　026－60
愼詒堂易經四卷　(宋)朱熹集註　清經綸堂書屋刻本　二冊

430000－2415－0000036　025－40
愼詒堂易經四卷　(宋)朱熹集註　清湖南永州安定堂富記刻本　二冊

430000－2415－0000037　025－41
易說旁通十卷　(明)吳嶽撰　清同治十年(1871)佑啟堂刻本　十冊

430000－2415－0000038　025－43
易經來注圖解十五卷首一卷末一卷　(明)來

知德撰　清道光二年(1822)同志堂刻本　十冊

430000-2415-0000039　025-44
易象淺述九卷　(清)陳夢雷撰　(清)雪樵甫輯　清道光二年(1822)同志堂刻本　九冊

430000-2415-0000040　025-45
古微書三十六卷　(明)孫瑴編　清刻本　一冊　存六卷(易緯首下、尚書中候三卷、尚書緯璿璣鈐一卷、尚書緯考靈曜一卷)

430000-2415-0000041　026-53
易經如話十二卷首一卷　(清)汪烜撰　清同治十二年(1873)常州曲水書局木活字本　六冊

430000-2415-0000042　026-56
乾坤兩卦解一卷　(清)湯斌撰　清同治刻本　一冊

430000-2415-0000043　026-59
郭氏傳家易說十一卷　(宋)郭雍撰　清重刻武英殿聚珍版叢書本　十冊

430000-2415-0000044　025-42
論易間筆講義二卷　(清)鄧逢光撰　清道光二十七年(1847)刻本　二冊

430000-2415-0000045　031-2
重刊宋本尚書註疏附校勘記二十卷　(清)阮元撰　清嘉慶二十年(1815)江西南昌府學刻本　八冊

430000-2415-0000046　031-3
重刊宋本尚書註疏附校勘記二十卷　(清)阮元撰　清嘉慶二十年(1815)江西南昌府學刻本　四冊　存十三卷(一至十、十五至十七)

430000-2415-0000047　031-4
尚書註疏二十卷　(唐)孔穎達疏　清同治十三年(1874)湖南書局刻本　四冊　存十二卷(一至五、十四至二十)

430000-2415-0000048　031-5
尚書註疏校勘記二十卷　(清)阮元撰　清同治十三年(1874)湖南書局刻本　一冊　存十一卷(一至十一)

430000-2415-0000049　031-1
尚書集傳六卷　(宋)蔡沈集傳　清同治五年(1866)金陵書局刻本　四冊

430000-2415-0000050　031-6
尚書集傳六卷　(宋)蔡沈集傳　清同治五年(1866)金陵書局刻本　四冊

430000-2415-0000051　032-7
尚書引義六卷　(清)王夫之撰　清同治四年(1865)湘鄉曾氏金陵節署刻本　一冊　存三卷(一至三)

430000-2415-0000052　S033-17
欽定書經傳說彙纂二十一卷首二卷書序一卷　(清)王頊齡等撰　清長沙尊經閣刻本　十七冊

430000-2415-0000053　032-9
欽定書經傳說彙纂二十一卷首二卷書序一卷　(清)王頊齡等撰　清同治十一年(1872)江西書局刻本　十六冊

430000-2415-0000054　032-8
欽定書經傳說彙纂二十一卷首二卷書序一卷　(清)王頊齡等撰　清漱芳齋摹刻本　四冊　存十卷(三至四、十至十一、十四至十六、二十至二十一、書序一卷)

430000-2415-0000055　033-18
欽定書經傳說彙纂二十一卷首二卷書序一卷　(清)王頊齡等撰　清刻本　八冊　存十六卷(三至七、十二至二十一、書序一卷)

430000-2415-0000056　033-16
欽定書經傳說彙纂二十一卷首二卷書序一卷　(清)王頊齡等撰　清光緒二十年(1894)上海書局石印本　二冊

430000-2415-0000057　033-15
書經集傳六卷　(宋)蔡沈撰　清同治十三年(1874)湖南書局刻本　三冊

430000-2415-0000058　S034-5
欽定詩經傳說彙纂二十一卷首二卷詩序二卷

(清)王鴻緒等撰　清雍正五年(1727)刻本　二十六册

430000－2415－0000059　034－3
欽定詩經傳説彙纂二十一卷首二卷詩序二卷　(清)王鴻緒等撰　清同治七年(1868)閩浙總督馬新貽摹刻本　一册　存二卷(首二卷)

430000－2415－0000060　034－8
欽定詩經傳説彙纂二十一卷首二卷詩序二卷　(清)王鴻緒等撰　清同治十一年(1872)江西書局刻本　十七册　存二十二卷(一至二、四至九、十一至十八、二十至二十一,首二卷,詩序二卷)

430000－2415－0000061　034－1
欽定詩經傳説彙纂二十一卷首二卷詩序二卷　(清)王鴻緒等撰　清光緒二十年(1894)上海書局石印本　二册

430000－2415－0000062　036－21
欽定詩經傳説彙纂二十一卷首二卷詩序二卷　(清)王鴻緒等撰　清刻本　一册　存一卷(五)

430000－2415－0000063　035－15
重刊宋本毛詩註疏四十卷附校勘記四十卷　(唐)孔穎達疏　(清)阮元撰　清嘉慶二十年(1815)南昌府學刻本　二十册

430000－2415－0000064　035－11
毛詩音韻考四卷畧言一卷　(清)程以恬撰　清道光四年(1824)研經堂木活字本　三册　存四卷(一、三至四,畧言一卷)

430000－2415－0000065　035－12
毛詩註疏二十卷　(唐)孔穎達疏　清同治十三年(1874)湖南書局刻本　十八册　存十九卷(一至二、四至二十)

430000－2415－0000066　035－13
毛詩註疏校勘記二十卷　(清)阮元撰　清同治十三年(1874)湖南書局刻本　四册

430000－2415－0000067　036－23
詩傳不分卷　(周)端木賜撰　**詩説不分卷**　(漢)申培著　清光緒二十年(1894)湖南藝文書局刻本　一册

430000－2415－0000068　035－10
詩傳不分卷　(周)端木賜撰　**詩考**　(元)王應麟撰　**詩説**　(漢)申培撰　清仿汲古閣刻本　一册

430000－2415－0000069　035－9
詩外傳十卷　(漢)韓嬰著　清仿汲古閣刻本　一册

430000－2415－0000070　036－25
韓詩外傳十卷　(漢)韓嬰撰　清光緒三年(1877)湖北崇文書局刻本　一册

430000－2415－0000071　036－24
韓詩外傳十卷　(漢)韓嬰撰　清光緒二十年(1894)湖南藝文書局刻本　二册　存八卷(一至八)

430000－2415－0000072　034－4
詩經集傳八卷詩序辨説一卷　(宋)朱熹集傳　清同治五年(1866)金陵書局刻本　五册

430000－2415－0000073　034－7
詩經集傳八卷詩序辨説一卷　(宋)朱熹集傳　清同治五年(1866)金陵書局刻本　五册

430000－2415－0000074　034－6
詩經增訂旁訓八卷　(宋)朱熹集傳　清刻本　一册　存二卷(四至五)

430000－2415－0000075　041－8
重刊宋本周禮註疏附校勘記四十二卷　(漢)鄭玄註　(唐)賈公彦疏　清嘉慶二十年(1815)江西南昌府學刻本　二十册

430000－2415－0000076　041－9
周禮註疏四十二卷　(漢)鄭玄註　(唐)賈公彦疏　清嘉慶二十年(1815)江西南昌府學刻本　四册　存十四卷(四至七、十一至十四、三十七至四十二)

430000－2415－0000077　041－10
周禮註疏四十二卷　(漢)鄭玄註　(唐)賈公彦疏　清同治十三年(1874)湖南書局刻本

十六冊

430000－2415－0000078　043－16

欽定周官義疏四十八卷首一卷　(清)高宗弘曆敕撰　清同治七年(1868)浙江撫署摹刻本　二十二冊　存四十七卷(一至四十六、首一卷)

430000－2415－0000079　043－17

欽定周官義疏四十八卷首一卷　(清)高宗弘曆敕撰　清同治十一年(1872)江西撫署補刻本　二十四冊　存三十八卷(一至三十二、三十六至三十七、四十至四十二,首一卷)

430000－2415－0000080　042－11

欽定周官義疏四十八卷首一卷　(清)高宗弘曆敕撰　清江西書局刻本　三十四冊　存四十七卷(一至二十、二十三至四十八,首一卷)

430000－2415－0000081　042－12

欽定周官義疏四十八卷首一卷　(清)高宗弘曆敕撰　清光緒十九年(1893)湖南寶慶漱芳閣刻本　十冊　存二十卷(五至六、十至十六、二十二至二十七、三十一至三十二、四十五至四十七)

430000－2415－0000082　042－13

欽定周官義疏四十八卷首一卷　(清)高宗弘曆敕撰　清光緒二十年(1894)上海書局石印本　四冊

430000－2415－0000083　043－18

周禮註疏四十二卷　(漢)鄭玄註　(唐)賈公彥疏　清光緒石印本　一冊　存十四卷(十五至二十八)

430000－2415－0000084　041－5

周禮鄭注六卷　(漢)鄭玄註　(唐)陸德明音義　清同治十三年(1874)湖南書局刻本　六冊

430000－2415－0000085　041－7

周禮述註二十四卷　(清)李光坡述註　清刻本　一冊　存三卷(二十二至二十四)

430000－2415－0000086　042－14

周官指掌五卷　(清)莊存與撰　清道光九年(1829)刻本　一冊　存二卷(一至二)

430000－2415－0000087　S043－15

周官辨一卷　(清)方苞撰　清乾隆刻本　一冊

430000－2415－0000088　S046－7

欽定儀禮義疏四十八卷首二卷　(清)高宗弘曆敕撰　清乾隆十三年(1748)内府刻本　三十九冊　存四十八卷(一至二十一、二十三至四十六、四十八,首二卷)

430000－2415－0000089　044－1

欽定儀禮義疏四十八卷首二卷　(清)高宗弘曆敕撰　清江西書局刻本　四十三冊

430000－2415－0000090　045－5

欽定儀禮義疏四十八卷首二卷　(清)高宗弘曆敕撰　清刻本　二十四冊　存四十六卷(一至四十四、首二卷)

430000－2415－0000091　053－10

欽定儀禮義疏四十八卷首二卷　(清)高宗弘曆敕撰　清刻本　一冊　存二卷(七至八)

430000－2415－0000092　044－3

欽定儀禮義疏四十八卷首二卷　(清)高宗弘曆敕撰　清光緒二十年(1894)上海書局石印本　五冊

430000－2415－0000093　044－2

欽定儀禮義疏四十八卷首二卷　(清)高宗弘曆御撰　清光緒石印本　二冊

430000－2415－0000094　052－9

重刊宋本儀禮註疏附校勘記五十卷　(漢)鄭玄註　(唐)賈公彥疏　清嘉慶二十年(1815)江西南昌府學刻本　十七冊

430000－2415－0000095　051－8

重刊宋本儀禮註疏附校勘記五十卷　(漢)鄭玄註　(唐)賈公彥疏　清嘉慶二十年(1815)江西南昌府學刻本　八冊　存三十二卷(一至五、十二至二十三、三十三至四十七)

430000－2415－0000096　045－4/2

儀禮註疏校勘記十七卷　(清)阮元撰　清同治十三年(1874)湖南書局刻本　四冊

430000－2415－0000097　045－4
儀禮註疏十七卷　(漢)鄭玄註　(唐)賈公彥疏　清同治十三年(1874)湖南書局刻本　八冊　存十一卷(一至八、十一、十六至十七)

430000－2415－0000098　053－12
儀禮註疏十七卷附唐陸德明音義　(漢)鄭玄註　(唐)賈公彥疏　**論語註疏二十卷**　(三國魏)何晏集釋　(宋)邢昺疏　清同治十年(1871)湖南長沙尊經閣刻本　十冊　存二十七卷(儀禮注疏十一至十七、論語注疏二十卷)

430000－2415－0000099　053－11
儀禮註疏附校勘記五十卷　(漢)鄭玄註　(唐)賈公彥疏　清末石印本　一冊　存二十六卷(二十五至五十)

430000－2415－0000100　054－1
重刊宋本禮記註疏附校勘記六十三卷　(漢)鄭玄註　(唐)孔穎達疏　清嘉慶二十年(1815)江西南昌府學刻本　二十八冊

430000－2415－0000101　055－8
禮記註疏校勘記六十三卷　(漢)鄭玄註　(唐)孔穎達疏　清同治十年(1871)湖南省城尊經閣刻本　九冊　存五十八卷(六至六十三)

430000－2415－0000102　062－17
禮記註疏校勘記六十三卷　(漢)鄭玄註　(唐)孔穎達疏　清光緒十三年(1887)點石齋石印本　四冊

430000－2415－0000103　054－3
重刊宋本禮記註疏附校勘記六十三卷　(漢)鄭玄註　(唐)孔穎達疏　清光緒十八年(1892)湖南寶慶務本書局刻本　十六冊　存五十卷(一至十三、十九至三十五、三十九至五十八)

430000－2415－0000104　055－5
禮記註疏六十三卷　(漢)鄭玄註　(唐)孔穎達疏　清刻本　三冊　存八卷(三至四、八至十、十五至十七)

430000－2415－0000105　056－12
欽定禮記義疏八十二卷首一卷　(清)高宗弘曆敕撰　清尊經閣刻本　六十九冊

430000－2415－0000106　062－19
欽定禮記義疏八十二卷首一卷　(清)高宗弘曆敕撰　清刻本　三十二冊

430000－2415－0000107　063－24
欽定禮記義疏八十二卷首一卷　(清)高宗弘曆敕撰　清刻本　二十八冊　存四十九卷(一至七、十至十一、十四至二十七、三十九至四十六、四十九至五十、五十五至六十三、七十七至八十二,首一卷)

430000－2415－0000108　061－16
欽定禮記義疏八十二卷首一卷　(清)高宗弘曆敕撰　清光緒十九年(1893)湖南寶慶漱芳閣刻本　十五冊　存三十五卷(一至十一、十五至十七、二十至二十二、二十六至二十八、四十七至四十九、五十一至五十二、六十八至六十九、七十三至七十四、七十八至八十二,首一卷)

430000－2415－0000109　063－25
欽定禮記義疏八十二卷首一卷　(清)高宗弘曆敕撰　清光緒二十年(1894)上海書局石印本　六冊

430000－2415－0000110　055－10
禮記集說十卷　(元)陳澔撰　清同治三年(1864)浙江撫署刻本　十冊

430000－2415－0000111　055－11
禮記集說十卷　(元)陳澔撰　清同治五年(1866)金陵書局刻本　十冊

430000－2415－0000112　061－13
禮記集說十卷　(元)陳澔撰　清同治五年(1866)金陵書局刻本　十冊

430000－2415－0000113　055－7
禮記集說十卷　(元)陳澔撰　清同治十三年

(1874)江西書局刻本　十冊

430000－2415－0000114　054－2
禮記集說十卷　(元)陳澔撰　清刻本(三讓堂藏板)　八冊　存九卷(二至十)

430000－2415－0000115　055－4
禮記集說十卷　(元)陳澔撰　清刻本(三讓堂藏板)　十冊

430000－2415－0000116　055－6
禮記集說十卷　(元)陳澔撰　清刻本(文光堂藏板)　十冊

430000－2415－0000117　062－18
禮記集說十卷　(元)陳澔撰　清刻本　一冊　存一卷(六)

430000－2415－0000118　061－14
潯陽萬氏禮記讀本十卷　(元)陳澔撰　清西昌鴻文齋刻本　十冊

430000－2415－0000119　062－22
大戴禮記十三卷　(漢)戴德撰　清光緒二十年(1894)藝文書局刻本　二冊

430000－2415－0000120　066－16
重刊宋本左傳註疏附校勘記六十卷　(晉)杜預註　(唐)孔穎達疏　清嘉慶二十年(1815)江西南昌府學刻本　三十冊

430000－2415－0000121　066－18
重刊宋本左傳註疏附校勘記六十卷　(晉)杜預註　(唐)孔穎達疏　清湖南寶慶務本書局刻本　十八冊　存四十八卷(一至二、九至四十一、四十四至四十五、五十至六十)

430000－2415－0000122　071－23
春秋左傳註疏校勘記六十卷　(晉)杜預註　(唐)孔穎達疏　(唐)陸德明音義　(清)阮元校　清同治十年(1871)湖南省城尊經閣刻本　十冊

430000－2415－0000123　071－24
春秋左傳註疏六十卷　(晉)杜預註　(唐)孔穎達疏　清同治十三年(1874)湖南書局刻本　十七冊　存五十一卷(一至三、七至九、十六至六十)

430000－2415－0000124　073－28
春秋左傳註疏校勘記六十卷　(晉)杜預註　(唐)孔穎達疏　(唐)陸德明音義　(清)阮元校　清同治十三年(1874)湖南書局刻本　六冊

430000－2415－0000125　065－7
欽定春秋左傳讀本三十卷　(清)英和等輯　清道光二年(1822)刻本　一冊　存二卷(一至二)

430000－2415－0000126　065－8
欽定春秋左傳讀本三十卷　(清)英和等輯　清同治八年(1869)刻武英殿本　十六冊　存二十九卷(一至二十九)

430000－2415－0000127　065－6
春秋左傳三十卷　(晉)杜預註　(唐)陸德明音義　(宋)林堯叟附註　(清)馮李驊集解　清同治七年(1868)楚北崇文書局刻本　十二冊

430000－2415－0000128　065－9
春秋左繡三十卷　(清)馮李驊　(清)陸浩評輯　清華川書屋刻本　十二冊

430000－2415－0000129　066－11
春秋左繡三十卷　(晉)杜預註　(唐)陸德明音釋　(宋)林堯叟附註　(清)馮李驊增訂　清三槐書屋刻本　七冊　存十八卷(二至三、七至九、十三至十八、二十一至二十七)

430000－2415－0000130　066－10
春秋左繡三十卷　(晉)杜預註　(唐)陸德明音釋　(宋)林堯叟附註　(清)馮李驊增訂　清宣統三年(1911)上海會文堂石印本　八冊

430000－2415－0000131　066－10/2
春秋左繡三十卷　(晉)杜預註　(唐)陸德明音釋　(宋)林堯叟附註　(清)馮李驊增訂　清宣統三年(1911)上海會文堂石印本　十六冊

430000－2415－0000132　071－22

春秋左傳杜注補輯三十卷首一卷 （清）姚培謙撰 清同治五年（1866）金陵書局刻本 十冊

430000－2415－0000133 071－22/2
春秋左傳杜注補輯三十卷首一卷 （清）姚培謙撰 清同治五年（1866）金陵書局刻本 三冊 存八卷（一至二、十至十五）

430000－2415－0000134 072－26
春秋不傳十二卷 （清）湯啟祚撰 清嘉慶二十四年（1819）維揚大東門外文奎齋刻本 四冊

430000－2415－0000135 066－13
春秋年表不分卷 （宋）岳珂刊補 **春秋名號歸一圖** （三國蜀）馮繼先撰 清同治十三年（1874）江西書局刻本 一冊

430000－2415－0000136 072－25
春秋經傳集解三十卷 （晉）杜預撰 清刻本 十四冊 存二十八卷（一至二十八）

430000－2415－0000137 064－5
左傳便讀六卷 （清）魏承樾刪定 清同治十年（1871）樹德堂刻本 六冊

430000－2415－0000138 066－12
左傳紀事本末五十三卷 （清）高士奇撰 清刻本 一冊 存五卷（十八至二十二）

430000－2415－0000139 071－20
左傳義法舉要一卷 （清）方苞口述 （清）王兆符 （清）程崟傳述 清刻本 一冊

430000－2415－0000140 075－7
重刊宋本公羊註疏附校勘記二十八卷 （漢）何休註 （唐）陸德明音義 清嘉慶二十年（1815）江西南昌府學刻本 八冊

430000－2415－0000141 075－4
春秋公羊傳十一卷 （漢）何休註 （唐）陸德明音義 清同治七年（1868）湖北崇文書局刻本 四冊

430000－2415－0000142 075－6
春秋公羊註疏二十八卷 （漢）何休註 （唐）陸德明音義 清同治十年（1871）刻本 六冊 存二十一卷（一至八、十二至二十四）

430000－2415－0000143 075－8
春秋公羊註疏二十八卷 （漢）何休註 （唐）陸德明音義 清同治十年（1871）湖南省城尊經閣刻本 六冊 存十五卷（一至十五）

430000－2415－0000144 075－5
春秋公羊註疏二十八卷 （漢）何休註 （唐）陸德明音義 清同治十三年（1874）湖南書局刻本 七冊 存二十五卷（一至七、十一至二十八）

430000－2415－0000145 074－3
春秋公羊註疏校勘記二十八卷 （清）阮元撰 清同治十三年（1874）湖南書局刻本 二冊

430000－2415－0000146 076－5
重刊宋本穀梁註疏附校勘記二十卷 （晉）范甯集解 （唐）楊士勛疏 （唐）陸德明音義 清嘉慶二十年（1815）江西南昌府學刻本 四冊

430000－2415－0000147 076－1
春秋穀梁註疏二十卷 （晉）范甯集解 （唐）楊士勛疏 （唐）陸德明音義 清同治十三年（1874）湖南書局刻本 四冊

430000－2415－0000148 076－3
春秋穀梁註疏校勘記二十卷 （清）阮元撰 清同治十三年（1874）湖南書局刻本 一冊

430000－2415－0000149 076－2
重刊宋本穀梁註疏附校勘記二十卷 （晉）范甯集解 （唐）楊士勛疏 （唐）陸德明音義 清光緒十八年（1892）湖南寶慶務本書局刻本 三冊 存十二卷（一至七、十六至二十）

430000－2415－0000150 S083－24
春秋通論四卷 （清）方苞撰 清乾隆九年（1744）刻本 一冊 存二卷（一至二）

430000－2415－0000151 S082－15
御纂春秋直解十二卷 （清）傅恒等撰 清刻本 七冊

430000－2415－0000152　082－13
欽定春秋傳説彙纂三十八卷首二卷　（清）王掞等撰　清同治九年（1870）浙江撫署摹刻本　二十册

430000－2415－0000153　082－17
欽定春秋傳説彙纂三十八卷首二卷　（清）王掞等撰　清同治十一年（1872）江西書局刻本　二十四册

430000－2415－0000154　082－14
欽定春秋傳説彙纂三十八卷首二卷　（清）王掞等撰　清光緒十九年（1893）湖南寶慶漱芳閣摹刻本　四册　存十二卷（一至六、十一至十三、十九至二十一）

430000－2415－0000155　081－9
欽定春秋傳説彙纂三十八卷首二卷　（清）王掞等撰　清光緒二十年（1894）上海書局石印本　三册

430000－2415－0000156　081－12
欽定春秋傳説彙纂三十八卷首二卷　（清）王掞等撰　清刻本　三十册

430000－2415－0000157　081－10
春秋集注十一卷　（宋）張洽撰　清光緒十七年（1891）求志書局鉛印本　四册

430000－2415－0000158　082－18
春秋比事目録四卷　（清）方苞撰　清抗希堂刻本　二册

430000－2415－0000159　083－21
春秋繁露十七卷　（漢）董仲舒撰　清光緒二十年（1894）湖南藝文書局刻本　三册

430000－2415－0000160　083－22
春秋繁露十七卷　（漢）董仲舒撰　清刻本　四册

430000－2415－0000161　082－16
篤志齋春秋解二卷　（清）張應譽撰　清同治十年（1871）南皮張氏刻本　一册

430000－2415－0000162　085－7
孝經註疏九卷　（宋）邢昺撰　清同治十年（1871）湖南省城尊經閣刻本　一册

430000－2415－0000163　085－5
重刊宋本孝經註疏附校勘記九卷　（唐）玄宗李隆基註　（宋）邢昺疏　清同治十二年（1873）江西書局刻本　二册

430000－2415－0000164　085－6
重刊宋本孝經註疏附校勘記九卷　（唐）玄宗李隆基註　（宋）邢昺疏　清光緒十八年（1892）湖南寶慶務本書局刻本　一册

430000－2415－0000165　S094－2
大學大全不分卷　（清）汪份增訂　清雍正六年（1728）青畏堂刻本　四册

430000－2415－0000166　094－1
大學衍義補輯要十二卷首一卷　（清）陳弘謀輯　清宣統元年（1909）刻本　十二册

430000－2415－0000167　095－2
中庸章句本義彙參六卷首一卷　（清）王步青輯　清乾隆敦復堂刻本　二册　存五卷（一至二、五至六，首一卷）

430000－2415－0000168　095－3
中庸章句本義彙參六卷首一卷　（清）王步青輯　清乾隆敦復堂刻本　一册　存二卷（一至二）

430000－2415－0000169　095－4
中庸衍義十七卷　（明）夏良勝撰　清同治十年（1871）刻本　八册　存十三卷（一至八、十三至十七）

430000－2415－0000170　095－1
中庸大全不分卷　（宋）朱熹撰　清遄喜齋刻本　五册

430000－2415－0000171　091－5
論語集注大全二十卷　（明）胡廣等撰　（清）汪份增訂　清康熙四十一年（1702）遄喜齋刻本　十五册

430000－2415－0000172　092－6
論語集注本義彙參二十卷　（清）王步青輯　清敦復堂刻本　六册　存十三卷（一至六、十

四至二十）

430000－2415－0000173　091－2

論語註疏校勘記二十卷　（清）阮元撰　清同治十三年（1874）湖南書局刻本　二冊

430000－2415－0000174　091－3

論語註疏二十卷附音義　（三國魏）何晏註　（宋）邢昺疏　（唐）陸德明音義　清同治十三年（1874）湖南書局刻本　四冊

430000－2415－0000175　091－4

重刊宋本論語註疏附校勘記二十卷　（漢）何晏註　（宋）邢昺疏　清光緒十八年（1892）湖南寶慶書局刻本　三冊

430000－2415－0000176　092－7

二論引端四卷　（清）劉忠輯　清刻本　一冊

430000－2415－0000177　093－12

重刊宋本孟子註疏附校勘記十四卷　（漢）趙岐註　（宋）孫奭疏　清嘉慶二十年（1815）江西南昌府學刻本　二冊　存四卷（一至四）

430000－2415－0000178　093－4

孟子註疏十四卷　（漢）趙岐註　（宋）孫奭疏　清同治十年（1871）湖南省城尊經閣刻本　八冊

430000－2415－0000179　093－11

孟子註疏校勘記十四卷附孝經註疏校勘記九卷　（清）阮元撰　清同治十三年（1874）湖南書局刻本　二冊

430000－2415－0000180　093－6

孟子註疏附校勘記十四卷　（漢）趙岐註　（宋）孫奭疏　清光緒八年（1882）湖南寶慶務本書局刻本　六冊

430000－2415－0000181　093－5/2

孟子註疏附校勘記十四卷　（漢）趙岐註　（宋）孫奭疏　清刻本　四冊　存十卷（五至十四）

430000－2415－0000182　093－5

孟子註疏十四卷　（漢）趙岐註　（宋）孫奭疏　清刻本　二冊　存七卷（三至五、九至十二）

430000－2415－0000183　093－8

孟子集注大全十四卷　（明）胡廣等撰　清遄喜齋刻本　九冊　存十三卷（一至十三）

430000－2415－0000184　093－13

孟子集注本義彙參十四卷　（清）王步青輯　清敦復堂刻本　三冊　存四卷（十一至十四）

430000－2415－0000185　093－10

孟子集注七卷　（宋）朱熹撰　清刻本　二冊　存五卷（一至五）

430000－2415－0000186　093－7

孟子七卷　（宋）朱熹集註　清李光明刻本　三冊　存三卷（一、四、六）

430000－2415－0000187　093－9

孟子要畧五卷附錄一卷　（宋）朱熹撰　（清）劉瑩輯傳　（清）曾國藩按　清道光二十九年（1849）漢陽劉氏刻本　一冊

430000－2415－0000188　S103－20

欽定四書文選不分卷　（清）方苞編　清乾隆五年（1740）刻本　十五冊

430000－2415－0000189　S103－23

四書朱子本義彙參四十七卷　（清）王步青輯　清乾隆十年（1745）敦復堂刻本　一冊　存五卷（發凡、大學章句卷一至三、首一卷）

430000－2415－0000190　101－2

四書人名考二十卷　（清）胡之煜校　清嘉慶八年（1803）刻本　十冊　存十七卷（四至二十）

430000－2415－0000191　101－4

四書釋地補一卷續補一卷又續補一卷三續補二卷　（清）閻若璩撰　清嘉慶二十一年（1816）梅陽海涵堂刻本　八冊

430000－2415－0000192　102－12

四書集註未分卷　（宋）朱熹撰　清同治五年（1866）金陵書局刻本　一冊

430000－2415－0000193　101－5

四書釋地補一卷續補一卷又續補一卷三續補

一卷附孟子生卒年月考一卷 （清）閻若璩撰 清刻本 三冊

430000－2415－0000194 095－5
四書正字不分卷 （清）陳鉅 （清）唐獻珍正字 清刻本 二冊

430000－2415－0000195 101－8
四書人物類典串珠四十卷 （清）臧志仁編輯 清刻本 十冊

430000－2415－0000196 102－9
四書考輯要二十卷 （清）陳弘謀輯 清光緒四年（1878）寶興局刻本 十冊

430000－2415－0000197 102－10
四書閒筆講義五卷 （清）鄧逢光撰 清刻本 二冊 存二卷（四至五）

430000－2415－0000198 102－13
四書體註備旨合訂十二卷 （清）鄧林等編纂 清光緒二十三年（1897）經綸元記刻本 一冊 存二卷（大學卷一、中庸卷一）

430000－2415－0000199 641－21
四書體註備旨合訂十二卷 （清）鄧林等編纂 清光緒令德堂刻本 一冊 存二卷（孟子四至五）

430000－2415－0000200 641－17
四書體註備旨合訂十二卷 （清）鄧林等編纂 清光緒刻本 一冊 存三卷（孟子一至三）

430000－2415－0000201 103－16
四書五經類典集成三十四卷 （清）戴兆春撰 清光緒十四年（1888）石印本 四冊 存六卷（二、八至九、二十二至二十三、二十八）

430000－2415－0000202 103－17
四書典制類聯音注三十三卷 （清）閻其淵編輯 清英德堂刻本 十二冊

430000－2415－0000203 103－18
四書典制類聯音注三十三卷 （清）閻其淵編輯 清經綸堂刻本 八冊

430000－2415－0000204 103－21
四書字詁七十八卷 （清）段諤廷撰 （清）黄本驥編訂 清道光二十九年（1849）黔陽楊氏刻本 十八冊 存七十一卷（三至十九、二十一至三十六、四十一至七十八）

430000－2415－0000205 101－3
增補四書人物聚考二十二卷 （清）陳弘謀增訂 清刻本 十五冊

430000－2415－0000206 101－6
駁毛西河四書改錯二十一卷 （清）戴大昌撰 清道光二年（1822）刻本 四冊

430000－2415－0000207 101－7
增注四書人物類典串珠四十卷 （清）臧志仁編輯 清光緒十九年（1893）寶善書局石印本 三冊 存二十五卷（一至二十五）

430000－2415－0000208 102－11
續四書遺訓後集四卷 （清）鄧逢光撰 清道光刻本 四冊 存三卷（二至四）

430000－2415－0000209 103－19
增補四書經史摘證二十九卷 （清）宋繼種輯 清光緒二十八年（1902）上海書局石印本 四冊

430000－2415－0000210 113－22
皇清經解 （清）阮元編 清道光九年（1829）廣東學海堂刻咸豐十一年（1861）補刻本 二百八十冊 存四百二十九卷（三至二十九、三十二至五十五、六十一至七十六、八十至一百五、一百十二至一百三十六、一百四十一至一百五十、一百五十六至一百六十四、一百七十至一百八十、一百九十一至一百九十四、一百九十九至二百一、二百四至二百十五、二百十九至二百四十五、二百五十二至二百八十四、二百九十三至二百九十四、三百一至三百十二、三百二十一至三百三十二、三百四十一至三百九十、三百九十二至三百九十四、三百九十八至四百六、四百十至四百十四、四百十六至四百二十八、四百三十三至五百二十三、五百二十六至五百三十）

430000－2415－0000211 121－23
皇清經解一千四百卷 （清）阮元主編 清學

海堂刻本　三十九冊　存一百五十六卷（二百九十三至三百二十九、四百三十四至四百六十七、一千三百至一千三百八十四）

430000－2415－0000212　104－4
皇清經解　（清）阮元主編　清光緒十二年（1886）上海點石齋石印本　二十四冊

430000－2415－0000213　122－28
皇清經解一千四百卷　（清）阮元主編　清光緒十三年（1887）上海書局石印本　十七冊

430000－2415－0000214　104－1
皇清經解依經分訂之春秋一百十卷　（清）阮元主編　清光緒十六年（1890）船山書局刻本　十六冊　存一百四卷（一至八十九、九十六至一百十）

430000－2415－0000215　105－5
皇清經解依經分訂之說文解字注十五卷　（清）阮元主編　清光緒十六年（1890）船山書局刻本　十冊

430000－2415－0000216　105－6
皇清經解依經分訂之左傳二十七卷　（清）阮元主編　清光緒十六年（1890）船山書局刻本　九冊

430000－2415－0000217　105－7
皇清經解依經分訂之公羊二十八卷　（清）阮元主編　清光緒十六年（1890）船山書局刻本　五冊

430000－2415－0000218　105－8
皇清經解依經分訂之孟子四十九卷　（清）阮元主編　清光緒十六年（1890）船山書局刻本　十二冊

430000－2415－0000219　105－9
皇清經解依經分訂之詩經一百二十卷　（清）阮元主編　清光緒十六年（1890）船山書局刻本　二十冊

430000－2415－0000220　106－10
皇清經解依經分訂之易經一百四十卷　（清）阮元主編　清光緒十六年（1890）船山書局刻本　二十二冊

430000－2415－0000221　106－11
皇清經解依經分訂之大戴禮記二十六卷　（清）阮元主編　清光緒十六年（1890）船山書局刻本　四冊

430000－2415－0000222　106－12
皇清經解依經分訂之羣籍各種八十六卷　（清）阮元主編　清光緒十六年（1890）船山書局刻本　二十八冊　存七十八卷（五至二十七、三十二至八十六）

430000－2415－0000223　111－13
皇清經解依經分訂之爾雅五十四卷　（清）阮元主編　清光緒十六年（1890）船山書局刻本　十三冊

430000－2415－0000224　111－14
皇清經解依經分訂之周禮五十三卷　（清）阮元主編　清光緒十六年（1890）船山書局刻本　十四冊

430000－2415－0000225　111－15
皇清經解依經分訂之儀禮四十七卷　（清）阮元主編　清光緒十六年（1890）船山書局刻本　八冊

430000－2415－0000226　112－17
皇清經解依經分訂之尚書一百五十九卷　（清）阮元主編　清光緒十六年（1890）船山書局刻本　三十二冊

430000－2415－0000227　112－18
皇清經解依經分訂之禮記十六卷　（清）阮元主編　清光緒十六年（1890）船山書局刻本　五冊

430000－2415－0000228　112－19
皇清經解依經分訂之論語四十四卷　（清）阮元主編　清光緒十六年（1890）船山書局刻本　九冊

430000－2415－0000229　112－20
皇清經解依經分訂之孝經三卷　（清）阮元主編　清光緒十六年（1890）船山書局刻本

一册

430000－2415－0000230　112－21
皇清經解依經分訂之穀梁五卷　(清)阮元主編　清光緒十六年(1890)船山書局刻本　一册

430000－2415－0000231　122－24
皇清經解續編一千四百三十卷　王先謙輯　清光緒十五年(1889)上海蜚英書局石印本　三十册

430000－2415－0000232　122－26
皇清經解續編目錄十七卷　(清)蜚英館編　清光緒二十三年(1897)上海蜚英館石印本　四册

430000－2415－0000233　122－27
皇清經解縮本編目十六卷　(清)淩忠照輯　清光緒十八年(1892)上海古香閣石印本　一册　存二卷(一至二)

430000－2415－0000234　123－29
七經精義五十三卷　(清)黄淦撰　清尊德堂刻本　十四册

430000－2415－0000235　123－31
欽奉御案五經備旨四十五卷　(清)鄒聖脈纂輯　清善成堂刻本　二十三册　缺一卷(易經備旨一)

430000－2415－0000236　123－32
五經合纂大成四十四卷首五卷　(清)慎記書莊編　清光緒二十年(1894)慎記書莊石印本　二十册

430000－2415－0000237　123－33
群經字詁七十二卷　(清)段諤廷撰　(清)黄本驥編訂　清道光二十九年(1849)黔陽楊氏刻本　十七册

430000－2415－0000238　123－35
國朝經師經義一卷國朝宋學淵源記二卷附記一卷鄭氏詩譜攷正一卷　(清)江藩撰　清光緒九年(1883)清湖張氏刻本　一册

430000－2415－0000239　103－22
松陽講義十二卷附松陽鈔存二卷　(清)陸隴其撰　清同治十三年(1874)湖南省城書局刻本　五册

430000－2415－0000240　104－2
皇朝五經彙解二百七十卷　(清)抉經心室主人輯　清光緒十四年(1888)鴻文書局石印本　三十二册

430000－2415－0000241　084－3
女孝經一卷　(唐)鄭氏撰　**墨經一卷**　(宋)晁季一撰　**玄女經一卷**　(□)□□撰　**詩地理攷六卷**　(元)王應麟撰　清刻本　一册

430000－2415－0000242　S131－1
説文解字三十卷　(漢)許慎撰　(宋)徐鉉等校定　明虞山毛氏汲古閣影刻北宋本　七册　存二十六卷(一至二十二、二十七至三十)

430000－2415－0000243　131－2
説文解字義證五十卷　(明)桂馥撰　清同治九年(1870)湖北崇文書局刻本　七册　存十二卷(四至五、十三至十四、二十七至二十八、三十一至三十二、三十七至三十八、四十六至四十七)

430000－2415－0000244　131－3
説文解字義證五十卷　(明)桂馥撰　清同治九年(1870)湖北崇文書局刻本　十一册　存十五卷(一至三、九至十四、二十二、二十九至三十、四十一至四十三)

430000－2415－0000245　131－4/2
段注説文解字三十卷　(清)段玉裁註　清同治十一年(1872)湖北崇文書局刻本　五册　存五卷(二篇上下、六篇上至九篇下)

430000－2415－0000246　131－6
説文解字注三十卷　(清)段玉裁註　清學海堂刻本　十册　存二十卷(一至二十)

430000－2415－0000247　132－8
説文通訓定聲十八卷檢韻一卷　(清)朱駿聲撰　清光緒十三年(1887)上海積山書局石印本　二册　存五卷(一至三、六至七)

430000－2415－0000248　132－9
說文通訓定聲十八卷附補遺　（清）朱駿聲撰　清光緒十九年（1893）上海鴻文書局石印本　十二册

430000－2415－0000249　S133－13
篆字彙十二卷　（清）佟世男撰　清康熙三十年（1691）多山堂刻本　一册　存一卷（子集一卷）

430000－2415－0000250　S135－23
正字通十二卷首一卷　（清）張自烈　（清）廖文英輯　清康熙刻本　二十册　存十一卷（一至五、七至十二）

430000－2415－0000251　S605－9
正字通十二卷首一卷　（清）張自烈　（清）廖文英輯　清康熙刻本　二十册

430000－2415－0000252　S135－28
六書辨僞輯要三卷　（清）萬世光編輯　清乾隆五十二年（1787）刻本　三册

430000－2415－0000253　133－17
康熙字典十二集附備考一卷補遺一卷　（清）張玉書等編撰　清刻本　三十九册

430000－2415－0000254　134－18
康熙字典十二集附備考一卷補遺一卷　（清）張玉書等編撰　清刻本　三十册

430000－2415－0000255　134－19
康熙字典十二集附備考一卷補遺一卷　（清）張玉書等編撰　清光緒六年（1880）昭陵玉光堂刻本　三十四册

430000－2415－0000256　135－20
康熙字典十二集附備考一卷補遺一卷　（清）張玉書等編撰　清石印本　一册　存二集（未集上至申集中）

430000－2415－0000257　136－32
群經字詁七十二卷檢字一卷　（清）段諤廷撰　（清）黄本驥編訂　清道光二十九年（1849）黔陽楊氏刻本　一册　存一卷（檢字一卷）

430000－2415－0000258　131－4
汲古閣說文訂一卷　（清）段玉裁撰　清同治十一年（1872）湖北崇文書局刻本　一册

430000－2415－0000259　132－11
隸辨八卷　（清）顧藹吉撰　清同治十二年（1873）漁古山房刻本　八册

430000－2415－0000260　133－15
干祿字書一卷　（唐）顔元孫撰　**俗書證誤一卷**　（宋）顔愍楚撰　**字書誤讀一卷**　（宋）王雰撰　清同治十三年（1874）刻本　一册

430000－2415－0000261　136－30
臨文便覽二卷　（清）佚名撰　清同治十三年（1874）京都松竹齋刻本　二册

430000－2415－0000262　136－30/2
臨文便覽二卷　（清）佚名撰　清光緒二年（1876）刻本　二册

430000－2415－0000263　133－16
字學舉隅續編一卷　（清）汪敘疇撰　清光緒二年（1876）汪氏家刻本　一册

430000－2415－0000264　133－16/2
字學舉隅續編一卷　（清）汪敘疇撰　清光緒二年（1876）汪氏家刻本　一册

430000－2415－0000265　136－31
金壺精萃五卷　（清）郝在田　（清）張仰山編　清光緒二年（1876）京都松竹齋刻本　一册　存二卷（天部、地部）

430000－2415－0000266　133－14
增訂金壺字攷不分卷附古體假借字一卷　（清）郝在田撰　清光緒元年（1875）刻本　一册

430000－2415－0000267　133－12
環地福分類字課圖說八卷　（清）趙金壽編　清光緒三十二年（1906）大文書局刻本　四册

430000－2415－0000268　136－34
殷商貞卜文字攷一卷　羅振玉撰　清宣統二年（1910）玉簡齋石印本　一册

430000－2415－0000269　124－4
字林經策萃華八卷　（清）墨莊氏撰　清刻本

一册　存二卷(七至八)

430000－2415－0000270　135－29

通葉集覽二卷　(清)萬世光編輯　清刻本　二册

430000－2415－0000271　S143－10

韻對屑玉箋註二卷　(清)歐達徹輯　清乾隆四十九年(1784)刻本　一册　存一卷(上)

430000－2415－0000272　S143－7

詩韻含英六卷　(清)劉文蔚輯　清乾隆二十三年(1758)刻本　一册　存二卷(一至二)

430000－2415－0000273　143－8

詩韻含英六卷　(清)劉文蔚輯　清石印本　一册　存四卷(一至四)

430000－2415－0000274　143－9

詩韻集成十卷　(清)余照輯　清刻本　一册　存三卷(八至十)

430000－2415－0000275　142－5

新刊校正增補圓機韻學活法全書十四卷　(明)王世貞增校　(清)蔣先庚重訂　清嘉慶三年(1798)莽州王道南補刻本　五册　存十卷(一至二、五至八、十一至十四)

430000－2415－0000276　141－4

新刊校正增補圓機韻學活法全書十四卷　(明)王世貞增校　(清)蔣先庚重訂　清刻本　五册

430000－2415－0000277　124－7

重刊宋本爾雅註疏附校勘記十卷　(晉)郭璞註　(宋)邢昺疏　清嘉慶二十年(1815)江西南昌府學刻本　六册

430000－2415－0000278　125－15

重刊宋本爾雅註疏附校勘記十卷　(晉)郭璞註　(宋)邢昺疏　清同治十二年(1873)江西書局刻本　六册

430000－2415－0000279　124－6

重刊宋本爾雅註疏附校勘記十卷　(晉)郭璞註　(宋)邢昺疏　清光緒十八年(1892)寶慶務本書局刻本　五册

430000－2415－0000280　124－9

爾雅十九卷　(晉)郭璞註　清嘉慶六年(1801)星子幹氏刻本　二册

430000－2415－0000281　126－16

爾雅註疏十一卷附爾雅音義二卷　(晉)郭璞註　(宋)邢昺疏　(唐)陸德明音義　清同治十年(1871)湖南省城尊經閣刻本　五册

430000－2415－0000282　124－1

爾雅註疏十一卷　(晉)郭璞註　(宋)邢昺疏　清三讓堂刻本　四册

430000－2415－0000283　124－8

爾雅三卷　(晉)郭璞註　清刻本　一册

430000－2415－0000284　124－3

爾雅補郭二卷附文選古字通疏證一卷　(清)翟灝撰　清光緒九年(1883)萩林山房刻本　一册

430000－2415－0000285　124－11

爾雅郭註義疏二十卷　(清)郝懿行撰　清光緒十四年(1888)上海鴻文書局石印本　四册

430000－2415－0000286　124－5

別雅五卷　(清)吴玉搢輯　清道光二十九年(1849)小蓬萊山館刻本　四册　存四卷(一至四)

430000－2415－0000287　124－5/2

別雅五卷　(清)吴玉搢輯　清道光二十九年(1849)小蓬萊山館刻本　三册

430000－2415－0000288　126－17

養蒙針度五卷　(清)潘子聲撰　清同治六年(1867)蘇州綠潤堂刻本　二册

430000－2415－0000289　125－14

駢雅七卷　(明)朱謀瑋撰　(清)魏茂林訓纂　清光緒七年(1881)成都瀹雅齋刻本　三册　存三卷(一、四、七)

430000－2415－0000290　124－2

比雅十九卷　(清)洪亮吉著　清光緒七年(1881)萩林山房刻本　二册

430000－2415－0000291　124－10

廣雅疏證十卷　(清)王念孫撰　**博雅音十卷**　(隋)曹憲撰　(清)王念孫校　清光緒十九年(1893)上海鴻文書局石印本　四冊

430000－2415－0000292　196－1
二十二史攷異一百卷　(清)錢大昕撰　清刻本　十二冊　存六十二卷(十八至五十一、六十一至七十二、七十七至九十二)

430000－2415－0000293　604－6
史記一百三十卷　(漢)司馬遷撰　明天啟五年(1625)大來堂刻本　十冊

430000－2415－0000294　S144－1
史記一百三十卷　(漢)司馬遷撰　清乾隆四年(1739)刻本　七冊　存一百十七卷(十四至一百三十)

430000－2415－0000295　144－2
史記一百三十卷　(漢)司馬遷撰　清光緒十年(1884)上海同文書局石印本　二十三冊　存一百二十八卷(一至二十、二十三至一百三十)

430000－2415－0000296　144－3
史記一百三十卷　(漢)司馬遷撰　清光緒十四年(1888)上海圖書集成印書局鉛印本　十六冊

430000－2415－0000297　145－4
史記一百三十卷　(漢)司馬遷撰　清光緒十四年(1888)上海圖書集成印書局鉛印本　十六冊

430000－2415－0000298　145－5
史記一百三十卷　(漢)司馬遷撰　清刻本　十五冊　存八十八卷(四十一至一百二十八)

430000－2415－0000299　145－6
史記一百三十卷　(漢)司馬遷撰　清末石印本　十冊　存九十四卷(三十七至一百三十)

430000－2415－0000300　S146－9
前漢書一百卷　(漢)班固撰　(唐)顔師古註　明崇禎十五年(1642)毛氏汲古閣刻本　二十九冊　存九十四卷(一至三、十至一百)

430000－2415－0000301　151－10
前漢書一百卷　(漢)班固撰　清同治八年(1869)金陵書局刻本　二十冊

430000－2415－0000302　151－11
前漢書一百卷　(漢)班固撰　清同治十二年(1873)韓江書局仿汲古閣刻本　十四冊　存八十七卷(一至七十二、八十三至九十七)

430000－2415－0000303　151－12
前漢書一百卷　(漢)班固撰　清光緒十年(1884)上海同文書局石印本　三十二冊

430000－2415－0000304　152－13
前漢書一百卷　(漢)班固撰　清光緒十年(1884)上海同文書局影石印本　三十四冊　存九十四卷(一至六十四、七十一至一百)

430000－2415－0000305　152－14
欽定前漢書一百卷　(漢)班固撰　清光緒十四年(1888)上海圖書集成印書局鉛印本　二十冊

430000－2415－0000306　153－15
前漢書一百卷　(漢)班固撰　(唐)顔師古註　清光緒二十八年(1902)誒寶齋石印本　八冊

430000－2415－0000307　S154－19
後漢書一百二十卷　(南朝宋)范曄撰　(唐)李賢註　**志三十卷**　(晉)司馬彪撰　(南朝梁)劉昭註　明崇禎十六年(1643)毛氏汲古閣刻本　二十二冊

430000－2415－0000308　156－25
後漢書一百二十卷　(南朝宋)范曄撰　(唐)李賢註　**志三十卷**　(晉)司馬彪撰　(南朝梁)劉昭註　清光緒十四年(1888)上海圖書集成印書局鉛印本　十六冊

430000－2415－0000309　156－26
後漢書一百二十卷　(南朝宋)范曄撰　(唐)李賢註　**志三十卷**　(晉)司馬彪撰　(南朝梁)劉昭註　清光緒二十八年(1902)誒石齋石印本　七冊　存九十卷(一至十、四十一至一百二十)

430000－2415－0000310　S154－20
後漢書一百三十卷　（南朝宋）范曄撰　（唐）李賢註　（南朝梁）劉昭註補　明汲古閣刻本　十八册

430000－2415－0000311　S154－21
後漢書一百二十卷　（南朝宋）范曄撰　（唐）李賢註　**志三十卷**　（晉）司馬彪撰　（南朝梁）劉昭註　清乾隆四年（1739）刻本　二十三册　存一百八卷（三至八十二、八十八至一百十二、一百十八至一百二十）

430000－2415－0000312　155－22
續後漢書四十七卷　（宋）蕭常著　清同治八年（1869）師古山房刻本　五册　存四十二卷（一至四十二）

430000－2415－0000313　155－23
後漢書一百卷續漢書志三十卷　（南朝宋）范曄撰　（唐）李賢註　（南朝梁）劉昭註補　清同治十二年（1873）韓江書局仿汲古閣刻本　十六册

430000－2415－0000314　161－29
三國志六十五卷　（晉）陳壽撰　（南朝宋）裴松之註　清光緒十年（1884）上海同文書局石印本　十八册

430000－2415－0000315　162－30
三國志六十五卷　（晉）陳壽撰　（南朝宋）裴松之註　清光緒十一年（1885）上海同文書局石印本　十二册　存四十九卷（魏志一至六、十三至三十，蜀志一至五，吳志二十卷）

430000－2415－0000316　162－31
三國志六十五卷　（晉）陳壽撰　（南朝宋）裴松之註　清光緒二十八年（1902）媄寶齋石印本　四册

430000－2415－0000317　162－32
三國志六十五卷　（晉）陳壽撰　（南朝宋）裴松之註　清石印本　二册　存三十七卷（魏志十四至三十、吳志二十卷）

430000－2415－0000318　163－33
欽定三國志六十五卷　（晉）陳壽撰　（南朝宋）裴松之註　清光緒十四年（1888）上海圖書集成印書局鉛印本　七册　存五十七卷（魏志一至二十二、吳志一至二十、蜀志一至十五）

430000－2415－0000319　S163－35
晉書一百三十卷　（唐）房玄齡等撰　明汲古閣刻本　二十一册　存一百卷（四至十二、十六至二十一、二十六至四十三、五十四至九十一、九十五至一百二、一百十至一百三十）

430000－2415－0000320　S166－43
南齊書五十九卷　（南朝梁）蕭子顯撰　明汲古閣刻本　八册

430000－2415－0000321　166－44
南齊書五十九卷　（南朝梁）蕭子顯撰　清同治十三年（1874）金陵書局刻本　四册　存二十六卷（一至二十六）

430000－2415－0000322　S171－46
南史八十卷　（唐）李延壽撰　明汲古閣刻本　十八册

430000－2415－0000323　171－47
南史八十卷　（唐）李延壽撰　清同治十三年（1874）金陵書局仿汲古閣刻本　一册　存五卷（二十至二十四）

430000－2415－0000324　165－41
梁書五十六卷　（唐）姚思廉撰　清同治十三年（1874）金陵書局仿汲古閣刻本　三册　存二十五卷（一至五、三十至四十九）

430000－2415－0000325　165－39
陳書三十六卷　（唐）姚思廉撰　清同治十二年（1873）金陵書局仿汲古閣刻本　一册　存六卷（一至六）

430000－2415－0000326　S172－48
魏書一百十四卷　（北齊）魏收撰　明汲古閣刻本　二十五册　存一百六卷（四至六十九、七十五至一百十四）

430000－2415－0000327　172－49
魏書一百十四卷　（北齊）魏收撰　清同治十

二年(1873)金陵書局仿汲古閣刻本　二十四冊

430000－2415－0000328　S173－54
北齊書五十卷　(唐)李百藥撰　明汲古閣刻本　四冊

430000－2415－0000329　173－55
北齊書五十卷　(唐)李百藥撰　清同治十三年(1874)金陵書局仿汲古閣刻本　四冊

430000－2415－0000330　S174－57
北史一百卷　(唐)李延壽撰　明汲古閣刻本　二十五冊　存九十七卷(一至三十七、四十一至一百)

430000－2415－0000331　174－58
北史一百卷　(唐)李延壽撰　清同治十三年(1874)金陵書局仿汲古閣刻本　十五冊　存六十四卷(四至七、十二至二十三、三十五至五十四、七十三至一百)

430000－2415－0000332　175－61
舊唐書二百卷　(五代)劉昫等撰　清同治十一年(1872)浙江書局刻本　二十八冊　存一百十八卷(一至十二、二十至二十六、三十一至三十九、四十八至五十一、五十九至八十八、九十三至九十七、一百二至一百十四、一百二十一至一百四十四、一百七十九至一百八十三、一百九十至一百九十八)

430000－2415－0000333　175－62
舊唐書二百卷　(五代)劉昫等撰　清光緒二十八年(1902)武林竹簡齋石印本　十五冊　存一百八十八卷(十三至二百)

430000－2415－0000334　606－10
唐書列傳一百五十卷　(宋)歐陽修等撰　明嘉靖三十七年至清康熙三十九年(1558－1700)遞修本　二十二冊

430000－2415－0000335　176－64
新唐書二百二十五卷　(宋)歐陽修　(宋)宋祁撰　明汲古閣刻本　十八冊　存六十一卷(十五至七十五)

430000－2415－0000336　S176－65
新唐書二百二十五卷　(宋)歐陽修　(宋)宋祁撰　明萬曆四年至清康熙三十九年(1576－1700)遞修本　一冊　存四卷(一至四)

430000－2415－0000337　181－66
新唐書二百二十五卷　(宋)歐陽修　(宋)宋祁撰　清同治十二年(1873)浙江書局刻本　四十五冊　存一百九十六卷(一至九十二、一百四至一百五十二、一百五十九至一百六十四、一百七十七至二百二十五)

430000－2415－0000338　181－67
新唐書二百二十五卷　(宋)歐陽修　(宋)宋祁撰　清光緒二十八年(1902)武林竹簡齋石印本　十六冊

430000－2415－0000339　S182－69
舊五代史一百五十卷　(宋)薛居正等撰　清重刻武英殿聚珍版本　十六冊

430000－2415－0000340　183－70
新五代史七十四卷　(宋)歐陽修撰　(宋)徐無黨原註　(清)彭元瑞增註　(清)劉鳳誥排次　清云甡書屋刻本　四十冊

430000－2415－0000341　183－71
舊五代史一百五十卷　(宋)薛居正等撰　清同治十一年(1872)湖北崇文書局刻本　十六冊

430000－2415－0000342　184－73
五代史七十四卷　(宋)歐陽修撰　(宋)徐無黨註　清同治十一年(1872)湖北崇文書局刻本　七冊　存六十八卷(一至五十八、六十五至七十四)

430000－2415－0000343　184－74
五代史七十四卷　(宋)歐陽修撰　(宋)徐無黨註　清大同書局刻本　八冊　存五十四卷(七至六十)

430000－2415－0000344　S603－4
宋史新編二百卷　(明)柯維騏撰　明嘉靖刻本　四十七冊　存一百九十七卷(一至三十七、四十一至二百)

430000－2415－0000345　S185－76

宋書一百卷　(南朝梁)沈約撰　明汲古閣刻本　十一册　存四十二卷(五至四十一、九十六至一百)

430000－2415－0000346　185－77

宋書一百卷　(南朝梁)沈約撰　清同治十三年(1874)金陵書局刻本　四册　存二十卷(七至十二、二十一至二十八、九十五至一百)

430000－2415－0000347　185－78

宋史四百九十六卷　(元)脱脱等撰　清光緒二十八年(1902)武林竹簡齋石印本　三十一册　存四百七十二卷(一至二十三、四十八至四百九十六)

430000－2415－0000348　186－81

遼史一百十五卷　(元)托克托等撰　清同治十二年(1873)江蘇書局刻本　十二册

430000－2415－0000349　191－83

金史一百三十五卷　(元)脱脱等撰　清同治十三年(1874)江蘇書局刻本　二十四册

430000－2415－0000350　S192－85

弘簡録二百五十四卷　(明)邵經邦撰　清康熙二十七年(1688)刻本　六十二册　存二百四十三卷(一至一百三十、一百四十二至二百五十四)

430000－2415－0000351　S192－86

續弘簡録元史類編四十二卷　(清)邵遠平撰　清康熙刻本　十五册

430000－2415－0000352　193－87

元史二百十卷　(明)宋濂等撰　清光緒二十八年(1902)武林竹簡齋石印本　十四册

430000－2415－0000353　S194－90

明史三百三十二卷　(清)張廷玉等撰　清乾隆武英殿刻本　九十八册　存二百九十九卷(五至五十六、六十三至一百八、一百十三至一百二十一、一百三十至一百四十四、一百五十至二百十一、二百十五至三百二十一、三百二十五至三百三十二)

430000－2415－0000354　195－91

明史三百三十二卷　(清)張廷玉等撰　清光緒二十八年(1902)武林竹簡齋石印本　二十二册　存三百七卷(一至八十八、一百至一百七十七、一百九十二至三百三十二)

430000－2415－0000355　S193－89

潛庵先生擬明史稿二十卷　(清)湯斌撰　(清)田蘭芳評　清康熙刻本　十二册

430000－2415－0000356　253－7

路史四十七卷　(宋)羅泌撰　清刻本　十七册　存三十六卷(後紀十四卷、發揮六卷、餘論十卷、國名紀三至八)

430000－2415－0000357　164－36

晉署六十六卷　(清)周濟撰　清光緒二年(1876)味雋齋刻本　十册

430000－2415－0000358　253－20

華陽國志十二卷　(晉)常璩撰　清光緒二十年(1894)湖南藝文書局刻本　五册

430000－2415－0000359　255－36

越絶書十五卷　(漢)袁康撰　清光緒二十年(1894)湖南藝文書局刻本　一册

430000－2415－0000360　255－37

群輔録一卷　(晉)陶潛撰　清光緒二十年(1894)湖南藝文書局刻本　一册

430000－2415－0000361　163－34

汲塚周書十卷　(晉)孔晁註　清光緒二十八年(1902)湖南藝文書局刻本　二册

430000－2415－0000362　S221－24

資治通鑑綱目五十九卷首一卷　(宋)朱熹撰　明萬曆二十八年(1600)刻本　七十册

430000－2415－0000363　S233－42

御撰資治通鑑綱目三編二十卷　(清)高宗弘曆敕撰　清乾隆十一年(1746)刻本　四册

430000－2415－0000364　215－23

資治通鑑綱目全書一百十二卷　(宋)朱熹等撰　(明)陳仁錫評閲　清嘉慶八年(1803)敬書堂刻本　一百五十四册　存一百八卷(前

編一至十八、正編一至二、四至三十九、四十一至五十三、五十五至五十八、續編一至二十七）

430000－2415－0000365　212－15
資治通鑑綱目全書一百十二卷　（宋）朱熹等撰　（明）陳仁錫評閲　清嘉慶十三年（1808）同人堂刻本　八十册　存九十一卷（前編一至二十五、正編一至五十九、續編一至七）

430000－2415－0000366　211－14
資治通鑑綱目全書一百十二卷　（宋）朱熹等撰　（明）陳仁錫評閲　清同治三年（1864）漁古山房刻本　一百十六册　存一百三卷（前編七至二十五、正編一至十、十二至十五、十七至三十二、三十四至五十九、續編一至二十七）

430000－2415－0000367　222－25
御批歷代通鑑輯覽一百二十卷　（清）傅恒等編　清同治十年（1871）浙江書局刻本　四十八册

430000－2415－0000368　615－27
資治通鑑綱目發明五十九卷　（宋）尹起莘撰　清同治十三年（1874）尹氏家廟刻本　四册

430000－2415－0000369　215－20
資治通鑑補二百九十四卷　（宋）司馬光撰　（元）胡三省音註　清光緒二年（1876）思補樓木活字本　二十册　存六十七卷（一至六十七）

430000－2415－0000370　215－22
資治通鑑綱目全書一百十二卷　（宋）朱熹等撰　（明）陳仁錫評閲　清光緒十四年（1888）上海大同書局石印本　二十四册

430000－2415－0000371　233－40
御批歷代通鑑輯覽一百二十卷　（清）傅恒等編　清光緒二十年（1894）上海書局石印本　二十一册　存一百五卷（一至八十五、一百一至一百二十）

430000－2415－0000372　223－26
御批歷代通鑑輯覽一百二十卷　（清）傅恒等編　清光緒二十年（1894）湖南澹雅書局刻本　三十八册　存七十五卷（一至六、九至十六、十九至二十八、三十一至三十二、三十五至四十二、四十五至五十、五十三至五十六、五十九至六十二、八十九、九十五至一百二十）

430000－2415－0000373　224－27
御批歷代通鑑輯覽一百二十卷　（清）傅恒等編　清光緒二十年（1894）湖南澹雅書局刻本　五十九册　存一百十六卷（一至五十二、五十五至九十八、一百至一百八、一百十至一百二十）

430000－2415－0000374　232－39
御批歷代通鑑輯覽一百二十卷　（清）傅恒等編　清光緒二十四年（1898）上海圖書集成局鉛印本　二十四册

430000－2415－0000375　243－60
御撰資治通鑑綱目三編六卷　（清）高宗弘曆敕撰　清光緒二十八年（1902）上海富強齋石印本　二册

430000－2415－0000376　206－33
御批歷代通鑑輯覽一百二十卷　（清）傅恒等編　清光緒二十八年（1902）天章書局石印本　十一册　存六十七卷（一至二十七、四十一至四十六、六十三至六十八、七十四至八十四、九十一至九十九、一百十三至一百二十）

430000－2415－0000377　226－30
御批歷代通鑑輯覽一百二十卷　（清）傅恒等編　清光緒二十九年（1903）天章書局石印本　十九册

430000－2415－0000378　225－29
御批歷代通鑑輯覽一百二十卷　（清）傅恒等編　清光緒三十一年（1905）上海商務印書館鉛印本　二十四册

430000－2415－0000379　232－38
御批歷代通鑑輯覽一百二十卷　（清）傅恒等編　清光緒三十四年（1908）上海商務印書館鉛印本　四十册

430000－2415－0000380　232－38/2
御批歷代通鑑輯覽一百二十卷　(清)傅恒等編　清光緒三十四年(1908)上海商務印書館鉛印本　十五冊　存四十六卷(一至十一、十六至二十九、三十九至四十一、四十五至六十二)

430000－2415－0000381　241－53
御撰資治通鑑綱目三編二十卷　(清)高宗弘曆敕撰　清刻本　一冊　存六卷(十五至二十)

430000－2415－0000382　225－28
御批歷代通鑑輯覽一百二十卷　(清)傅恒等編　清刻本　三十三冊　存六十五卷(五至六、十五至二十、二十三至二十八、三十一至四十八、五十五至五十六、六十一至六十八、八十三至八十八、九十五至九十六、九十九、一百三至一百十、一百十三至一百十四、一百十七到一百二十)

430000－2415－0000383　231－36
御批歷代通鑑輯覽一百二十卷　(清)傅恒等編　清石印本　二十二冊　存一百九卷(七至二十四、三十至一百二十)

430000－2415－0000384　206－34
御批分類歷代通鑑輯覽六十四卷末一卷　(清)陳善勗撰　清光緒二十九年(1903)上海點石齋書局石印本　二十一冊

430000－2415－0000385　231－37
兩朝御批歷代通鑑輯覽一百二十卷　(清)傅恒等編　清光緒三十年(1904)上海經藝書局石印本　二十三冊　存一百十三卷(一至一百十三)

430000－2415－0000386　235－46
增補了凡綱鑑四十卷首一卷　(明)袁黃編　清光緒二十九年(1903)益元書局刻本　三十冊

430000－2415－0000387　235－48
增補了凡綱鑑四十卷首一卷　(明)袁黃編　清光緒二十九年(1903)漢文書局刻本　三十二冊

430000－2415－0000388　241－52
大文堂綱鑑易知錄九十二卷　(清)吳乘權等輯　清刻本　四十三冊　存九十卷(一至五十三、五十六至九十二)

430000－2415－0000389　236－51
大文堂綱鑑易知錄九十二卷　(清)吳乘權等輯　清學庫山房刻本　二十七冊　存七十卷(一至三十九、六十二至九十二)

430000－2415－0000390　201－3
皇朝通志一百二十六卷　(清)高宗弘曆敕撰　清光緒八年(1882)浙江書局刻本　九冊　存三十二卷(二十至二十二、四十七至四十九、六十五至六十九、八十三至八十六、一百一至一百十五、一百十九至一百二十)

430000－2415－0000391　233－43
綱鑑正史約三十六卷　(明)顧錫疇撰　(清)陳弘謀增訂　清光緒九年(1883)湖南書局刻本　三十冊

430000－2415－0000392　202－5
支那通史四卷　(日本)那珂通世編　清光緒二十五年(1899)東文學社石印本　一冊　存一卷(一)

430000－2415－0000393　202－4
支那通史四卷　(日本)那珂通世編　清光緒二十七年(1901)東文學社第四次石印本　五冊

430000－2415－0000394　243－59
元經薛氏傳十卷　(隋)王通撰　(宋)阮逸註　清刻本　三冊　存七卷(三至九)

430000－2415－0000395　641－6
通鑑要畧二卷　(清)李九我編　清刻本　一冊

430000－2415－0000396　205－10
明鑑易知錄十五卷　(清)吳乘權等輯　清光緒十年(1884)刻本　二冊

430000－2415－0000397　203－2

大清史畧十一卷　(日本)佐藤楚材編輯　清光緒二十八年(1902)上海石印書屋石印本　十冊

430000－2415－0000398　204－4
竹書紀年二卷　(南朝梁)沈約註　(明)吳琯校　清刻本　一冊

430000－2415－0000399　204－3
竹書紀年統箋十二卷　(清)徐文靖撰　**商君書五卷**　(戰國)商鞅撰　清光緒十九年(1893)鴻文書局石印本　一冊

430000－2415－0000400　244－1
明史紀事本末八十卷　(清)谷應泰撰　清同治十三年(1874)江西書局刻本　二十冊

430000－2415－0000401　244－2
明史紀事本末八十卷　(清)谷應泰撰　清本衙刻本　二十七冊

430000－2415－0000402　244－3
明史紀事本末八十卷　(清)谷應泰撰　清光緒二十一年(1895)上海積山書局石印本　六冊　存六十四卷(一至四十五、五十六至六十六、七十三至八十)

430000－2415－0000403　244－6
左傳紀事本末五十三卷　(清)高士奇撰　清同治十二年(1873)江西書局刻本　十二冊

430000－2415－0000404　244－5
左傳紀事本末五十三卷　(清)高士奇撰　清光緒二十一年(1895)上海積山書局石印本　五冊

430000－2415－0000405　245－7
通鑑紀事本末二百三十九卷　(宋)袁樞撰　(明)張溥論證　清同治十二年(1873)江西書局刻本　七十九冊　存二百十二卷(一至一百六十四、一百九十二至二百三十九)

430000－2415－0000406　246－8
通鑑紀事本末二百三十九卷　(宋)袁樞撰　(明)張溥論證　清光緒二十一年(1895)上海積山書局石印本　二十二冊　存二百三十四卷(六至二百三十九)

430000－2415－0000407　246－9
西夏紀事本末三十六卷首二卷　(清)張鑒撰　清光緒二十一年(1895)上海積山書局石印本　二冊

430000－2415－0000408　246－15
三藩紀事本末二十二卷　(清)楊陵榮輯　清光緒二十一年(1895)上海積山書局石印本　一冊

430000－2415－0000409　244－4
宋史紀事本末一百九卷　(明)馮琦撰　(明)陳邦瞻增訂　(明)張溥論正　清光緒二十一年(1895)上海積山書局石印本　八冊

430000－2415－0000410　S253－22
東華錄三十二卷　(清)蔣良騏撰　清乾隆三十年(1765)刻本　九冊

430000－2415－0000411　241－54
明季南略十八卷北略二十四卷　(清)計六奇編輯　清道光都城琉璃廠半松居士刻本　十六冊　存二十九卷(南畧一至十八、北畧十四至二十四)

430000－2415－0000412　255－33
兩朝剝復錄六卷首一卷　(明)吳應箕撰　清同治二年(1863)江西省寓刻本　三冊　存五卷(一至二、五至六,首一卷)

430000－2415－0000413　155－24
七家後漢書二十一卷　(清)汪文臺輯　清光緒八年(1882)刻本　四冊　存十五卷(謝承後漢書八卷、薛瑩後漢書一卷、司馬彪續漢書三卷、袁山松後漢書二卷、張璠漢記一卷)

430000－2415－0000414　255－32
皇朝政典類要八卷　(日本)增田貢撰　(清)毛淦補編　清光緒二十八年(1902)上海書局石印本　一冊　存三卷(一至三)

430000－2415－0000415　255－31
皇朝政典類要八卷　(日本)增田貢撰　(清)毛淦補編　清光緒二十九年(1903)古餘書局

刻本　一册

430000－2415－0000416　256－41

東周列國全志一百八回　(清)蔡奡評點　清刻本　一册　存六回(一百三至一百八)

430000－2415－0000417　253－18

明季稗史彙編十六種二十七卷　(清)留雲居士輯　清刻本　十二册

430000－2415－0000418　253－19

蜀志十五卷　(晉)陳壽撰　(南朝宋)裴松之註　清刻本　一册　存四卷(十二至十五)

430000－2415－0000419　254－25

貞觀政要十卷　(唐)吳兢撰　清刻本　五册　存九卷(二至十)

430000－2415－0000420　256－39

駒陰冗記一卷　(明)闌莊撰　**中洲野錄一卷**　(明)程文憲撰　**長安客話一卷**　(明)蔣一葵撰　**古穰雜錄一卷**　(明)李賢撰　**後渠漫記一卷**　(明)崔銑撰　**懸笥瑣探一卷**　(明)劉昌撰　清刻本　一册

430000－2415－0000421　252－14

九國志十二卷　(宋)路振撰　清道光二十七年(1847)刻海山仙館叢書本　四册

430000－2415－0000422　255－34

外史八卷　(漢)黃憲撰　清光緒二十年(1894)湖南藝文書局刻本　二册　存五卷(一、五至八)

430000－2415－0000423　252－12

十六國春秋一百卷　(北魏)崔鴻撰　清光緒藝文書局刻本　二十一册

430000－2415－0000424　333－8

歷代地理志韻編今釋二十卷　(清)李兆洛輯　清光緒十八年(1892)長沙竹素書局刻本　八册

430000－2415－0000425　333－8/2

歷代地理志韻編今釋二十卷　(清)李兆洛輯　清光緒十八年(1892)長沙竹素書局刻本　四册　存十一卷(六至七、九至十一、十五至二十)

430000－2415－0000426　S601－2

周玉繩先生家藏二十三史綺編十七卷　(明)周延儒選編　明萬曆刻本　六册　存十一卷(一至七、十四至十七)

430000－2415－0000427　276－13

岣嶁鑒撮四卷　(清)曠敏本撰　清道光十九年(1839)四宜堂刻本　六册

430000－2415－0000428　276－10

廿一史四譜五十四卷　(清)沈炳震抄　清同治十年(1871)武林吳氏清來堂補刻本　十六册　存五十一卷(一至四、八至五十四)

430000－2415－0000429　275－3

廿二史劄記三十六卷補遺一卷　(清)趙翼撰　清光緒二十五年(1899)漢文書局刻本　十六册

430000－2415－0000430　275－4

廿二史劄記三十六卷補遺一卷　(清)趙翼撰　清光緒二十五年(1899)益元書局刻本　十六册

430000－2415－0000431　275－5

廿二史劄記三十六卷補遺一卷　(清)趙翼撰　清刻本　十二册　存二十七卷(六至十一、十四至二十三、二十七至三十六、補遺一卷)

430000－2415－0000432　275－1

廿二史劄記三十六卷補遺一卷　(清)趙翼撰　清刻本　九册　存三十四卷(四至三十六、補遺一卷)

430000－2415－0000433　276－7

廿一史約編八卷首一卷後編一卷　(清)鄭元慶撰　清魚計亭刻本　八册

430000－2415－0000434　276－8

廿一史約編八卷首一卷後編一卷　(清)鄭元慶撰　清刻本　八册

430000－2415－0000435　276－6

半窗史畧四十二卷　(清)龍體剛撰　清刻本　十二册

430000－2415－0000436　276－11
史記菁華録六卷　(清)姚苧田選評　清光緒十一年(1885)文彬山房刻本　六册

430000－2415－0000437　283－17
史通削繁四卷　(清)紀昀撰　清道光十三年(1833)兩廣節署刻朱墨套印本　四册

430000－2415－0000438　281－4
歷代史論十二卷　(明)張溥論正　清刻朱墨套印本　一册　存四卷(一至四)

430000－2415－0000439　281－4/3
歷代史論十二卷　(明)張溥論正　清刻本　三册　存八卷(五至十二)

430000－2415－0000440　281－7
讀史論畧一卷　(清)杜詔撰　清刻本　一册

430000－2415－0000441　282－8
讀史四集四卷　(明)楊以任撰　清西楊家塾刻本　四册

430000－2415－0000442　283－19
三通序三卷　蔣德鈞輯　清光緒十四年(1888)蔣氏求實齋刻本　一册

430000－2415－0000443　283－28
三才畧三卷　蔣德鈞輯　清光緒十四年(1888)蔣氏求實齋刻本　一册

430000－2415－0000444　281－4/2
歷代史論二十卷附左傳史論二卷　(明)張溥論正　清光緒二十三年(1897)粵東文陞閣刻本　八册

430000－2415－0000445　283－22
文史通義八卷　(清)章學誠撰　清光緒二十四年(1898)長沙經文書局刻本　八册

430000－2415－0000446　283－26
校讎通義三卷　(清)章學誠撰　清光緒二十四年(1898)長沙經文書局刻本　一册

430000－2415－0000447　282－9
史論正鵠初集四卷二集四卷三集八卷　(清)王樹敏編　清光緒二十七年(1901)上海久敬齋石印本　十六册

430000－2415－0000448　282－13
中外掌故論海十四卷　(清)蔡和鏘輯　清光緒二十八年(1902)石印本　三册

430000－2415－0000449　283－18
九通序録四卷　(清)佚名輯　清光緒二十八年(1902)石印本　四册

430000－2415－0000450　282－14
歷代時勢論海十四卷　(清)蔡和鏘輯　清光緒二十八年(1902)石印本　三册

430000－2415－0000451　282－11
歷代人物論海一百卷　(清)蔡和鏘輯　清光緒二十八年(1902)石印本　十八册　存八十六卷(一至七十八、八十五至九十二)

430000－2415－0000452　282－12
歷代政治論海四十四卷　(清)蔡和鏘輯　清光緒二十八年(1902)石印本　五册　存四十一卷(四至四十四)

430000－2415－0000453　281－3
歷代諸家評鑒彙纂四卷　沈文蔚編　清光緒二十九年(1903)開智書局石印本　二册　存四卷(一至四)

430000－2415－0000454　282－10
分類史事政治論海十六集一百九十二門　(清)王樹編輯　清光緒三十年(1904)海陵鑒古齋石印本　三十二册

430000－2415－0000455　281－6
東社讀史隨筆二卷　(清)獨醒主人撰　清宣統元年(1909)上海錦章書局石印本　一册

430000－2415－0000456　281－5
歷代綱鑒補彙評三十九卷首一卷　(明)王世貞　(明)袁黄纂　清宣統元年(1909)上海廣益書局石印本　八册　存二十四卷(一、八至十、十七至二十二、二十四至三十六,首一卷)

430000－2415－0000457　264－25
文廟史典二十一卷　(清)莫瑞堂輯　清道光十三年(1833)道腴堂刻本　八册

430000－2415－0000458　263－20

國朝先正事畧六十卷 (清)李元度撰 清同治五年(1866)循陔草堂刻本 十二册 存二十二卷(一至十五、十八至二十四)

430000－2415－0000459 263－21
國朝先正事畧六十卷 (清)李元度撰 清光緒二十八年(1902)錦章書局石印本 六册 存二十三卷(一至七、十至二十五)

430000－2415－0000460 263－22
國朝先正事畧六十卷 (清)李元度撰 清光緒二十九年(1903)上海務本山房石印本 六册 存三十四卷(一至二十六、三十五至四十二)

430000－2415－0000461 264－24
國朝先正事畧六十卷 (清)李元度撰 清刻本 二十二册 存五十三卷(二至五十四)

430000－2415－0000462 264－27
國朝先正事畧六十卷 (清)李元度撰 清刻本 十一册 存三十六卷(二十五至六十)

430000－2415－0000463 262－14
歷代名臣言行錄二十四卷 (清)朱桓輯 清光緒十五年(1889)上海廣百宋齋石印本 十二册

430000－2415－0000464 261－13
歷代名臣言行錄二十四卷 (清)朱桓輯 清光緒十七年(1891)上海廣百宋齋石印本 九册 存十六卷(一至十、十九至二十四)

430000－2415－0000465 262－16
歷代名臣言行錄二十四卷 (清)朱桓輯 清光緒二十六年(1900)文瀾書局石印本 四册 存十三卷(一至十一、十九至二十)

430000－2415－0000466 262－15
歷代名臣言行錄二十四卷 (清)朱桓輯 清光緒二十九年(1903)上海大文書局石印本 九册 存二十二卷(一至九、十二至二十四)

430000－2415－0000467 262－18
歷代名臣言行錄二十四卷 (清)朱桓輯 清刻本 三十四册 存二十四卷(一上至十一上、十二下至二十四下)

430000－2415－0000468 261－10
歷代名臣傳三十五卷 (清)張江纂 清刻本 十五册 存三十三卷(三至三十五)

430000－2415－0000469 261－8
歷代名儒傳八卷 (清)李清植纂 清刻本 一册 存二卷(三至四)

430000－2415－0000470 261－9
歷代循吏傳八卷 (清)張福昶纂 清刻本 二册 存四卷(三至四、七至八)

430000－2415－0000471 261－4
貳臣傳十二卷 (清)國史館纂 清都城琉璃廠半松居士刻本 五册

430000－2415－0000472 261－11
貳臣傳八卷 (清)國史館纂 清京都正陽門榮錦書坊刻本 六册 存六卷(三至八)

430000－2415－0000473 261－5
逆臣傳四卷 (清)國史館纂 清都城琉璃廠半松居士刻本 二册

430000－2415－0000474 261－12
漢名臣傳三十二卷 (清)國史館纂 清京都琉璃廠榮錦書坊木活字本 十三册 存十三卷(七、十七至二十四、二十六、二十八至二十九、三十一)

430000－2415－0000475 264－26
史外三十二卷 (清)汪有典纂 清刻本 五册 存三十卷(一至三十)

430000－2415－0000476 265－29
國朝漢學師承記八卷 (清)江藩纂 清刻本 一册 存四卷(一至四)

430000－2415－0000477 273－1
增補氏族箋釋八卷 (清)熊峻運撰 清刻本 五册 存六卷(三至八)

430000－2415－0000478 261－7
昭代名人尺牘小傳二十四卷 (清)吳修輯 清光緒七年(1881)杭州亦西齋刻本 二册

430000－2415－0000479　265－30
高士傳三卷　（晉）皇甫謐撰　**蓮社高賢傳一卷**　（晉）佚名撰　清光緒二十年（1894）湖南藝文書局刻本　一冊

430000－2415－0000480　265－33
高士傳三卷　（晉）皇甫謐撰　**中華古今註三卷**　（五代）馬縞撰　清光緒二十年（1894）湖南藝文書局刻本　一冊

430000－2415－0000481　265－31
風俗通四卷　（漢）應劭撰　清光緒二十年（1894）湖南藝文書局刻本　一冊

430000－2415－0000482　271－1
曾文正公［國藩］年譜十二卷　（清）黎庶昌撰　清光緒二年（1876）傳忠書局刻本　四冊

430000－2415－0000483　271－4
澂懷主人自訂年譜不分卷　（清）張廷玉編　清光緒六年（1880）廱山刻本　二冊

430000－2415－0000484　271－2
陳文肅公［大受］年譜　（清）陳輝祖撰　清光緒十六年（1890）素園刻本　一冊

430000－2415－0000485　271－3
葵園自定年譜三卷　王先謙撰　清光緒三十四年（1908）長沙王氏刻本　三冊

430000－2415－0000486　272－2
求闕齋日記類鈔二卷　（清）曾國藩撰　（清）王啟原輯　清光緒二年（1876）傳忠書局刻本　二冊

430000－2415－0000487　272－1
出使英法義比四國日記六卷　（清）薛福成撰　清光緒十八年（1892）石印本　一冊　存二卷（一至二）

430000－2415－0000488　274－2
科名金鍼不分卷　（清）丁守存撰　清光緒京都琉璃廠善成堂石印本　一冊

430000－2415－0000489　292－18
典林瑯環二十四卷續典林瑯環三十卷　（清）佚名撰　清光緒二年（1876）湛蘭書屋刻本　十六冊

430000－2415－0000490　292－19
皇朝文獻通考三百卷　（清）高宗弘曆敕撰　清光緒八年（1882）浙江書局刻本　四十九冊　存八十四卷（十三至十四、二十至二十八、三十六、四十六至五十二、六十至六十二、七十三至七十五、七十七至八十四、九十九至一百、一百四至一百五、一百八至一百九、一百十四至一百十六、一百十九、一百二十二至一百二十五、一百三十至一百三十一、一百五十二、一百六十二至一百六十三、一百七十二至一百七十八、一百八十七至一百八十九、一百九十五至一百九十六、二百一、二百五至二百六、二百九至二百十、二百十四至二百十五、二百十八至二百十九、二百二十二、二百三十一至二百三十五、二百三十八至二百四十二）

430000－2415－0000491　293－20
皇朝文獻通考輯要二十六卷　（清）湯壽潛輯　清刻本　三冊　存九卷（五至十三）

430000－2415－0000492　286－8
皇朝文獻通考輯要二十六卷　（清）湯壽潛輯　清光緒二十五年（1899）圖書集成局鉛印本　十冊

430000－2415－0000493　285－5
皇朝通典一百卷　（清）高宗弘曆敕撰　清刻本　九冊　存三十卷（十九至二十五、三十四至三十九、四十二至四十四、四十八至四十九、五十七至五十九、六十四至六十六、九十二至九十七）

430000－2415－0000494　286－7
五代會要三十卷　（宋）王溥撰　清光緒十二年（1886）江蘇書局刻本　六冊

430000－2415－0000495　285－6
欽定大清會典事例一千二百二十卷　（清）高宗弘曆敕撰　清刻本　二十二冊　存五十卷（五百四十八至五百六十九、六百三至六百十六、六百三十一至六百三十四、六百三十七至六百四十六）

430000－2415－0000496　292－17
欽定大清會典一百卷　(清)高宗弘曆敕撰　清刻本　一册　存三卷(一至三)

430000－2415－0000497　291－14
欽定大清會典一百卷　(清)高宗弘曆敕撰　清刻本　二十册

430000－2415－0000498　292－15
欽定大清會典一百卷　(清)高宗弘曆敕撰　清光緒二十七年(1901)上海文林石印本　六册

430000－2415－0000499　292－16
欽定大清會典一百卷　(清)高宗弘曆敕撰　清光緒二十七年(1901)上海文林石印本　五册　存八十九卷(十二至一百)

430000－2415－0000500　286－9
三通考輯要二十四卷　(清)湯壽潛輯　清光緒二十八年(1902)新化三味書局刻本　九册　存二十二卷(一至十六、十九至二十四)

430000－2415－0000501　286－10
三通考輯要二十四卷　(清)湯壽潛輯　清光緒二十八年(1902)新化三味書局刻本　二册　存五卷(一至三、十三至十四)

430000－2415－0000502　291－11
欽定續文獻通考輯要二十六卷　(清)湯壽潛輯　清光緒二十八年(1902)新化三味書局刻本　五册　存十四卷(五至八、十五至二十四)

430000－2415－0000503　291－12
欽定續文獻通考輯要二十六卷　(清)湯壽潛輯　清光緒二十八年(1902)新化三味書局刻本　二册　存五卷(十五至十九)

430000－2415－0000504　293－26
欽定學政全書八十六卷　(清)恭阿拉等纂　清刻本　十五册　存五十八卷(一至二十一、三十一至五十、五十一至五十二、五十五至五十六、七十四至八十六)

430000－2415－0000505　305－2
吾學録初編二十四卷　(清)吳榮光撰　清閩汀會經堂刻本　七册

430000－2415－0000506　306－4
淮北票鹽志畧十四卷　(清)童濂撰　清道光刻本　二册　存八卷(一至三、十至十四)

430000－2415－0000507　306－1
永康胡氏義田記不分卷　(清)胡月樵編輯　清同治六年(1867)刻本　一册

430000－2415－0000508　306－2
淮北票鹽續略十二卷　(清)許寶書編　清同治九年(1870)刻本　四册

430000－2415－0000509　306－3
兩淮鹽法志五十六卷首四卷　(清)佶山修　清同治九年(1870)揚州書局刻本　三十册

430000－2415－0000510　306－7
格致書院課藝十三卷　(清)王韜編　清光緒二十三年(1897)石印本　六册

430000－2415－0000511　306－8
格致課藝彙編十三卷　(清)王韜編　清光緒二十三年(1897)石印本　一册　存一卷(十二)

430000－2415－0000512　306－5
格致書院課藝不分卷　(清)許玉瀛等撰　清光緒二十三年(1897)上海書局石印本　十一册

430000－2415－0000513　641－14
格致書院課藝六卷　(清)許玉瀛等撰　清光緒二十四年(1898)可讀山房刻本　二册　存二卷(一至二)

430000－2415－0000514　306－6
時務策府統宗四十四卷　(清)文盛書局編　清光緒二十三年(1897)石印本　八册　存十二卷(二至六、八至十四)

430000－2415－0000515　296－4
中西紀事二十四卷　(清)夏燮撰　清刻本　六册

430000－2415－0000516　296－5

中西紀事二十四卷　(清)夏燮撰　清刻本　三冊　存十六卷(八至二十三)

430000－2415－0000517　296－9
時務新論撮要三卷　清光緒十二年(1886)湖南院刻本　一冊　存一卷(上)

430000－2415－0000518　296－7
時務撮要四卷　(清)徐繼畬等撰　清光緒二十二年(1896)刻本　四冊

430000－2415－0000519　296－8
時務撮要四卷　(清)徐繼畬等撰　清光緒二十二年(1896)刻本　四冊

430000－2415－0000520　296－10
時務報六冊　梁啟超等編　清光緒二十三年(1897)石印本　二冊

430000－2415－0000521　296－6
通商條約章程成案彙編三十卷　(清)李鴻章等輯　清光緒鉛印本　十冊　存二十六卷(一至十五、十九至二十九)

430000－2415－0000522　304－2
防海輯要十八卷首一卷　(清)俞昌會撰　清道光二十二年(1842)百甓山房刻本　十冊

430000－2415－0000523　304－3
從征圖記不分卷　(清)唐訓方撰　清同治六年(1867)西山草堂刻本　二冊

430000－2415－0000524　304－5
淮軍平捻記十二卷　(清)周世澄撰　清光緒三年(1877)鉛印本　三冊　存九卷(一至九)

430000－2415－0000525　304－4
山東軍興紀畧二十二卷　(清)張曜撰　清光緒五年(1879)鉛印本　五冊　存十卷(一至二、五至十二)

430000－2415－0000526　304－1
防海紀畧二卷　(清)芍唐居士編　清光緒六年(1880)上洋文藝齋刻本　二冊

430000－2415－0000527　304－7
中外經世緒言續編八卷　(清)海上閒鷗輯　清光緒二十三年(1897)石印本　七冊

430000－2415－0000528　304－6
湘軍志十六卷　王闓運撰　清光緒二十八年(1902)湖南書局刻本　一冊　存三卷(一至三)

430000－2415－0000529　304－8
揮麈錄四種二十卷　(宋)王明清撰　清刻本　三冊

430000－2415－0000530　S316－25
增訂刑錢指掌二卷　(清)沈辛田　(清)董公振輯　清乾隆九年(1744)京都琉璃廠榮錦堂刻本　二冊

430000－2415－0000531　S315－15
駁案新編三十二卷　(清)全士潮輯　清乾隆四十六年(1781)官刻本　十八冊

430000－2415－0000532　S315－16
駁案續編七卷　(清)全士潮輯　清乾隆四十六年(1781)官刻本　六冊

430000－2415－0000533　S316－22
補注洗冤錄集證四卷附刊檢骨圖格一卷作吏要言一卷　(宋)宋慈撰　(清)鍾淮輯　清道光二十三年(1843)江都鍾淮刻三色套印本　四冊

430000－2415－0000534　324－84
附刊寶鑒編一卷洗冤錄解未定稿一卷　(清)姚德豫撰　清道光抄本　一冊

430000－2415－0000535　311－2
判語錄存四卷　(清)李鈞撰　清道光十三年(1833)刻本　四冊

430000－2415－0000536　316－23
檢驗集證不分卷　(清)郎錦騏撰　清道光二十七年(1847)姜氏還珠山房刻本　二冊

430000－2415－0000537　S312－6
大清律例四十七卷　(清)唐紹祖等纂　清乾隆五十三年(1788)江寧府學衙門刻本　二十四冊

430000－2415－0000538　313－8
大清律例刑案統纂集成四十卷附督捕則例二

卷　(清)姚潤輯　清咸豐元年(1851)刻本　二十四冊

430000－2415－0000539　314－11
大清律例歌括不分卷　(清)黃運昌校　清同治十二年(1873)福州吳玉田刻本　一冊

430000－2415－0000540　314－14
大清律例彙輯便覽四十卷　(清)刑部製訂　清光緒二年(1876)京都部內官刻本　二十四冊　存三十四卷(一、四至三十六)

430000－2415－0000541　314－13
大清律例彙輯便覽四十卷　(清)刑部製訂　清刻本　二十四冊　存十九卷(二、六至十、十六至十七、十九、二十二至三十一)

430000－2415－0000542　311－1
大清現行刑律案語不分卷　(清)法律館輯　清宣統元年(1909)法律館鉛印本　二十冊

430000－2415－0000543　312－5
大清現行刑律講義八卷　(清)吉同鈞撰　清宣統二年(1910)法部律學館石印本　八冊

430000－2415－0000544　312－4
大清律例新增統纂集成四十卷末一卷　(清)刑部製訂　清刻本　五冊　存七卷(三十一至三十五、三十八至三十九)

430000－2415－0000545　316－26
名法指掌四卷　(清)沈辛田原編　(清)徐灝重訂　清同治九年(1870)湖北崇文書局刻本　四冊

430000－2415－0000546　314－10
讀律心得三卷附錄四卷　(清)劉衡撰　清同治九年(1870)湖南藩署刻本　一冊

430000－2415－0000547　313－7
律例便覽八卷附處分則例圖要　(清)蔡嵩年　(清)蔡逢年輯　清同治十一年(1872)刻本　四冊

430000－2415－0000548　313－7/2
律例便覽八卷附處分則例圖要　(清)蔡嵩年　(清)蔡逢年輯　清同治十一年(1872)刻本　四冊

430000－2415－0000549　316－24
處分則例圖要六卷　(清)蔡逢年繪編　清同治十一年(1872)刻本　二冊

430000－2415－0000550　316－24/2
處分則例圖要六卷　(清)蔡逢年繪編　清刻本　二冊

430000－2415－0000551　316－20
秋審實綬比較彙案一卷　(清)桑春榮等纂　清光緒三年(1877)京都琉璃廠善成堂刻本　一冊

430000－2415－0000552　316－18
唐律疏義三十卷　(唐)長孫無忌等撰　清光緒十六年(1890)京師刻本　十二冊

430000－2415－0000553　S316－22/2
重刊補注洗冤錄集證五卷　(清)王又槐增輯　(清)李觀瀾　(清)阮其新補註補輯　清光緒十七年(1891)刻四色套印本　二冊　存二卷(二至三)

430000－2415－0000554　316－21
審看擬式四卷首一卷末一卷　(清)剛毅撰　清光緒十八年(1892)浙江書局刻本　二冊

430000－2415－0000555　324－85
各國交涉公法論十六卷　(英國)費利摩羅巴德撰　(英國)傅蘭雅口譯　(清)俞世爵筆述　(清)汪振聲校正　(清)錢國祥覆校　清光緒二十二年(1896)慎記書莊石印本　五冊　存十卷(一至十)

430000－2415－0000556　324－72
路索民約論四編　(法國)路索著　(清)楊廷棟譯　清光緒二十八年(1902)文明書局鉛印本　一冊

430000－2415－0000557　324－71
國際公法志不分卷　蔡鍔編譯　清光緒二十九年(1903)鉛印本　一冊

430000－2415－0000558　314－12
徐雨峰中丞勘語四卷　(清)徐士林撰　清光

緒三十二年(1906)武進李氏聖譯樓刻本　四冊

430000－2415－0000559　324－75
德意志刑法二編　(清)法律館輯　清光緒三十三年(1907)法律館鉛印本　一冊

430000－2415－0000560　324－76
瑞士刑法二編　(清)法律館輯　清光緒三十三年(1907)法律館鉛印本　一冊

430000－2415－0000561　324－80
漢律類纂不分卷　(清)張一鵬撰　清光緒三十三年(1907)鉛印本　一冊

430000－2415－0000562　324－82
重刊補注洗冤錄集證五卷　(清)王又槐增輯　(清)李觀瀾　(清)阮其新補註補輯　清光緒浙江醉古軒刻本　一冊　存一卷(一)

430000－2415－0000563　321－28
錢穀指掌二卷　(清)董公振輯　清刻本　一冊　存一卷(一)

430000－2415－0000564　324－81
漢律輯證六卷　(清)杜貴墀撰　清宣統法律館鉛印本　一冊

430000－2415－0000565　324－83
元刑法志四卷　(清)法律館輯　清宣統法律館鉛印本　一冊

430000－2415－0000566　293－24
曾文正公批牘六卷　(清)曾國藩撰　清光緒二年(1876)傳忠書局刻本　六冊

430000－2415－0000567　293－23
曾文正公批牘六卷　(清)曾國藩撰　清光緒二年(1876)傳忠書局刻本　四冊　存四卷(一至二、四至五)

430000－2415－0000568　295－8
大清搢紳全書不分卷　(清)榮禄堂編　清光緒十二年(1886)榮禄堂刻本　三冊

430000－2415－0000569　295－9
大清搢紳全書不分卷　(清)榮禄堂編　清光緒十二年(1886)榮禄堂刻本　四冊

430000－2415－0000570　295－10
淳熙玉堂雜記三卷　(宋)周必大撰　**西京雜記六卷**　(晉)葛洪撰　**焚椒錄一卷**　(遼)王鼎撰　清刻本　一冊

430000－2415－0000571　303－10
陶雲汀先生奏疏七十六卷　(清)陶澍撰　清道光九年(1829)刻本　二十一冊　存四十二卷(一至二十二、五十七至七十六)

430000－2415－0000572　303－11
陶雲汀先生題稿八卷　(清)陶澍撰　清道光九年(1829)刻本　八冊

430000－2415－0000573　302－5
歷代名臣奏議選三十卷　(清)趙承恩輯　清同治十三年(1874)紅杏山房刻本　二十四冊

430000－2415－0000574　302－6
歷代名臣奏議選三十卷　(清)趙承恩輯　清刻本　十八冊　存二十六卷(漢名臣奏議選四卷、六朝名臣奏議選三卷、隋名臣奏議選一卷、唐名臣奏議選三卷、五代名臣奏議選一卷、宋名臣奏議選六卷、明名臣奏議選八卷)

430000－2415－0000575　301－2
曾文正公奏稿三十卷　(清)曾國藩撰　清光緒二年(1876)傳忠書局刻本　二十二冊　存二十三卷(一、六至十三、十五、十八至三十)

430000－2415－0000576　303－14
曾文正公奏稿三十六卷　(清)曾國藩撰　清光緒二年(1876)傳忠書局刻本　七冊　存八卷(三至四、三十至三十三、三十五至三十六)

430000－2415－0000577　301－1
左文襄公奏疏初編三十八卷續編七十六卷三編六卷　(清)左宗棠撰　清光緒十六年(1890)上海圖書集成局鉛印本　二十冊

430000－2415－0000578　302－7
郭侍郎奏疏十二卷　(清)郭嵩燾撰　清光緒十八年(1892)刻本　六冊　存六卷(一至六)

430000－2415－0000579　303－15
林文忠公政書三十七卷搜遺一卷　(清)林則

徐撰　清光緒二十四年(1898)天津文德堂石印本　二册

430000－2415－0000580　301－4
林文忠公政書三十七卷搜遺一卷　(清)林則徐撰　清刻本　十二册

430000－2415－0000581　302－9
江楚會奏變法三摺　(清)劉坤一　(清)張之洞撰　清光緒二十七年(1901)湖南書局刻本　一册　存二摺(一至二)

430000－2415－0000582　302－8
劉武慎公遺書二十五卷　(清)劉長佑撰　清光緒刻本　一册　存一卷(十三)

430000－2415－0000583　303－13
同治中興京外奏議約編八卷　(清)陳弢編　清京都小西山房刻本　四册

430000－2415－0000584　303－16
陸宣公奏議二十二卷　(唐)陸贄撰　清刻本　三册　存七卷(一、三、六至十)

430000－2415－0000585　303－17
王陽明集十六卷　(明)王守仁撰　清刻本　一册　存一卷(十三)

430000－2415－0000586　331－1
讀史方輿紀要一百三十卷　(清)顧祖禹撰　清道光十一年(1831)敷文閣刻本　五十册

430000－2415－0000587　332－2
讀史方輿紀要一百三十卷　(清)顧祖禹撰　清道光十一年(1831)敷文閣刻本　六十一册　存一百二十九卷(二至一百三十)

430000－2415－0000588　332－3
讀史方輿紀要一百三十卷　(清)顧祖禹撰　清道光十一年(1831)敷文閣刻本　三十六册　存七十一卷(一至二、十五至十六、十九至三十六、三十九至四十、四十三至四十五、五十至五十五、五十八至五十九、六十八至六十九、七十至七十二、七十五至七十六、九十二至九十四、九十八至一百十九、一百二十七至一百三十)

430000－2415－0000589　333－3/2
讀史方輿紀要一百三十卷　(清)顧祖禹撰　清道光十一年(1831)敷文閣刻本　二册　存三卷(二至四)

430000－2415－0000590　333－3/3
讀史方輿紀要一百三十卷　(清)顧祖禹撰　清道光十一年(1831)敷文閣刻本　三册　存六卷(一至六)

430000－2415－0000591　333－4
讀史方輿紀要十卷　(清)顧祖禹撰　清光緒二十二年(1896)澹雅書局刻本　一册　存一卷(一)

430000－2415－0000592　334－10
讀史方輿紀要一百三十卷　(清)顧祖禹撰　清光緒二十五年(1899)慎記書莊石印本　十八册　存八十七卷(一至二、五至九、二十二至三十三、三十九至四十五、七十至一百三十)

430000－2415－0000593　333－5
天下郡國利病書一百二十卷　(清)顧炎武撰　清道光十一年(1831)成都龍氏敷文閣木活字本　十九册　存四十三卷(二十三至三十二、三十五至三十八、四十三至四十四、四十八至四十九、五十三至五十四、六十二至六十四、七十四至七十六、七十九至八十四、九十一至九十六、一百九至一百十、一百十三至一百十五)

430000－2415－0000594　335－18
天下郡國利病書一百二十卷　(清)顧炎武撰　清道光十一年(1831)成都龍氏敷文閣木活字本　五十五册　存一百十六卷(四至一百十九)

430000－2415－0000595　336－25
天下郡國利病書一百二十卷　(清)顧炎武撰　清慎記書莊石印本　二十四册

430000－2415－0000596　333－6
增訂廣輿記二十四卷　(清)蔡方炳增輯　清道光四年(1824)體元堂刻本　九册　存二十

一卷(一至十八、二十二至二十四)

430000－2415－0000597　333－7
增訂廣輿記二十四卷　(清)蔡方炳增輯　清道光四年(1824)體元堂刻本　十六冊

430000－2415－0000598　334－12
皇朝輿地畧不分卷　(清)六承如撰　清咸豐十年(1860)長沙刻本　一冊

430000－2415－0000599　336－26
皇朝輿地韻編二卷　(清)李兆洛輯　清刻本　一冊

430000－2415－0000600　335－15
通鑑地理通釋十四卷　(元)王應麟撰　清浙江書局刻本　三冊

430000－2415－0000601　335－16
通鑑地理通釋十四卷　(元)王應麟撰　清汲古閣刻本　二冊　存九卷(六至十四)

430000－2415－0000602　335－17
通鑑地理今釋十六卷　(清)吳熙載撰　清光緒八年(1882)江蘇書局刻本　三冊

430000－2415－0000603　346－12
山海經十八卷　(晉)郭璞傳　(清)畢沅校　清刻本　一冊　存五卷(一至五)

430000－2415－0000604　346－13
山海經十八卷　(晉)郭璞傳　(清)畢沅校　清刻本　三冊

430000－2415－0000605　334－13
太平寰宇記二百卷補闕七卷　(宋)樂史撰　清紅杏山房刻本　三十二冊

430000－2415－0000606　336－21
小方壺齋輿地叢鈔十二帙　(清)王錫祺輯　清光緒十七年(1891)上海著易堂鉛印本　十八冊　存八帙(一、四、七至十二)

430000－2415－0000607　336－19
中外輿地彙鈔十四卷　(清)馬冠群輯　清光緒二十年(1894)蘇州文瑞樓石印本　四冊

430000－2415－0000608　336－20
地理學之三才說一卷　(清)譚鳳梧編述　清光緒三十二年(1906)安化駐省學堂刻本　一冊

430000－2415－0000609　S615－26
[康熙]永州府志二十四卷　(清)姜承基修　清康熙刻本　十一冊　存八卷(一、四、七、九至十一、十五、十九)

430000－2415－0000610　341－1
禹貢指南四卷　(宋)毛晃撰　清刻本　一冊

430000－2415－0000611　341－2
[同治]廣東通志三百三十四卷首一卷　(清)阮元等修　(清)陳昌齊等纂　清同治三年(1864)刻本　一百十六冊　存三百二十八卷(一至二百三十七、二百四十一至二百八十二、二百八十六至三百三十四)

430000－2415－0000612　615－22
[同治]祁陽縣志二十四卷　(清)陳玉祥修　清同治九年(1870)刻本　十三冊　存二十一卷(一至三、六至十二、十四至二十四)

430000－2415－0000613　615－22/2
[同治]祁陽縣志二十四卷　(清)陳玉祥修　清同治九年(1870)刻本　七冊　存十一卷(一至三、六至八、十四至十五、十八、二十三至二十四)

430000－2415－0000614　615－22/3
[同治]祁陽縣志二十四卷　(清)陳玉祥修　清同治九年(1870)刻本　四冊　存三卷(十四至十五、十八)

430000－2415－0000615　615－22/4
[同治]祁陽縣志二十四卷　(清)陳玉祥修　清同治九年(1870)刻本　一冊　存一卷(十五)

430000－2415－0000616　343－3
[光緒]湖南通志二百八十八卷首八卷末十九卷　(清)李瀚章修　(清)曾國荃　(清)郭嵩壽纂　清光緒十一年(1885)長沙府學宮尊經閣刻本　一百五十五冊　存二百九十八卷(卷首二至八、卷一至三十五、三十七至三十

九、四十一至一百二十一、一百二十五至二百五、二百十二至二百三十九、二百四十二至二百四十三、二百四十五至二百七十三、二百七十六至二百八十八、卷末一至十九）

430000－2415－0000617　344－6
湖南全省掌故備攷三十五卷　王先謙纂　清光緒十四年（1888）長沙刻本　七册　存二十一卷（一至十四、二十九至三十五）

430000－2415－0000618　344－7
湖南全省掌故備攷三十五卷　王先謙纂　清光緒十四年（1888）長沙刻本　三册　存十一卷（八至十六、二十七至二十八）

430000－2415－0000619　S345－10
洛陽伽藍記五卷　（北魏）楊衒之撰　**大唐創業起居註三卷**　（唐）溫大雅撰　明天啟毛氏綠君亭刻本　一册

430000－2415－0000620　345－8
洛陽伽藍記五卷　（北魏）楊衒之撰　清光緒二十年（1894）藝文書局刻本　二册

430000－2415－0000621　S345－1
帝京景物畧八卷　（明）劉侗　（明）于奕正撰　清乾隆金陵崇德堂刻本　四册

430000－2415－0000622　345－2
白鹿書院志十九卷　（清）毛德琦原訂　（清）周兆蘭重修　清光緒九年（1883）刻本　八册

430000－2415－0000623　345－3
白鹿書院志十九卷　（清）毛德琦原訂　（清）周兆蘭重修　清刻本　六册

430000－2415－0000624　345－4
闕里纂要四卷　（清）孔衍琿編　清刻本　一册

430000－2415－0000625　345－5
鄉黨圖考十卷　（清）江永撰　清刻本　二册

430000－2415－0000626　345－7
三輔黃圖六卷補遺一卷　（清）畢沅校補　清刻本　一册

430000－2415－0000627　345－9
平山堂圖志十卷首一卷　（清）趙之壁撰　清刻本　一册　存一卷（首一卷）

430000－2415－0000628　346－6
水道提綱二十八卷　（清）齊召南編　清霞城精舍刻本　七册　存十五卷（一至三、七至十八）

430000－2415－0000629　346－7
水道提綱二十八卷　（清）齊召南編　清霞城精舍刻本　八册

430000－2415－0000630　346－8
水道提綱二十八卷　（清）齊召南編　清光緒湖南船山書局刻本　六册

430000－2415－0000631　346－14
水經二卷　（漢）桑欽撰　清光緒二十年（1894）湖南藝文書局刻本　一册

430000－2415－0000632　346－5
楚北水利堤防紀要二卷　（清）俞晶烈撰　清刻本　一册

430000－2415－0000633　346－2
石鐘山志十六卷首一卷　（清）李成謀　（清）丁義方輯　清光緒九年（1883）聽濤眺雨軒刻本　八册

430000－2415－0000634　346－3
石鐘山志十六卷首一卷　（清）李成謀　（清）丁義方輯　清光緒九年（1883）聽濤眺雨軒刻本　八册

430000－2415－0000635　346－4
華嶽志八卷首一卷　（清）李榕輯　清光緒三十年（1904）補刻本　四册

430000－2415－0000636　351－2
羅浮紀遊不分卷　（清）陳青槐纂　清道光二十七年（1847）刻本　一册

430000－2415－0000637　351－3
湖山便覽十二卷　（清）翟灝　（清）倪一擎輯　（清）王維翰重訂　清刻本　四册　存八卷（五至十二）

430000－2415－0000638　351－5

荆楚歲時記一卷 （南朝梁）宗懔撰 **南方草木狀三卷** （晉）嵇含著 清光緒二十年(1894)湖南藝文書局刻本 一册

430000－2415－0000639 352－7
海國圖志一百卷 （清）魏源撰 清光緒二年(1876)平慶涇固道署刻本 六册 存二十二卷(一至九、七十一至七十六、八十八至九十四)

430000－2415－0000640 352－1
海國圖志一百卷 （清）魏源撰 清光緒二十一年(1895)上海書局石印本 十三册

430000－2415－0000641 352－2
海國圖志續集二十五卷首一卷 （英國）麥高爾撰 （美國）林樂知 （清）瞿昂來譯 清光緒二十一年(1895)上海書局石印本 二册

430000－2415－0000642 352－8
國朝柔遠記二十卷 （清）王之春撰 清光緒十七年(1891)廣雅書局刻本 一册 存三卷(一至三)

430000－2415－0000643 352－6
日本國志四十卷 （清）黄遵憲纂 清光緒二十年(1894)刻本 五册 存二十二卷(二至十、二十四至三十六)

430000－2415－0000644 352－9
泰西新史攬要二十四卷 （英國）李提摩太譯 （清）蔡爾康述稿 清光緒二十二年(1896)三味堂刻本 八册

430000－2415－0000645 352－3
瀛環志略十卷 （清）徐繼畬撰 清光緒二十九年(1903)上海有用書齋鉛印本 四册

430000－2415－0000646 352－4
瀛環志畧續集二卷 （英國）慕維廉輯 清光緒二十九年(1903)上海有用書齋鉛印本 二册

430000－2415－0000647 352－5
瀛環志畧續集二卷 （英國）慕維廉輯 清末鉛印本 一册 存二卷(一下至二上)

430000－2415－0000648 336－22
大清一統輿圖三十一卷首一卷 （清）胡林翼 （清）嚴樹森編 清刻本 八册 存北卷十三卷(四、九至二十)

430000－2415－0000649 336－23
歷代輿地沿革險要圖不分卷 （清）楊守敬 （清）饒敦秩撰 清光緒五年(1879)東湖饒氏刻朱墨套印本 二册

430000－2415－0000650 353－1
欽定錢錄十六卷 （清）梁詩正等撰 清光緒五年(1879)刻本 四册

430000－2415－0000651 353－2
泉志十五卷 （宋）洪遵撰 清刻本 一册

430000－2415－0000652 354－1
欽定四庫全書總目二百卷首四卷 （清）高宗弘曆敕撰 清刻本 九十八册 存一百六十二卷(三至三十七、五十一至五十二、五十五至六十、六十三至六十六、六十九至一百五十三、一百六十至一百六十七、一百七十一至一百八十一、一百八十七至一百九十七)

430000－2415－0000653 354－6
欽定四庫全書簡明目錄二十卷 （清）紀昀等撰 清刻本 九册 存十七卷(一至七、十一至二十)

430000－2415－0000654 354－4
湖南官報 （清）湖南官報館輯 清光緒三十年(1904)鉛印本 四册 存甲辰正月、三月、六至七月

430000－2415－0000655 363－7
删定管子荀子不分卷 （清）方苞删定 清乾隆刻本 一册

430000－2415－0000656 361－1
百子全書 （清）崇文書局輯 清光緒元年(1875)湖北崇文書局刻本 九十九册

430000－2415－0000657 362－5
二十五子彙函 （清）鴻文書局輯 清光緒十九年(1893)鴻文書局石印本 十二册

430000－2415－0000658　362－4
二十五子彙函　（清）鴻文書局輯　清光緒十九年（1893）鴻文書局石印本　十冊

430000－2415－0000659　373－34
性理大全書七十卷　（明）胡廣等撰　明刻本　二十四冊　存四十三卷（一、六、八至二十一、三十四至三十五、四十至五十五、六十二至七十）

430000－2415－0000660　S623－16
朱子全書六十六卷　（宋）朱熹撰　（清）李光地等編　清康熙五十二年（1713）刻本　十二冊　存二十二卷（一至五、七至八、十至二十、二十九至三十二）

430000－2415－0000661　375－45
性中天遺訓後集二卷　（清）鄧逢光撰　清道光刻本　一冊

430000－2415－0000662　375－46
性中天遺訓後集二卷　（清）鄧逢光撰　清道光刻本　一冊

430000－2415－0000663　375－47
性學間筆語錄次集二卷　（清）鄧逢光撰　清道光刻本　二冊

430000－2415－0000664　375－48
性學間筆語錄又後集二卷　（清）鄧逢光撰　清道光刻本　二冊

430000－2415－0000665　373－37
覺覺軒語錄三卷正覺軒語錄二卷　（清）鄧逢光撰　清道光刻本　二冊

430000－2415－0000666　375－44
養性間筆語錄摘要一卷養性間筆偶吟摘要一卷　（清）鄧逢光撰　清道光刻本　一冊

430000－2415－0000667　376－50
約書十二卷　（清）謝階樹撰　清道光二十四年（1844）刻本　四冊

430000－2415－0000668　374－40
全謝山先生經史問答十卷　（清）全祖望撰　清嘉慶九年（1804）姚江借樹山房刻本　二冊

430000－2415－0000669　366－11
二程全書六十七卷　（宋）程顥　（宋）程頤撰　清星沙小瑯環山館刻本　二十冊

430000－2415－0000670　365－6
荀子二十卷附校勘補遺一卷　（戰國）荀況撰　（唐）楊倞註　（清）謝墉校　清光緒二年（1876）浙江書局刻本　四冊

430000－2415－0000671　365－7
荀子二十卷附校勘補遺一卷　（戰國）荀況撰　（唐）楊倞註　（清）謝墉校　清光緒二年（1876）浙江書局刻本　二冊　存九卷（四至十二）

430000－2415－0000672　373－35
文中子中説十卷　（宋）阮逸註　清光緒二年（1876）浙江書局據明世德堂本斠刻本　二冊

430000－2415－0000673　373－35/2
文中子中説十卷　（宋）阮逸註　清光緒二年（1876）浙江書局據明世德堂本斠刻本　二冊

430000－2415－0000674　373－36
揚子法言十三卷　（漢）揚雄撰　清光緒二年（1876）浙江書局刻本　一冊

430000－2415－0000675　366－13
孔子集語不分卷　（清）孫星衍撰　**鬼谷子不分卷**　（清）鴻文書局輯　清光緒十九年（1893）鴻文書局石印本　一冊

430000－2415－0000676　366－13/2
孔子集語不分卷　（清）孫星衍撰　**鬼谷子不分卷**　（清）鴻文書局輯　清光緒十九年（1893）鴻文書局石印本　一冊

430000－2415－0000677　371－19
中論二卷　（漢）徐幹撰　清光緒二十年（1894）湖南藝文書局刻本　一冊

430000－2415－0000678　371－20
中説二卷　（隋）王通撰　清光緒二十年（1894）湖南藝文書局刻本　一冊

430000－2415－0000679　371－21
潛夫論十卷　（漢）王符撰　（清）汪繼培箋

清光緒二十年(1894)湖南藝文書局刻本　四冊

430000－2415－0000680　371－22
新語二卷　(漢)陸賈撰　清光緒二十年(1894)湖南藝文書局刻本　二冊

430000－2415－0000681　371－23
鹽鐵論十卷　(漢)桓寬撰　清光緒二十年(1894)湖南藝文書局刻本　二冊

430000－2415－0000682　371－24
孔叢子二卷　(漢)孔鮒撰　清光緒二十年(1894)湖南藝文書局刻本　一冊

430000－2415－0000683　371－25
申鑒五卷　(漢)荀悅撰　清光緒二十年(1894)湖南藝文書局刻本　一冊

430000－2415－0000684　371－26
揚子法言十三卷　(漢)揚雄撰　清光緒二十年(1894)湖南藝文書局刻本　一冊

430000－2415－0000685　371－27
新序十卷　(漢)劉向撰　清光緒二十年(1894)湖南藝文書局刻本　二冊

430000－2415－0000686　372－28
說苑二十卷　(漢)劉向撰　清光緒二十年(1894)湖南藝文書局刻本　四冊

430000－2415－0000687　372－33
方言十三卷　(漢)揚雄撰　(晉)郭璞解　清光緒二十年(1894)湖南藝文書局刻本　一冊

430000－2415－0000688　374－41
明夷待訪錄不分卷　(清)黄宗羲撰　清光緒二十八年(1902)湖南書局刻本　一冊

430000－2415－0000689　374－42
明夷待訪錄不分卷　(清)黄宗羲撰　清光緒二十八年(1902)湖南書局刻本　一冊

430000－2415－0000690　641－1
附考三字經註不分卷　(元)王應麟撰　清光緒刻本　一冊

430000－2415－0000691　641－2
三字經注解備要二卷　(清)賀興思註解　清光緒刻本　二冊

430000－2415－0000692　641－4
湖南校士錄二卷　(清)張預輯　清光緒二十年(1894)刻本　一冊

430000－2415－0000693　641－5
百忍全書二卷　(唐)張公藝撰　清光緒刻本　二冊

430000－2415－0000694　641－12
聖學格物通一百卷　(明)湛若水撰　清刻本　一冊　存七卷(四十六至五十二)

430000－2415－0000695　641－15
幼學珠璣四卷　(清)程登吉撰　清刻本　一冊　存二卷(二至三)

430000－2415－0000696　641－18
鄉黨應酬六卷　(清)鄧炳震撰　清光緒刻本　二冊　存二卷(五至六)

430000－2415－0000697　S383－16
南華真經五卷　(戰國)莊周　(晉)郭象撰　明刻本　五冊

430000－2415－0000698　383－13
老子道德經二卷　(三國魏)王弼註　清光緒元年(1875)浙江書局刻本　二冊

430000－2415－0000699　383－14
老子道德經二卷　(三國魏)王弼註　清刻本　一冊

430000－2415－0000700　383－15
道德經解二卷　題純陽帝君釋義　(清)雲門魯史纂述　清刻本　二冊

430000－2415－0000701　382－11
列子八卷　(晉)張湛註　清光緒二年(1876)浙江書局刻本　二冊

430000－2415－0000702　382－12
莊子十卷　(戰國)莊周撰　(晉)郭象註　(唐)陸德明音義　清光緒二年(1876)浙江書局刻本　六冊

430000－2415－0000703　381－1
參同契不分卷　(漢)魏伯陽撰　清光緒二十年(1894)湖南藝文書局刻本　一冊

430000－2415－0000704　383－17
神仙傳十卷　(晉)葛洪撰　清光緒二十年(1894)湖南藝文書局刻本　一冊　存五卷(六至十)

430000－2415－0000705　S385－4
武備志二百四十卷　(明)茅元儀撰　清初刻本　五十八冊　存二百二十一卷(一至五十五、五十九至一百六十七、一百八十四至二百四十)

430000－2415－0000706　386－11
敏果齋七種六十卷　(清)許乃釗輯　清道光十二年(1832)廣州刻本　十一冊　存三十卷(武備輯要六卷、武備輯要續編十卷、荒政輯要九卷首一卷、迴瀾紀要二卷、安瀾紀要二卷)

430000－2415－0000707　385－2
紀效新書十八卷首一卷　(明)戚繼光撰　清咸豐三年(1853)慎德堂刻本　四冊

430000－2415－0000708　386－10
讀史兵略四十六卷　(清)胡林翼撰　清咸豐十一年(1861)武昌節署刻本　十八冊

430000－2415－0000709　386－14
忠武侯諸葛孔明先生全集五種　(三國蜀)諸葛亮撰　(清)張澍輯　清同治元年(1862)木活字本　十冊　存十九卷(忠武侯諸葛孔明先生兵法一至六、故事一至五、奇門遁甲一至六、火攻首一、文集一)

430000－2415－0000710　611－1
兵鏡類編四十卷首一卷　(清)李蕊編輯　清光緒刻本　八冊　存二十八卷(十三至四十)

430000－2415－0000711　611－2
兵鏡類編四十卷首一卷　(清)李蕊編輯　清光緒刻本　四冊　存十四卷(五至十、二十一至二十三、二十七至三十一)

430000－2415－0000712　611－3
兵鏡類編四十卷首一卷　(清)李蕊編輯　清光緒刻本　二冊　存六卷(八至十、二十一至二十三)

430000－2415－0000713　611－4
金雞談薈十四卷首一卷　(清)歐陽利見撰　清光緒十五年(1889)四明節署鉛印本　八冊

430000－2415－0000714　611－5
金雞談薈十四卷首一卷　(清)歐陽利見撰　清光緒十五年(1889)四明節署鉛印本　六冊　存十一卷(一至六、九至十、十三至十四,首一卷)

430000－2415－0000715　611－6
金雞談薈十四卷首一卷　(清)歐陽利見撰　清光緒十五年(1889)四明節署鉛印本　三冊　存五卷(三至四、九至十,首一卷)

430000－2415－0000716　385－9
素書不分卷　(漢)黃石公撰　清光緒二十年(1894)湖南藝文書局刻本　一冊

430000－2415－0000717　385－5
西洋兵書二十二種　日新社輯　清光緒二十七年(1901)上海日新社石印本　八冊

430000－2415－0000718　S622－9
金湯十二籌十二卷　(明)李盤撰　清抄本　五冊　存十卷(一至十)

430000－2415－0000719　386－13
草廬經畧十二卷　(明)闕名撰　清刻本　三冊　存九卷(四至十二)

430000－2415－0000720　386－15
登壇必究四十卷　(明)王鳴鶴輯　清刻本　十七冊

430000－2415－0000721　385－3
練兵實紀九卷雜集六卷　(明)戚繼光撰　清刻本　三冊　存八卷(正集二至五、雜集一至四)

430000－2415－0000722　384－4
韓非子二十卷附識誤三卷　(戰國)韓非撰

(清)顧廣圻校　清光緒元年(1875)浙江書局刻本　五册

430000－2415－0000723　384－5
管子二十四卷　(唐)房玄齡註　清光緒元年(1875)浙江書局刻本　四册　存十七卷(八至二十四)

430000－2415－0000724　384－7
管子二十四卷　(唐)房玄齡註　清光緒二年(1876)浙江書局刻本　六册　存二十卷(一至二十)

430000－2415－0000725　384－13
問心齋學治雜録二卷　(清)張聯桂撰　清光緒二年(1876)刻本　一册　存一卷(上)

430000－2415－0000726　384－6
删定管子不分卷　(清)方苞删定　清刻本　二册

430000－2415－0000727　391－4
牧令書二十三卷　(清)徐棟輯　清道光二十八年(1848)刻本　十七册　存二十二卷(一至二十、二十二至二十三)

430000－2415－0000728　391－5
牧令書二十三卷　(清)徐棟輯　清道光二十八年(1848)刻本　四册　存七卷(二至六、十二、十五)

430000－2415－0000729　391－3
齊民要術十卷　(北魏)賈思勰撰　清刻本　二册

430000－2415－0000730　S392－2
本草綱目五十二卷　(明)李時珍撰　明刻本　十三册　存四十一卷(十至五十)

430000－2415－0000731　392－1
本草綱目五十二卷　(明)李時珍撰　清刻本　三十九册

430000－2415－0000732　S393－5
御纂醫宗金鑒九十卷　(清)吴謙等纂　清乾隆刻本　二十八册　存七十四卷(一至七十四)

430000－2415－0000733　S393－6
御纂醫宗金鑒九十卷　(清)吴謙等纂　清乾隆刻本　七册　存十八卷(七至八、十四至十六、二十、二十八至三十、三十九至四十一、四十五至五十)

430000－2415－0000734　393－8
重刊補注洗冤録集證六卷　(宋)宋慈撰　(清)王又槐等增輯　清道光二十四年(1844)刻四色套印本　一册　存二卷(四至五)

430000－2415－0000735　392－3
徐氏醫書六種　(清)徐大椿撰　清同治十二年(1873)湖北崇文書局刻本　五册

430000－2415－0000736　393－4
黄帝内經素問靈樞合編九卷　(明)馬蒔註　清大文堂刻本　十二册

430000－2415－0000737　393－7
麻科活人全書四卷　(清)謝玉瓊撰　清生香閣刻本　三册　存三卷(二至四)

430000－2415－0000738　394－19
銀海精微四卷　(唐)孫思邈撰　清文光堂刻本　一册

430000－2415－0000739　394－15
馮氏錦囊秘録五十卷　(清)馮兆張撰　清木活字本　二册　存四卷(馮氏錦囊秘録痘診三至四、馮氏錦囊秘録雜癥大小合纂一、首下)

430000－2415－0000740　393－9
注解傷寒論十卷　(漢)張仲景述　清刻本　二册　存七卷(二至三、六至十)

430000－2415－0000741　394－11
傷寒明理論四卷　(金)成無己撰　清刻本　一册　存二卷(三至四)

430000－2415－0000742　394－14
重訂唐王燾先生外臺秘要方四十卷　(唐)王燾撰　清刻本　七册　存十三卷(七至十、二十一至二十二、二十七至三十、三十四、三十七至三十八)

430000－2415－0000743　394－21
四聖心源十卷　(清)黄元御撰　清刻本　一冊　存三卷(一至三)

430000－2415－0000744　394－23
溫疫論二卷　(明)吴有性撰　清刻本　二冊

430000－2415－0000745　394－12
徐靈胎醫學全書十六種　(清)徐大椿撰　清光緒十七年(1891)湖北官書處刻本　五冊　存七卷(醫學源流論下、神農本草經百種録一卷、醫貫砭上下、蘭臺軌範五至六、洄溪醫案一卷)

430000－2415－0000746　394－25
醫方集解本草備要合刻三十一卷　(清)汪昂撰　清光緒十七年(1891)鉛印本　五冊　存三十卷(醫方集解一至二十三、本草備要二至八)

430000－2415－0000747　395－43
醫學從眾録八卷　(清)陳念祖編　清光緒十八年(1892)上海圖書集成印書局鉛印本　二冊

430000－2415－0000748　395－41
傷寒醫訣串解六卷　(清)陳念祖編　清光緒十八年(1892)上海圖書集成印書局鉛印本　一冊

430000－2415－0000749　395－42
傷寒論淺注六卷　(清)陳念祖編　清光緒十八年(1892)上海圖書集成印書局鉛印本　一冊

430000－2415－0000750　394－24
黄帝内經靈樞十二卷尉繚子二卷　(清)鴻文書局輯　清光緒十九年(1893)鴻文書局據武陵顧氏影宋嘉祐本石印本　一冊

430000－2415－0000751　395－29
王楸藥解八卷　(清)黄元御撰　清光緒二十年(1894)上海圖書集成印書局鉛印本　一冊

430000－2415－0000752　395－30
傷寒懸解十四卷首一卷末一卷　(清)黄元御撰　清光緒二十年(1894)上海圖書集成印書局鉛印本　三冊

430000－2415－0000753　395－30/2
傷寒懸解十四卷首一卷末一卷　(清)黄元御撰　清光緒二十年(1894)上海圖書集成印書局鉛印本　一冊

430000－2415－0000754　395－31
四聖懸樞五卷　(清)黄元御撰　清光緒二十年(1894)上海圖書集成印書局鉛印本　一冊

430000－2415－0000755　395－32
傷寒説意十卷　(清)黄元御撰　清光緒二十年(1894)上海圖書集成印書局鉛印本　一冊

430000－2415－0000756　395－33
景岳全書六十四卷　(明)張介賓撰　清光緒二十年(1894)上海圖書集成印書局鉛印本　一冊　存六卷(一至六)

430000－2415－0000757　396－48
素靈微藴四卷　(清)黄元御撰　清光緒二十年(1894)上海圖書集成印書局鉛印本　一冊

430000－2415－0000758　395－35
蘭臺軌範八卷　(清)徐大椿撰　清光緒刻本　一冊　存二卷(七至八)

430000－2415－0000759　395－34
全體新論不分卷　(英國)合信編　清末鉛印本　一冊

430000－2415－0000760　416－26
顔氏家訓二卷　(北齊)顔之推撰　清光緒元年(1875)湖北崇文書局刻本　一冊

430000－2415－0000761　416－26/2
顔氏家訓二卷　(北齊)顔之推撰　清光緒元年(1875)湖北崇文書局刻本　一冊

430000－2415－0000762　414－7
顔氏家訓七卷　(北齊)顔之推撰　清刻本　二冊

430000－2415－0000763　415－19
墨子十六卷　(春秋)墨翟撰　清光緒二年(1876)浙江書局刻本　四冊

430000－2415－0000764　416－31
說鈴前集四十五卷後集二十五卷續集十一卷　(清)吳震方編　清刻本　二十一冊

430000－2415－0000765　416－32
說鈴前集四十五卷後集二十五卷續集十一卷　(清)吳震方編　清刻本　十四冊

430000－2415－0000766　415－21
鶡冠子三卷　(宋)陸佃撰　清刻本　一冊

430000－2415－0000767　415－22
淮南子二十一卷　(漢)劉安撰　清刻本　七冊

430000－2415－0000768　414－9
淮南子二十一卷　(漢)劉安撰　清光緒二十年(1894)湖南藝文書局刻本　六冊

430000－2415－0000769　414－15
論衡三十卷　(漢)王充撰　清光緒二十年(1894)湖南藝文書局刻本　六冊　存二十八卷(三至三十)

430000－2415－0000770　414－16
風俗通義十卷　(漢)應劭撰　清光緒二十年(1894)湖南藝文書局刻本　二冊

430000－2415－0000771　414－17
人物志二卷　(三國魏)劉邵撰　清光緒二十年(1894)湖南藝文書局刻本　一冊

430000－2415－0000772　416－27
五種遺規附補編十一卷　(清)陳弘謀撰　清光緒二十二年(1896)經綸元記刻本　八冊

430000－2415－0000773　416－33
盛世危言五卷　(清)鄭觀應撰　清光緒二十二年(1896)安定貴記刻本　五冊

430000－2415－0000774　415－24
西法策學彙源二集十四卷　(清)顧其義　(清)吳文藻輯　清光緒二十三年(1897)上海鴻寶齋書局石印本　二十四冊

430000－2415－0000775　623－14
淑身要語不分卷　(清)鄧開甲撰　清光緒三十年(1904)木活字本　二冊

430000－2415－0000776　421－3
日知錄三十二卷　(清)顧炎武撰　清乾隆六十年(1795)刻本　十八冊

430000－2415－0000777　421－7
容齋題跋二卷　(宋)洪邁撰　清汲古閣刻本　一冊

430000－2415－0000778　422－11
癸辛雜識前集一卷後集一卷續集二卷　(宋)周密撰　汲古閣刻本　一冊　存三卷(後集一卷、續集二卷)

430000－2415－0000779　421－6
緯攟十四卷　(清)喬松年撰　清光緒三年(1877)強恕堂刻本　八冊

430000－2415－0000780　421－1
白虎通四卷　(漢)班固撰　清光緒二十年(1894)湖南藝文書局刻本　二冊

430000－2415－0000781　421－2
獨斷一卷　(漢)蔡邕撰　清光緒二十年(1894)湖南藝文書局刻本　一冊

430000－2415－0000782　401－1
白芙堂算學叢書　(清)丁取忠輯　清同治十一年至光緒三年(1872－1877)長沙古荷花池精舍刻本　二十八冊

430000－2415－0000783　402－12
白芙堂算學叢書　(清)丁取忠輯　清光緒石印本　十三冊

430000－2415－0000784　401－3
數理精蘊五十三卷　(清)梅瑴成等編纂　清光緒十四年(1888)慎記書局石印本　十二冊　存四十七卷(上篇五卷、下篇四十卷、表一至二)

430000－2415－0000785　401－2
中西算學大成一百卷　(清)陳維祺撰　清光緒十五年(1889)同文書局石印本　二十冊

430000－2415－0000786　402－10
談天十八卷首一卷表一卷　(英國)侯失勒撰　(清)李善蘭刪述　清光緒二十二年(1896)

上海著易堂鉛印本　三冊

430000－2415－0000787　402－9
測候叢談四卷　(美國)金楷理譯　清光緒二十三年(1897)石印本　一冊

430000－2415－0000788　402－11
數學啟蒙一卷　(清)六先書局編　清光緒二十四年(1898)上海六先書局鉛印本　一冊

430000－2415－0000789　402－13
周髀算經二卷　(漢)趙君卿註　清刻本　二冊

430000－2415－0000790　402－14
測地繪圖十一卷附一卷表一卷　(英國)富路瑪撰　清刻本　四冊

430000－2415－0000791　402－15
梅氏叢書輯要六十二卷　(清)梅文鼎撰　清光緒石印本　六冊

430000－2415－0000792　405－6
果老星宗命格大全十卷　(清)陸位輯校　清同治十三年(1874)經文堂刻本　五冊

430000－2415－0000793　405－1
焦氏易林校略十六卷　(清)翟云升撰　清光緒二十年(1894)湖南藝文書局刻本　五冊

430000－2415－0000794　405－15
京氏易傳三卷　(漢)京房撰　清光緒二十年(1894)湖南藝文書局刻漢魏叢書本　一冊

430000－2415－0000795　405－16
關氏易傳一卷　(北魏)關朗撰　**易略例**(三國魏)王弼撰　**三墳書**　(晉)阮咸註　清光緒二十年(1894)湖南藝文書局刻本　一冊

430000－2415－0000796　405－7
河洛理數六卷　(宋)陳希夷撰　清三讓堂刻本　五冊

430000－2415－0000797　405－9
神峯通考六卷　(明)張楠撰　清維新書局刻本　六冊

430000－2415－0000798　405－10
紫微斗數六卷　(宋)陳希夷撰　清三讓堂刻本　四冊

430000－2415－0000799　405－11
象吉備要通書二十九卷　(清)魏鑒彙述　清光緒二十五年(1899)益元書局刻本　十冊

430000－2415－0000800　641－13
象吉備要通書二十九卷　(清)魏鑒彙述　清光緒二十五年(1899)益元書局刻本　一冊　存七卷(二十三至二十九)

430000－2415－0000801　405－12
游藝錄六卷　(清)俞樾撰　清刻本　一冊

430000－2415－0000802　406－1
地理辯證五卷　(清)蔣平階撰　清刻本　一冊

430000－2415－0000803　406－5
地理穿透真傳不分卷　(清)張九儀撰　清刻本(本衙藏板)　一冊

430000－2415－0000804　406－9
穿透真傳不分卷　(清)張鳳藻撰　清刻本　一冊

430000－2415－0000805　406－8
搜地靈二卷　(明)鄭聿翔撰　清宣統二年(1910)刻本　一冊

430000－2415－0000806　412－16
圖畫見聞志六卷　(宋)郭若虛撰　**圖繪寶鑒六卷**　(元)夏文彥撰　清汲古閣刻本　一冊

430000－2415－0000807　412－17
續畫品錄一卷　(唐)李嗣真撰　**畫繼十卷**(宋)鄧椿撰　清汲古閣刻本　一冊

430000－2415－0000808　412－20
積古齋鐘鼎彝器款識十卷　(清)阮元撰　清嘉慶九年(1804)刻本　四冊

430000－2415－0000809　413－80
積古齋鐘鼎彝器款識十卷　(清)阮元編　清嘉慶九年(1804)刻本　四冊　存八卷(三至十)

430000－2415－0000810　412－2
清河書畫舫十二卷附補遺　(明)張丑撰　清刻本　十二册

430000－2415－0000811　412－8
芥子園畫傳五卷　(清)沈心友等編繪　清荆郡三升閣刻本　三册　存三卷(一至二、四)

430000－2415－0000812　412－9
鐵網珊瑚二十卷　(清)都穆撰　清刻本　四册

430000－2415－0000813　412－10
國朝畫徵錄三卷續錄二卷　(清)張庚撰　清刻本　二册

430000－2415－0000814　412－11
清河書畫舫十二卷附補遺　(明)張丑撰　清光緒石印本　十二册

430000－2415－0000815　413－36
重校分部書法正傳　(清)蔣和纂　清光緒元年(1875)京都琉璃廠西山堂書坊寫刻本　一册

430000－2415－0000816　412－13
茹煙吐瀫不分卷　(清)佚名編　清光緒二年(1876)寫刻本　一册

430000－2415－0000817　412－13/2
紉齋畫賸不分卷　(清)陳允升編　清光緒二年(1876)甬上陳氏得古歡室精寫刻本　三册

430000－2415－0000818　412－15
青在堂竹譜二册　(清)李漁編　清刻本　二册

430000－2415－0000819　412－22
歷代帝王法帖釋文十卷　(清)徐朝弼撰　清刻本　一册

430000－2415－0000820　413－45
歷代鐘鼎彝器款識法帖二十卷　(宋)薛尚功撰　清刻本　四册

430000－2415－0000821　413－61
唐詩草法二卷　(清)程玉郎臨　清刻本　一册

430000－2415－0000822　413－68
趙孟頫書觀音殿記一卷　(元)趙孟頫書　清刻本　一册

430000－2415－0000823　412－7
管色考不分卷　(清)徐養原撰　清光緒石印本　一册

430000－2415－0000824　412－21
續集漢印分韻二卷　(清)謝景卿輯　清嘉慶八年(1803)漱藝堂刻本　一册

430000－2415－0000825　641－19
輓聯合編六卷　(清)管窺居士輯　清光緒十二年(1886)刻本　二册

430000－2415－0000826　403－8
圖繪寶鑒六卷補遺一卷　(元)夏文彦撰　明毛氏汲古閣刻本　一册　存五卷(三至六、補遺一卷)

430000－2415－0000827　S403－2
二如亭群芳譜三十卷　(明)王象晉輯　明沙村草堂刻本　二十三册

430000－2415－0000828　S403－3
考古圖十卷　(宋)吕大臨撰　清乾隆十八年(1753)黄曉峰槐蔭草堂刻本　五册

430000－2415－0000829　S403－4
博古圖録三十卷　(宋)王黼撰　清乾隆十八年(1753)黄曉峰槐蔭草堂校刻本　四册　存七卷(一至七)

430000－2415－0000830　S403－5
亦政堂重考古玉圖二卷　(元)朱德潤撰　清乾隆十八年(1753)黄曉峰槐蔭草堂校刻本　一册

430000－2415－0000831　403－6
遠西奇器圖說録最三卷附諸器圖說　(明)王徵譯　清道光刻本　三册

430000－2415－0000832　403－7
禽經不分卷　(晉)張華註　**古今刀劍録不分卷**　(南朝梁)陶宏景纂　**鼎録不分卷**　(南朝梁)虞荔纂　清光緒二十年(1894)湖南藝

文書局刻本　三册

430000－2415－0000833　423－7
玉皇心印妙經真解不分卷　（清）月華老人註解　清道光刻本　一册

430000－2415－0000834　423－4
孚佑帝君注金剛經二卷附心經一卷　清咸豐十一年（1861）刻本　一册

430000－2415－0000835　423－1
廬山觀音閣語録全集二卷　（清）鄧逢光撰　清道光刻本　二册

430000－2415－0000836　641－10
修習止觀坐禪法要二卷　（隋）釋智顗撰　清刻本　一册

430000－2415－0000837　641－11
成唯識論十卷　（唐）釋玄奘譯　清刻本　一册　存五卷（一至五）

430000－2415－0000838　641－3
神訓旁註便讀不分卷　（□）□□撰　清光緒三十三年（1907）刻本　一册

430000－2415－0000839　501－12
楚辭集注八卷　（宋）朱熹撰　清聽雨齋刻本　一册　存二卷（四至五）

430000－2415－0000840　501－13
楚中文筆二卷　（清）阮元撰　清刻本　一册

430000－2415－0000841　501－9
庾子山集十六卷　（北周）庾信撰　（清）倪璠註　清刻本　一册　存二卷（一至二）

430000－2415－0000842　S623－12
白氏長慶集七十一卷　（唐）白居易撰　（唐）馬元調校　明萬曆三十四年（1606）刻本　十六册　存六十三卷（一至十二、十七至三十二、三十七至七十一）

430000－2415－0000843　504－24
白香山詩集四十卷附年譜二卷　（唐）白居易撰　（清）汪立名編訂　清康熙一隅草堂刻本　十册

430000－2415－0000844　506－34
樊川詩集四卷外集一卷别集一卷補遺一卷　（唐）杜牧撰　清嘉慶德裕堂刻本　四册

430000－2415－0000845　506－35
陸宣公集二十二卷　（唐）陸贄撰　清同治五年（1866）楊氏問竹軒家刻本　六册

430000－2415－0000846　506－29
柳文惠公全集四十七卷　（唐）柳宗元撰　（唐）劉禹錫編　清同治七年（1868）永州楊季鸞刻本　十九册

430000－2415－0000847　505－26
杜詩鏡銓二十卷　（唐）杜甫撰　（清）楊倫輯　清同治十一年（1872）刻本　十册

430000－2415－0000848　506－30
樂府古題要解二卷　（唐）吴兢撰　汲古閣刻本　一册

430000－2415－0000849　505－27
杜詩詳注二十五卷附編二卷　（清）仇兆鰲註　清刻本　十二册　存二十三卷（一至十七、二十至二十三，附編二卷）

430000－2415－0000850　505－28
杜詩詳注二十五卷附編二卷　（清）仇兆鰲註　清刻本　十四册

430000－2415－0000851　504－25
杜工部集二十卷　（唐）杜甫撰　清刻本　七册

430000－2415－0000852　641－9
柳文四十三卷别集二卷外集二卷附録一卷　（唐）柳宗元撰　清同治七年（1868）刻本　一册　存三卷（别集下、外集二卷）

430000－2415－0000853　503－20
李太白文集三十六卷　（唐）李白撰　（清）王琦輯註　清刻本（聚錦堂藏板）　十四册　存三十三卷（一至四、七至三十五）

430000－2415－0000854　504－21
李太白文集三十六卷　（唐）李白撰　（清）王琦輯註　清刻本　十四册

430000－2415－0000855　506－39
韓昌黎文集四十卷　(唐)韓愈撰　清刻本　五册　存八卷(二至七、十九至二十)

430000－2415－0000856　S516－78
文丞相全集十六卷　(宋)文天祥撰　清雍正三年(1725)文五桂堂刻本　十二册

430000－2415－0000857　521－84/2
山谷題跋三卷　(宋)黄庭堅撰　清同治十一年(1872)刻本　一册

430000－2415－0000858　521－84
山谷題跋四卷　(宋)黄庭堅撰　清刻本　二册

430000－2415－0000859　523－20
宋王忠文公全集五十卷　(宋)王十朋撰　清光緒二年(1876)梅溪書院刻本　二十册

430000－2415－0000860　516－76
廬陵宋丞相信國公文忠烈先生全集十六卷　(宋)文天祥撰　清光緒十三年(1887)仕江周穀詒堂刻本　十册

430000－2415－0000861　516－74
鶴山題跋七卷　(宋)魏了翁撰　汲古閣刻本　一册

430000－2415－0000862　516－75
益公題跋十二卷　(宋)周必大撰　清汲古閣刻本　二册

430000－2415－0000863　516－77
文信國公集二十卷首一卷　(宋)文天祥撰　清刻本　三册　存五卷(一、九至十、十三,首一卷)

430000－2415－0000864　516－80
困學紀聞二十卷　(元)王應麟撰　清刻本　九册　存十六卷(二至五、九至二十)

430000－2415－0000865　521－85
山谷詩内集注二十卷　(宋)黄庭堅撰　(宋)任淵等注　清刻本　四册　存十一卷(一至十一)

430000－2415－0000866　521－89
歐陽文忠公全集一百五十三卷附錄五卷目錄一卷　(宋)歐陽修撰　清刻本　四册　存二十八卷(五十一至六十一、六十九至七十六、一百十五至一百十八、一百四十四至一百四十八)

430000－2415－0000867　521－93
東坡集四十卷　(宋)蘇軾撰　清刻本　六册　存十一卷(四、七至十六)

430000－2415－0000868　521－94
東坡詩集註三十二卷　(宋)蘇軾撰　清刻本　二册　存三卷(一、十八至十九)

430000－2415－0000869　521－95
施注蘇詩四十二卷　(宋)蘇軾撰　(宋)施元之　(宋)顔禧註　(清)邵長蘅等刪補　清刻本　四册　存十八卷(六至九、二十六至三十、三十六至四十二,目錄二卷)

430000－2415－0000870　S523－19
天傭子集十卷首一卷末一卷　(明)艾南英撰　清康熙三十八年(1699)梯雲書屋刻本　六册

430000－2415－0000871　523－14
王陽明先生全集十六卷　(明)王守仁撰　清刻本　十二册

430000－2415－0000872　523－15
王陽明先生全集十六卷　(明)王守仁撰　清道光六年(1826)湘潭王文德刻本　五册　存五卷(一至五)

430000－2415－0000873　523－16
王陽明先生全集十六卷　(明)王守仁撰　清濟美堂刻本　九册　存十五卷(年譜一卷、理學集四卷、經濟集二至七、文章集四卷)

430000－2415－0000874　303－17
王陽明先生全集十六卷　(明)王守仁撰　清刻本　四册　存四卷(十三至十六)

430000－2415－0000875　523－18
玉茗堂集選十五卷　(明)湯顯祖撰　清刻本　二册

430000－2415－0000876　523－24

鈐山堂集三十五卷　(明)嚴嵩撰　清刻本　一冊

430000－2415－0000877　S624－17

鈍翁類稿一百二十三卷　(清)汪琬撰　清康熙刻本　二十二冊

430000－2415－0000878　541－102

廣居樓詩集六卷　(清)沈廷文撰　清道光十年(1830)刻本　一冊　存二卷(五至六)

430000－2415－0000879　535－72

陶園文集八卷詩集二十四卷　(清)張九鉞撰　清道光二十三年(1843)賜錦樓刻本　九冊

430000－2415－0000880　625－26

讀我書齋雜著二卷　(清)唐李杜撰　清道光二十八年(1848)刻本　二冊

430000－2415－0000881　625－25

讀我書齋擬作一卷　(清)唐李杜撰　清咸豐二年(1852)刻本　一冊

430000－2415－0000882　626－31

讀我書齋擬作一卷　(清)唐李杜撰　清咸豐二年(1852)刻本　二冊

430000－2415－0000883　625－22

讀我書齋文稿四卷　(清)唐李杜撰　清咸豐三年(1853)刻本　三冊

430000－2415－0000884　626－33

讀我書齋文稿四卷　(清)唐李杜撰　清咸豐三年(1853)刻本　四冊

430000－2415－0000885　626－30

讀我書齋文稿二卷　(清)唐李杜撰　清咸豐三年(1853)刻本　一冊　存一卷(上)

430000－2415－0000886　625－23

讀我書齋搭題文鈔四卷　(清)唐李杜撰　清咸豐四年(1854)刻本　二冊　存二卷(一、四)

430000－2415－0000887　626－28

讀我書齋搭題文鈔四卷　(清)唐李杜撰　清咸豐四年(1854)刻本　二冊　存二卷(三至四)

430000－2415－0000888　626－29

讀我書齋搭題文鈔四卷　(清)唐李杜撰　清咸豐四年(1854)刻本　二冊　存二卷(三至四)

430000－2415－0000889　625－34

讀我書齋引申二集　(清)唐李杜撰　清咸豐四年(1854)刻本　一冊　存一卷(一)

430000－2415－0000890　625－35

讀我書齋引申二集　(清)唐李杜撰　清咸豐四年(1854)刻本　四冊　存四卷(一至四)

430000－2415－0000891　626－27

讀我書齋引申集二卷　(清)唐李杜撰　清咸豐十一年(1861)刻本　一冊　存一卷(上)

430000－2415－0000892　625－21

讀我書齋詩草二十五卷　(清)唐李杜撰　清同治刻本　七冊　存九卷(二、四至七、十三至十四、二十一、二十四)

430000－2415－0000893　625－24

讀我書齋應試文稿二卷　(清)唐李杜撰　清刻本　一冊　存一卷(上)

430000－2415－0000894　626－32

讀我書齋應試文稿二卷　(清)唐李杜撰　清刻本　一冊　存一卷(下)

430000－2415－0000895　524－20

魏叔子詩集八卷　(清)魏禧撰　清刻本(易堂原板)　二冊　存三卷(四至六)

430000－2415－0000896　524－21

魏叔子日錄三卷　(清)魏禧撰　清刻本　一冊　存二卷(二至三)

430000－2415－0000897　524－21/2

魏叔子日錄三卷　(清)魏禧撰　清刻本　一冊　存二卷(二至三)

430000－2415－0000898　525－22

寧都三魏文集三集四十八卷首一卷　(清)魏禧等撰　清刻本(易堂原板)　四十冊

430000－2415－0000899　525－23
寧都三魏文集三集四十八卷首一卷　(清)魏禧等撰　清刻本(易堂原板)　三十九冊

430000－2415－0000900　525－24
魏昭士文集十卷　(清)魏世效撰　清刻本(易堂原板)　八冊

430000－2415－0000901　525－26
魏興士文集六卷　(清)魏世傑撰　清刻本(易堂原板)　一冊

430000－2415－0000902　525－26/2
魏興士文集六卷　(清)魏世傑撰　清刻本(易堂原板)　一冊

430000－2415－0000903　525－27
魏敬士文集八卷　(清)魏世儼撰　清刻本(易堂原板)　六冊

430000－2415－0000904　623－15
息柯白箋八卷　(清)楊翰撰　清同治十二年(1873)羊城九曜山房刻本　三冊　存六卷(三至八)

430000－2415－0000905　622－10
息柯白箋八卷　(清)楊翰撰　清同治十二年(1873)羊城九曜山房刻本　二冊　存四卷(三至六)

430000－2415－0000906　622－6
裒遺草堂詩鈔十二卷　(清)楊翰撰　清同治十年(1871)刻本　六冊

430000－2415－0000907　622－7
裒遺草堂詩鈔十二卷　(清)楊翰撰　清同治十年(1871)刻本　五冊

430000－2415－0000908　526－37
曾文正公全集　(清)曾國藩撰　清同治、光緒間湖南傳忠書局刻本　一百五十八冊

430000－2415－0000909　531－38
求闕齋讀書錄十卷　(清)曾國藩撰　清光緒二年(1876)傳忠書局刻本　四冊

430000－2415－0000910　531－40
經史百家簡編二卷　(清)曾國藩編　清同治十三年(1874)傳忠書局刻本　二冊

430000－2415－0000911　641－8
經史百家簡編二卷　(清)曾國藩編　清同治十三年(1874)傳忠書局刻本　一冊　存一卷(上)

430000－2415－0000912　543－136
經史百家簡編二卷　(清)曾國藩編　清光緒十四年(1888)鴻文書局石印本　一冊

430000－2415－0000913　531－39
經史百家雜鈔二十六卷　(清)曾國藩編　清光緒二年(1876)傳忠書局刻本　二十三冊　存二十三卷(一至六、八至十二、十四、十六至二十六)

430000－2415－0000914　531－41
經史百家雜鈔二十六卷　(清)曾國藩編　清光緒二年(1876)傳忠書局刻本　二十冊

430000－2415－0000915　532－42
曾文正公雜著四卷詩集四卷　(清)曾國藩撰　清同治十三年(1874)傳忠書局刻本　五冊

430000－2415－0000916　532－44
曾文正公文集四卷　(清)曾國藩撰　清同治十三年(1874)傳忠書局刻本　四冊

430000－2415－0000917　532－44/2
曾文正公文集四卷　(清)曾國藩撰　清同治十三年(1874)傳忠書局刻本　三冊　存三卷(二至四)

430000－2415－0000918　532－43
曾文正公書劄三十三卷　(清)曾國藩撰　清光緒二年(1876)傳忠書局刻本　十二冊　存二十四卷(一至四、七至十、十三至十六、十七至二十二、二十八至二十九、三十至三十三)

430000－2415－0000919　532－43/2
曾文正公書劄三十三卷　(清)曾國藩撰　清光緒二年(1876)傳忠書局刻本　一冊　存二卷(十九至二十)

430000－2415－0000920　532－45
曾文正公經史百家雜鈔二十六卷　(清)曾國

藩編　清光緒二年(1876)傳忠書局刻本　八冊　存八卷(二至六、九至十一)

430000－2415－0000921　532－49
曾文正公全集　(清)曾國藩撰　清光緒十四年(1888)鴻文書局石印本　十冊　存三十六卷(書劄一至六、十九至二十二、奏稿九至十一、十五至二十、批牘一至六、詩集一至四、家書一至三、經史百家雜鈔二十三至二十六)

430000－2415－0000922　533－56
勸學篇二卷　(清)張之洞撰　清光緒二十四年(1898)刻本　二冊

430000－2415－0000923　533－56/2
勸學篇二卷　(清)張之洞撰　清光緒二十四年(1898)衡州府署刻本　一冊

430000－2415－0000924　533－59
胡文忠公遺集十卷　(清)胡林翼撰　清同治三年(1864)刻本　四冊

430000－2415－0000925　533－57
胡文忠公遺集八十六卷　(清)胡林翼撰　清同治六年(1867)刻本　二十冊　存五十七卷(二至四、十一至二十二、二十六至三十七、四十五至五十六、五十九至六十、六十五至六十九、七十三至七十五、七十九至八十六)

430000－2415－0000926　533－57/2
胡文忠公遺集八十六卷　(清)胡林翼撰　清刻本　四冊　存九卷(二至三、六十一至六十二、七十四至七十六、八十至八十一)

430000－2415－0000927　533－58
胡文忠公遺集八十六卷　(清)胡林翼撰　(清)鄭敦謹　(清)曾國荃纂輯　清刻本　二十六冊　存七十卷(八至十三、二十三至八十六)

430000－2415－0000928　533－60
牧齋初學集詩注二十卷有學集詩注十四卷　(清)錢謙益撰　(清)錢曾箋註　清玉詒堂刻本　十四冊

430000－2415－0000929　534－62
夢陔堂文說十一卷　(清)黃承吉撰　清刻本　十三冊

430000－2415－0000930　534－63
虛受堂書札二卷　王先謙撰　清光緒三十三年(1907)刻本　二冊

430000－2415－0000931　534－64
思綺堂文集十卷　(清)章藻功撰　清聚錦堂刻本　九冊　存九卷(一至六、八至十)

430000－2415－0000932　534－66
韞山堂時文全集　(清)管世銘撰　清光緒十七年(1891)刻本　八冊

430000－2415－0000933　535－71
椒生隨筆八卷　(清)王之春撰　清光緒七年(1881)上洋文藝齋刻本　三冊　存六卷(一至四、七至八)

430000－2415－0000934　535－73
黃葉邨莊詩集八卷附續集　(清)吳之振撰　清刻本　四冊

430000－2415－0000935　535－74
耘圃詩鈔十二卷　(清)李繩勉撰　清刻本　二冊　存七卷(甲編至庚編)

430000－2415－0000936　535－75
少嵒詩稿二十二卷少嵒賦草四卷少嵒改課四卷少嵒文稿二卷　(清)夏思恬撰　清同治怡和堂刻本　十六冊

430000－2415－0000937　535－76
漁洋山人精華錄箋注十二卷附補注一卷　(清)王士禎撰　清刻本　七冊

430000－2415－0000938　535－77
蓮洋集二十卷附補遺　(清)吳雯撰　清刻本(夢鶴草堂藏板)　六冊

430000－2415－0000939　535－78
錢南園先生遺集五卷　(清)錢灃撰　清同治十一年(1872)刻本　二冊

430000－2415－0000940　535－79
求自得之室文鈔十二卷　(清)吳嘉賓撰　清同治五年(1866)刻本　三冊　存八卷(二至

九）

430000－2415－0000941　535－80

養知書屋文集二十八卷　（清）郭嵩燾撰　清光緒十八年（1892）刻本　四册　存八卷（十五至十九、二十二至二十四）

430000－2415－0000942　535－81

小倉山房詩集三十七卷續二卷　（清）袁枚撰　清刻本（隨園藏板）　十二册

430000－2415－0000943　535－82

小倉山房文集三十五卷　（清）袁枚撰　清刻本（隨園藏板）　十二册

430000－2415－0000944　536－83

隨園全集　（清）袁枚撰　清末石印本　十六册　存四十五卷（隨園詩話三至十六、隨園文集三至四、十四至十六、二十七至二十九、三十三至三十五、隨園隨筆九至十三、二十三至二十八、續同人集二至四、小倉山房外集六至八、小倉山房尺牘四至六）

430000－2415－0000945　536－84

隨園全集　（清）袁枚撰　清刻本（隨園藏板）　二十四册　存八十五卷

430000－2415－0000946　536－86

音注袁太史尺牘八卷　（清）袁枚撰　清光緒四年（1878）蘭言書屋刻本　八册

430000－2415－0000947　541－92

看雲草堂集八卷　（清）尤侗撰　清刻本　二册

430000－2415－0000948　541－93

師竹軒詩集四卷　（清）劉樹堂撰　清刻本　一册

430000－2415－0000949　541－94

板橋集六編　（清）鄭燮撰　清刻本　一册

430000－2415－0000950　622－5

春風堂稿五卷　（清）陽晼撰　清刻本　四册

430000－2415－0000951　541－97

古幹室詩集二卷　（清）魏芝書撰　清光緒二十三年（1897）刻本　一册　存一卷（二）

430000－2415－0000952　541－97/2

古幹室詩集二卷　（清）魏芝書撰　清光緒二十三年（1897）刻本　一册

430000－2415－0000953　541－97/3

古幹室詩集二卷　（清）魏芝書撰　清光緒二十三年（1897）刻本　一册

430000－2415－0000954　541－98

于京集五卷　（清）尤侗撰　清刻本　一册　存三卷（三至五）

430000－2415－0000955　541－99

曾惠敏公全集十七卷　（清）曾紀澤撰　清光緒二十年（1894）上海鉛印本　三册　存十三卷（曾惠敏公奏疏六卷、文集五卷、使西日記二卷）

430000－2415－0000956　541－99/2

曾惠敏公全集十七卷　（清）曾紀澤撰　清光緒二十年（1894）上海鉛印本　二册　存十一卷（曾惠敏公奏疏六卷、文集五卷）

430000－2415－0000957　541－103

笠翁全集　（清）李漁撰　清刻本　十六册　存十三卷（笠翁文集一至二，詩集五至七，餘集八，别集九至十，偶集一至二、四至六）

430000－2415－0000958　541－104

笠翁全集　（清）李漁撰　清刻本　十册　存九卷（詩集六至七，别集九至十，偶集一至二、四至六）

430000－2415－0000959　541－108

澄懷園語四卷　（清）張廷玉撰　清刻本　一册

430000－2415－0000960　541－109

春早堂詩集十二卷　（清）俞灝撰　清刻本　一册　存六卷（七至十二）

430000－2415－0000961　541－110

壯悔堂文集十卷　（清）侯方域撰　清刻本　二册

430000－2415－0000962　541－111

紅豆村人詩集十四卷　（清）袁樹撰　清刻本

(隨園藏板)　二册　存七卷(一至三、十一至十四)

430000－2415－0000963　541－112
求闕齋讀書錄十卷　(清)曾國藩撰　清光緒二年(1876)傳忠書局刻本　四册　存八卷(一至八)

430000－2415－0000964　541－113
求闕齋日記錄鈔二卷　(清)曾國藩撰　(清)王啟原輯　清光緒二年(1876)傳忠書局刻本　一册

430000－2415－0000965　542－117
曲園襍纂五十卷　(清)俞樾撰　清同治十年(1871)刻本　九册

430000－2415－0000966　542－119
春星閣詩鈔十五卷　(清)楊季鸞撰　清道光十年(1830)刻本　二册

430000－2415－0000967　542－119/2
春星閣詩鈔十五卷　(清)楊季鸞撰　清道光十年(1830)刻本　二册

430000－2415－0000968　542－120
雪門詩草十四卷　(清)許瑤光撰　清同治十三年(1874)刻本　六册

430000－2415－0000969　542－121
榕莊詩鈔二卷　(清)王錫極撰　清光緒十八年(1892)刻本　一册

430000－2415－0000970　542－122
萬石山館吟稿四卷　(清)程繼新撰　清同治五年(1866)刻本　二册

430000－2415－0000971　542－123
論語詩不分卷　(清)尤侗撰　清刻本　一册

430000－2415－0000972　542－124
述祖詩一卷于京集二卷　(清)尤侗撰　清刻本　一册

430000－2415－0000973　542－127
荷廊筆記四卷　(清)俞洵慶撰　清光緒十一年(1885)刻本　四册

430000－2415－0000974　542－128
退思軒詩集六卷　(清)張百熙撰　清宣統三年(1911)京師鉛印本　一册

430000－2415－0000975　542－129
蒼莨初集二十一卷河防紀略四卷畚塘芻論二卷　(清)孫鼎臣撰　清咸豐刻本　十册

430000－2415－0000976　542－130
績臣公詩草不分卷　(清)績臣公撰　清木活字本　一册

430000－2415－0000977　542－134
陳檢討集二十卷　(清)陳維崧撰　清刻本　六册

430000－2415－0000978　542－135
擬明史樂府一卷外國竹枝詞一卷　(清)尤侗撰　清刻本　一册

430000－2415－0000979　543－150
普天忠憤全集十四卷　(清)孔廣德撰　清光緒二十一年(1895)石印本　十册　存十一卷(一、三至十、十三至十四)

430000－2415－0000980　641－20
新訂目耕齋讀本二集　(清)徐楷評註　清同治十三年(1874)安定堂刻本　一册

430000－2415－0000981　616－23
陳文肅公遺集不分卷　(清)陳大受撰　清光緒十六年(1890)浯湘求志書屋刻本　一册

430000－2415－0000982　616－25
陳氏清芬錄二卷　(清)陳文騄輯　清光緒十六年(1890)浯湘求志書屋刻本　二册

430000－2415－0000983　465－20
古詩歸十五卷　(明)鍾惺　(明)譚元春輯　明刻本　十六册

430000－2415－0000984　S602－3
古文淵鑒六十四卷　(清)徐乾學等編註　清刻五色套印本　三十二册

430000－2415－0000985　464－18
古文淵鑒六十四卷　(清)徐乾學等編註　清同治十二年(1873)浙江書局刻本　十三册

存二十六卷(一至二、十四至二十、二十三至二十四、二十七至二十八、三十五至三十六、四十七至五十一、五十五至五十六、五十九至六十二)

430000－2415－0000986　495－101
廣虞初新志四十卷　(清)黃承增撰　清嘉慶八年(1803)寄鷗閒舫刻本　二十冊

430000－2415－0000987　456－5
文選補遺四十卷　(宋)陳仁子編　清道光二十五年(1845)刻本　十二冊　存四十卷(一至三十九、首一卷)

430000－2415－0000988　496－112
養正草不分卷　(清)李元度編　清道光刻本　一冊

430000－2415－0000989　465－19
謝疊山先生文章軌範七卷　(宋)謝枋得輯　清咸豐二年(1852)刻三色套印本　二冊

430000－2415－0000990　454－1
乾坤正氣集五百七十四卷首一卷　(清)潘錫恩輯　清道光二十八年(1848)涇縣潘氏袁江節署求是齋刻同治五年(1866)新建吳坤修皖江印本　一百冊　存三百卷(一至二百九十九、首一卷)

430000－2415－0000991　483－66
古文辭類纂七十五卷　(清)姚鼐纂　清同治八年(1869)刻本　九冊　存五十三卷(一至五、十三至十七、十九至二十五、三十一至六十六)

430000－2415－0000992　493－86
國朝詩鐸二十六卷　(清)張應昌輯　清同治八年(1869)刻本　十二冊

430000－2415－0000993　495－102
洛學編五卷　(清)湯斌撰　清同治九年(1870)刻本　一冊

430000－2415－0000994　475－49
評選四六法海八卷　(清)蔣士銓撰　清同治十年(1871)步月山房刻朱墨套印本　八冊

430000－2415－0000995　485－75
十八家詩鈔二十八卷　(清)曾國藩纂　清同治十三年(1874)傳忠書局刻本　二十五冊　存二十七卷(一至二十、二十二至二十八)

430000－2415－0000996　485－76
十八家詩鈔二十八卷　(清)曾國藩纂　清同治十三年(1874)傳忠書局刻本　二十八冊

430000－2415－0000997　475－48
評選四六法海八卷　(清)蔣士銓撰　清光緒十年(1884)深柳讀書堂刻朱墨套印本　四冊　存四卷(一至四)

430000－2415－0000998　455－2
昭明文選六十卷　(南朝梁)蕭統撰　(唐)李善註　清刻本　七冊　存五十二卷(九至六十)

430000－2415－0000999　455－3
新刻昭明文選六十卷　(南朝梁)蕭統撰　(唐)李善註　清學庫山房刻本　十六冊

430000－2415－0001000　456－4
新刻昭明文選六十卷　(南朝梁)蕭統撰　(唐)李善註　清文光甡刻本　十二冊

430000－2415－0001001　461－7
文選李善注六十卷　(南朝梁)蕭統撰　(唐)李善註　清上海著易堂石印本　十六冊

430000－2415－0001002　462－11
仿宋胡刻文選六十卷　(南朝梁)蕭統撰　(唐)李善註　清末石印本　二冊　存十一卷(五至十、四十九至五十三)

430000－2415－0001003　462－12
宋本胡刻文選六十卷　(南朝梁)蕭統撰　(唐)李善註　清宣統二年(1910)上海鴻文書局石印本　十冊

430000－2415－0001004　465－25
古詩箋三十二卷　(清)王士禛撰　清芷蘭堂刻本　九冊　存三十卷(五言詩十七卷、七言詩一至十、十三至十五)

430000－2415－0001005　466－27

唐賢三昧集箋註三卷　（清）王士禎選　（清）吳煊　（清）胡棠輯註　清宣統二年（1910）淵古齋石印本　三冊

430000－2415－0001006　473－37
皇朝經世文編一百二十卷　（清）賀長齡輯　清道光刻本　四十冊　存五十六卷（一至九、十一至五十七）

430000－2415－0001007　466－28
皇朝經世文編一百二十卷　（清）賀長齡輯　清同治十二年（1873）雙峰書屋刻本　八十冊

430000－2415－0001008　471－29
皇朝經世文編一百二十卷　（清）賀長齡輯　清光緒八年（1882）雙峰書屋補刻本　六十六冊　存一百十一卷（一至八、十四至七十六、七十九至八十、八十三至一百二十）

430000－2415－0001009　474－40
皇朝經世文編一百二十卷　（清）賀長齡輯　清光緒十七年（1891）廣百宋齋鉛印本　二十四冊

430000－2415－0001010　474－40/2
皇朝經世文編一百二十卷　（清）賀長齡輯　清光緒石印本　一冊　存八卷（五十至五十七）

430000－2415－0001011　473－35
皇朝經世文編一百二十卷　（清）賀長齡輯　清光緒石印本　十六冊　存七十九卷（四至二十三、三十至三十四、四十至五十八、六十五至九十九）

430000－2415－0001012　473－36
皇朝經世文編一百二十卷　（清）賀長齡輯　清光緒石印本　四冊　存四十二卷（五十八至六十八、八十至一百十）

430000－2415－0001013　474－38
皇朝經世文編一百二十卷　（清）賀長齡輯　清刻本　三十八冊　存六十一卷（五十八至六十三、六十六至一百二十）

430000－2415－0001014　474－39
皇朝經世文編一百二十卷　（清）賀長齡輯　清光緒石印本　二十四冊

430000－2415－0001015　472－31
皇朝經世文三編八十卷　（清）陳忠倚輯　清光緒二十七年（1901）上海書局石印本　十六冊

430000－2415－0001016　471－30
皇朝經世文編續編一百二十卷　（清）饒玉成輯　清光緒七年（1881）雙峰書屋刻本　二十九冊

430000－2415－0001017　473－34
皇朝經世文編續編一百二十卷　（清）葛士濬輯　清光緒十七年（1891）廣百宋齋鉛印本　十三冊　存六十四卷（一至五、八至二十、二十九至三十二、三十九至四十七、五十五至七十一、九十八至一百四、一百十二至一百二十）

430000－2415－0001018　472－32
皇朝經世文編續編一百二十卷　（清）饒玉成輯　清光緒二十四年（1898）上海文盛書局石印本　二十冊

430000－2415－0001019　472－33
皇朝經世文編續編一百二十卷　（清）饒玉成輯　清光緒石印本　十八冊　存六十六卷（二至三十一、五十七至八十二、九十一至九十三、九十八至一百四）

430000－2415－0001020　475－41
唐宋八大家古文讀本三十卷　（清）沈德潛撰　清光緒二十四年（1898）上海江左書林石印本　六冊

430000－2415－0001021　475－50
東萊先生古文關鍵二卷　（宋）呂祖謙輯　清光緒二十四年（1898）江蘇書局刻本　二冊

430000－2415－0001022　475－51
選注六朝唐賦不分卷　（清）馬傳庚選註　清光緒刻本　一冊

430000－2415－0001023　476－52

八家四六文注八卷首一卷附補注一卷　(清)許貞幹註　清光緒十八年(1892)鉛印本　十四册

430000－2415－0001024　476－53
八家四六文注八卷　(清)許貞幹註　清刻本　四册

430000－2415－0001025　484－68
國朝駢體正宗十二卷附續編八卷　(清)曾燠輯　(清)姚燮評　(清)張壽榮參　清光緒二十一年(1895)湖南崇德書局刻本　十册

430000－2415－0001026　484－69
皇朝駢文類苑十五卷　(清)姚燮輯　清光緒刻本　十九册　存十二卷(一至十二)

430000－2415－0001027　484－71
唐詩箋注十卷　(清)黄叔燦箋註　清刻本　一册　存一卷(四)

430000－2415－0001028　484－72
古唐詩合解十二卷　(清)王堯衢註　(清)李模　(清)李桓校　清尚德堂刻本　二册　存八卷(一至三、八至十二)

430000－2415－0001029　484－72/2
古唐詩合解十二卷　(清)王堯衢註　(清)李模　(清)李桓校　清尚德堂刻本　二册　存八卷(一至三、八至十二)

430000－2415－0001030　484－73
中晚唐詩二種二十一卷　(清)劉雲份輯　清刻本　二册

430000－2415－0001031　486－77
十八家詩鈔二十八卷　(清)曾國藩纂　清刻本　九册　存九卷(六至九、二十三至二十五、二十七至二十八)

430000－2415－0001032　486－78
全唐詩十二函一百二十册九百卷　(清)曹寅(清)彭定求等編　清刻本　一百二册　存第一函一至九,第二函一至十,第三函三至九,第四函二至十,第五函四、六、八至十,第六函一至十,第七函一至五、七至十,第八函一至四、六至十,第九函二至六、八,第十函一至十,第十一函一至十,第十二函一至四、六至十

430000－2415－0001033　491－83
學海堂四集二十八卷　(清)金錫齡輯　清光緒啟秀山房刻本　十三册　存二十三卷(二至三、六至十五、十八至二十八)

430000－2415－0001034　492－84
漢魏六朝百三家集一百十八卷　(明)張溥編　清光緒十八年(1892)南雅書局刻本　一百十四册　存一百八卷(一至二十、二十三至三十七、三十九至六十七、六十九至九十五、九十七至九十八、一百至一百十、一百十四至一百十七)

430000－2415－0001035　493－85
宋四名家詩選六卷　(清)周之鱗　(清)柴升選輯　清光緒元年(1875)湘西章氏刻本　四册　存四卷(一、四至六)

430000－2415－0001036　493－87
御選唐宋文醇五十八卷　(清)高宗弘曆選(清)允禄等編　清刻本　十七册　存五十五卷(一至九、十三至五十八)

430000－2415－0001037　494－91
古詩源十四卷　(清)沈德潛選編　清刻本　四册　存十三卷(二至十四)

430000－2415－0001038　494－94
學案小識十四卷末一卷　(清)唐鑒撰　清刻本　十一册　存十三卷(三至十四、末一卷)

430000－2415－0001039　494－95
圓機活法詩學全書二十四卷　(明)王世貞校正　清刻本　五册　存十卷(四至七、十至十三、十六至十七)

430000－2415－0001040　496－103
和陶合箋四卷　(清)溫汝能纂　清宣統元年(1909)石印本　二册

430000－2415－0001041　496－104
縵雅堂駢體文八卷　(清)王詒壽編　清刻本

一册　存四卷(五至八)

430000－2415－0001042　496－108

尊經書院初集十二卷　王闓運輯　清光緒十一年(1885)尊經書院刻本　一册　存一卷(十一)

430000－2415－0001043　496－111

寄嶽雲齋試體詩選詳註四卷　(清)聶銑敏撰　清益和堂刻本　二册

430000－2415－0001044　496－114

唐詩三百首全集六卷　(清)孫洙手編　清刻本　一册

430000－2415－0001045　496－115

古詩源十四卷　(清)沈德潛選編　清刻本　四册

430000－2415－0001046　496－116

國朝學案小識十四卷末一卷　(清)唐鑒撰　清光緒十年(1884)刻本　一册　存二卷(一至二)

430000－2415－0001047　456－6

文選纂注評林十二卷　(南朝梁)蕭統輯　(明)張鳳翼纂註　明萬曆刻本　十一册　存十一卷(一至十一)

430000－2415－0001048　552－4

隨園詩話十六卷　(清)袁枚撰　清道光四年(1824)三讓堂刻本　十册　存十二卷(一至二、七至十六)

430000－2415－0001049　552－1

隨園詩話補遺十卷　(清)袁枚撰　清刻本　二册　存七卷(四至十)

430000－2415－0001050　552－21

陶詩彙評四卷　(清)溫汝能纂訂　清光緒元年(1875)石印本　二册

430000－2415－0001051　552－13

文心雕龍十卷　(南朝梁)劉勰撰　清光緒三年(1877)湖北崇文書局刻本　三册

430000－2415－0001052　552－13/2

文心雕龍十卷　(南朝梁)劉勰撰　清光緒三年(1877)湖北崇文書局刻本　一册

430000－2415－0001053　552－7

新論十卷　(南朝梁)劉勰撰　清光緒二十年(1894)湖南藝文書局刻本　一册

430000－2415－0001054　552－8

詩品三卷　(南朝梁)鍾嶸撰　清光緒二十年(1894)湖南藝文書局刻本　一册

430000－2415－0001055　552－16

詩品三卷　(南朝梁)鍾嶸撰　**益部方物略記一卷**　(宋)宋祁撰　**詩品二十四則一卷**　(唐)司空圖撰　**捫蝨新話十五卷**　(宋)陳善撰　清刻本　一册

430000－2415－0001056　552－17

全唐詩話八卷　(宋)尤袤撰　清刻本　三册　存六卷(三至八)

430000－2415－0001057　552－18

唐詩觀瀾二十四卷　(清)李鶴峰撰　清刻本　八册

430000－2415－0001058　552－19

杜工部詩說十二卷　(清)黄生撰　清刻本　四册

430000－2415－0001059　552－20

讀杜心解六卷　(清)浦起龍講解　清刻本　九册

430000－2415－0001060　552－23

制義叢話二十四卷　(清)梁章鉅撰　清刻本　四册　存十二卷(一至十二)

430000－2415－0001061　546－1

廿一史彈詞注十卷附明史彈詞注一卷　(明)楊慎撰　清光緒十四年(1888)小積書巖木活字本　三册　存六卷(一至六)

430000－2415－0001062　545－4

慎鸞交二卷　(清)李漁撰　清刻本　一册　存一卷(下)

430000－2415－0001063　551－22

世說新語三卷　(南朝宋)劉義慶撰　清光緒三年(1877)湖北崇文書局刻本　一册

430000－2415－0001064　551－7
酉陽雜俎二十卷　(唐)段成式撰　清光緒三年(1877)湖北崇文書局刻本　一册　存十卷(一至十)

430000－2415－0001065　546－15
酉陽雜俎二十卷續集十卷　(唐)段成式撰　汲古閣刻本　三册

430000－2415－0001066　546－6
穆天子傳六卷附補遺　(晉)郭璞註　清光緒二十年(1894)湖南藝文書局刻本　一册

430000－2415－0001067　546－7
西京雜記六卷　(漢)劉歆撰　清光緒二十年(1894)湖南藝文書局刻本　一册

430000－2415－0001068　546－8
西京雜記二卷　(漢)劉歆撰　清末石印本　一册

430000－2415－0001069　546－9
夏小正四卷　(清)任兆麟註　**穆天子傳六卷**　(漢)劉歆撰　清光緒二十年(1894)湖南藝文書局刻本　一册

430000－2415－0001070　546－10
拾遺記十卷　(前秦)王嘉撰　**述異記二卷**　(南朝梁)任昉撰　清光緒二十年(1894)湖南藝文書局刻本　二册

430000－2415－0001071　546－12
搜神記二十卷　(晉)干寶撰題　**續搜神記十卷**　(晉)陶潛撰　清光緒二十年(1894)湖南藝文書局刻本　三册

430000－2415－0001072　S546－18
北夢瑣言二十卷　(宋)孫光憲撰　清乾隆二十一年(1756)雅爾堂刻本　三册

430000－2415－0001073　546－19
太平廣記五百卷　(宋)李昉等撰　清刻本　三十二册　存二百五十九卷(十六至五十五、六十五至一百十二、一百二十一至一百六十八、一百七十五至一百八十三、二百一至二百七、二百十八至二百二十六、二百五十八至三百七、三百十六至三百二十三、三百三十一至三百三十八、三百四十七至三百六十一、三百七十至三百七十七、四百六十七至四百七十五)

430000－2415－0001074　551－20
録異記八卷　(五代)杜光庭撰　清刻本　一册

430000－2415－0001075　S551－21
摭言十五卷　(五代)王定保撰　清乾隆二十一年(1756)雅雨堂刻本　三册

430000－2415－0001076　551－26
茅亭客話十卷　(宋)黄休復撰　清汲古閣刻本　一册

430000－2415－0001077　551－27
稽神録六卷　(宋)徐鉉撰　清汲古閣刻本　一册

430000－2415－0001078　551－28
聞見前録二十卷　(宋)邵伯溫撰　**湘山野録三卷**　(宋)文瑩撰　清刻本　二册

430000－2415－0001079　551－29
聞見後録三十卷　(宋)邵博撰　清刻本　二册

430000－2415－0001080　551－30
還魂記四卷　(北齊)顔之推撰　清光緒二十年(1894)湖南藝文書局刻本　一册

430000－2415－0001081　551－31
博物志十卷　(晉)張華撰　清光緒二十年(1894)湖南藝文書局刻本　一册

430000－2415－0001082　S551－32
封氏聞見記十卷　(唐)封演撰　清乾隆二十一年(1756)雅雨堂刻本　一册

430000－2415－0001083　551－1
空谷香二卷　(清)蔣士銓撰　清刻本　一册

430000－2415－0001084　551－2
西遊真詮一百回　(清)陳士斌撰　清刻本　一册　存二十三回(七十三至九十五)

430000－2415－0001085　551－5
東周列國全志二十七卷一百八回　(清)蔡奡評點　清刻本　十二册

430000－2415－0001086　546－14
輟耕録三十卷　(明)陶宗儀撰　清刻本　三册　存二十一卷(一至二十一)

430000－2415－0001087　641－7
西堂雜俎三集八卷　(清)尤侗撰　清刻本　一册　存二卷(五至六)

430000－2415－0001088　641－16
增廣玉匣記通書六卷　(清)佚名撰　清光緒刻本　一册　存四卷(三至六)

430000－2415－0001089　S604－5
新刊簪纓必用翰苑新書前集十二卷後集七卷續集八卷别集二卷　(宋)佚名撰　明萬曆十九年(1591)仁壽堂刻本　十一册　存二十七卷(前集一至五、八至十二,後集一至七,續集一至八,别集一至二)

430000－2415－0001090　432－9
淵鑒類函四百五十卷目録四卷　(清)張英等撰　清康熙四十九年(1710)刻本(清吟堂藏板)　一百二册　存四百三十卷(四至二百二十五、二百二十九至四百十二、四百二十三至四百四十六)

430000－2415－0001091　433－9/2
淵鑒類函四百五十卷目録四卷　(清)張英等撰　清康熙四十九年(1710)刻本(清吟堂藏板)　一册　存三卷(二十七至二十九)

430000－2415－0001092　434－10
淵鑒類函四百五十卷目録四卷　(清)張英等撰　清康熙四十九年(1710)刻本(清吟堂藏板)　一百六十册　存四百五十一卷(一至二百九十四、二百九十八至四百五十,目録四卷)

430000－2415－0001093　436－11
淵鑒類函四百五十卷目録四卷　(清)張英等撰　清康熙四十九年(1710)刻本(清吟堂藏板)　一百五十五册　存四百三十一卷(一至二十六、三十至五十八、六十至九十、九十三至一百六十六、一百七十一至一百七十四、一百八十四至四百五十)

430000－2415－0001094　431－8
子史精華一百六十卷　(清)允禄等撰　清康熙四十九年(1710)刻本(清吟堂藏板)　三十册　存一百二十一卷(一至一百二十一)

430000－2415－0001095　426－6
子史精華一百六十卷　(清)允禄等撰　清光緒十三年(1887)上海積山書局刻本　四十七册　存一百五十六卷(一至九十五、一百至一百六十)

430000－2415－0001096　431－7
子史精華一百六十卷　(清)允禄等撰　清光緒十三年(1887)上海積山書局刻本　十册

430000－2415－0001097　443－13
佩文韻府四百四十四卷　(清)張玉書等撰　清康熙五十年(1711)刻本　九十七册　存一百四卷(一、四至一百六)

430000－2415－0001098　445－14
佩文韻府四百四十四卷　(清)張玉書等撰　清康熙五十年(1711)刻本　一百二十册　存七十一卷(一至七、十四至三十八、六十三至七十一、七十三至一百二)

430000－2415－0001099　442－12
廣博物志五十卷　(明)董斯張撰　清乾隆二十六年(1761)刻本(高暉堂藏板)　三十册　存四十六卷(一至三十四、三十七、四十至五十)

430000－2415－0001100　425－4
增補事類賦統編九十三卷　(宋)吴淑撰　(清)黄葆真增輯　清道光二十九年(1849)刻本　四十九册

430000－2415－0001101　556－8
文腋類編十卷　(清)劉燕輯　清同治十一年(1872)三餘書舍刻本　十六册

430000－2415－0001102　426－5

重訂事類賦三十卷　(宋)吳淑撰　清刻本　五冊　存二十五卷(六至三十)

430000－2415－0001103　451－15
韻府群玉二十卷　(元)陰時夫撰　清文光堂刻本　二十冊

430000－2415－0001104　451－17
韻府群玉二十卷　(元)陰時夫撰　清萃華堂刻本　九冊　存十八卷(三至二十)

430000－2415－0001105　452－19
韻府群玉二十卷　(元)陰時夫撰　清三讓堂刻本　十六冊　存十八卷(一至二、五至二十)

430000－2415－0001106　451－16
韻府拾遺一百六卷　(清)張玉書等撰　清光緒石印本　十二冊

430000－2415－0001107　452－18
類書纂要三十三卷　(清)周魯撰　清姑蘇三槐堂刻本　十九冊　存二十九卷(一至十三、十五至二十九、三十三)

430000－2415－0001108　452－20
太平御覽一千卷　(宋)李昉等撰　清光緒二十年(1894)上海積山書局石印本　三十一冊

430000－2415－0001109　453－21
古今類傳歲時部四卷　(清)董穀士　(清)董炳文輯　清浙江撫署刻本　二冊

430000－2415－0001110　453－22
小學紺珠十卷　(元)王應麟撰　汲古閣刻本　一冊

430000－2415－0001111　453－24
增補事類統編九十三卷　(宋)吳淑撰　(清)黃葆真增輯　清光緒二十二年(1896)文海書局石印本　十二冊

430000－2415－0001112　453－26
格致鏡原一百卷　(清)陳元龍撰　清刻本　十一冊　存五十一卷(二十一至二十六、四十九至六十、六十四至六十九、七十四至一百)

430000－2415－0001113　554－3
策學備纂三十二卷目錄三十二卷首一卷　(清)吳頴炎輯　清光緒二十三年(1897)上海點石齋石印本　四十八冊

430000－2415－0001114　554－3/2
策學備纂三十二卷目錄三十二卷首一卷　(清)吳頴炎輯　清光緒二十三年(1897)上海點石齋石印本　四十八冊

430000－2415－0001115　631－1
船山遺書　(清)王夫之撰　清同治四年(1865)湘鄉曾氏金陵節署刻本　五十九冊　存一百五十卷

430000－2415－0001116　632－2
船山遺書　(清)王夫之撰　清同治四年(1865)湘鄉曾氏金陵節署刻本　八十九冊　存二百五十七卷

430000－2415－0001117　633－3
船山遺書　(清)王夫之撰　清同治四年(1865)湘鄉曾氏金陵節署刻本　七十五冊　存二百十六卷

430000－2415－0001118　634－4
船山遺書　(清)王夫之撰　清同治四年(1865)湘鄉曾氏金陵節署刻本　四十四冊　存一百二十八卷

430000－2415－0001119　635－5
船山遺書　(清)王夫之撰　清同治四年(1865)湘鄉曾氏金陵節署刻本　十六冊　存四十七卷

430000－2415－0001120　636－7
船山史論五十二卷　(清)王夫之撰　清光緒二十六年(1900)湖南澹雅書局刻本　十六冊

430000－2415－0001121　636－8
船山史論五十二卷　(清)王夫之撰　清光緒二十六年(1900)湖南澹雅書局刻本　十一冊　存三十三卷(讀通鑑論一至三、十至二十八、宋論一至十一)

430000－2415－0001122　635－6
船山史論五十二卷　(清)王夫之撰　清光緒

二十七年(1901)湖南書局刻本　十六册

430000－2415－0001123　555－4
知不足齋叢書三十集　(清)鮑廷博輯　清刻本　八十六册　存十三集(一至四、十六至二十、二十五至二十八)

430000－2415－0001124　556－6
唐代叢書一百六十四帙　(清)王文誥編　清嘉慶十一年(1806)刻本　二十二册　存一百五十九帙(一至一百四十九、一百五十五至一百六十四)

430000－2415－0001125　553－1
西學大成十二編五十六種　(清)王西清(清)盧梯青輯　清光緒二十一年(1895)上海醉六堂石印本　十二册

430000－2415－0001126　553－2
西法策學彙源十卷　(清)顧其義等輯　清光緒二十三年(1897)上海鴻寶齋書局石印本　二十四册

430000－2415－0001127　254－23
東華録六百二十四卷　王先謙編　清光緒十三年(1887)上海廣百宋齋鉛印本　十五册　存七十二卷(順治朝二十六至三十五,康熙朝四十五至五十三,雍正朝十五至十六、二十至二十三,乾隆朝五至十一、二十九至三十二、四十三至四十八、五十六至六十一、七十至七十一、九十一至九十五,嘉慶朝十六至二十、二十七至三十二,道光朝八至十三)

430000－2415－0001128　256－40
中洲野録一卷　(明)程文憲撰　清刻本　一册

430000－2415－0001129　295－6
宦鄉要則七卷　(清)張鑒瀛輯　清光緒十五年(1889)珍藝書局石印本　二册

430000－2415－0001130　295－6/2
宦鄉要則七卷　(清)張鑒瀛輯　清刻本　一册　存三卷(一至三)

430000－2415－0001131　296－1
和約彙鈔六卷首一卷　(清)謝家福輯　清光緒四年(1878)上海申報館鉛印本　四册　存五卷(一至四、首一卷)

430000－2415－0001132　296－1/2
和約彙鈔六卷首一卷　(清)謝家福輯　清光緒四年(1878)上海申報館鉛印本　三册　存四卷(一至二、四,首一卷)

430000－2415－0001133　391－1
農話十章　(清)陳啟謙撰　清光緒三十二年(1906)上海商務印書館鉛印本　一册

430000－2415－0001134　423－9
聖教理證　(西洋)白斯德望口授　清光緒三十年(1904)刻本　一册

430000－2415－0001135　423－9/2
聖教理證　(西洋)白斯德望口授　清光緒三十年(1904)刻本　一册

430000－2415－0001136　481－55
館課詩鈔　(清)龍瑛撰　清道光刻本　五册　存五卷(二至三、五至六、八)

430000－2415－0001137　481－56
館課賦鈔　(清)龍瑛撰　清道光刻本　一册　存一卷(五)

430000－2415－0001138　482－62
正續古文辭類纂三十四卷　(清)姚鼐輯　清光緒三十三年(1907)上海商務印書館鉛印本　十册

430000－2415－0001139　534－68
梅村詩集四十卷　(清)吳偉業撰　清嘉慶十九年(1814)刻本　十二册　存十八卷(一至十八)

430000－2415－0001140　545－8
宋六十一家詞選十二卷　(清)馮煦編　清宣統二年(1910)上海掃葉山房石印本　四册

430000－2415－0001141　605－8
明律集解附例三十卷　(清)鄭繼芳等訂正　清光緒三十四年(1908)刻本　十册

430000－2415－0001142　616－24

陳文肅公[大受]年譜　(清)陳輝祖撰　清光緒十六年(1890)素園刻本　一册

430000－2415－0001143　641－24
南風報　南風報社編　清宣統三年(1911)南風報社鉛印本　一册

430000－2415－0001144　656－2
湖南京旅公立學堂期末通知書　湖南京旅公立學堂編　清光緒三十四年(1908)湖南京旅公立學堂印本　一册

永州市寧遠縣圖書館古籍普查登記目録

全國古籍普查登記目録

國家圖書館出版社
National Library of China Publishing House

430000－5416－0000001　1
康熙字典十二集　（清）張玉書等撰　清坊刻本　二十三册

430000－5416－0000002　2
康熙字典十二集　（清）張玉書等撰　清坊刻本　二十四册

430000－5416－0000003　3
康熙字典十二集　（清）張玉書等撰　清坊刻本　二十六册

430000－5416－0000004　4
康熙字典十二集　（清）張玉書等撰　清坊刻本　三册

430000－5416－0000005　5
康熙字典十二集　（清）張玉書等撰　石印本　二册

430000－5416－0000006　6
瀛環志略十卷　（清）徐繼畬撰　清刻本　一册　存二卷（三至四）

430000－5416－0000007　7
新刻異説南唐演義全傳十卷一百回　（清）如蓮居士撰　清刻本　一册　存三卷（二至四）

430000－5416－0000008　8
讀史方輿紀要十卷　（清）顧祖禹撰　清刻本　二册　存二卷（二、四）

430000－5416－0000009　9
讀史方輿紀要一百三十卷　（清）顧祖禹撰　清刻本　一册　存二卷（六至七）

430000－5416－0000010　11
説文解字句讀三十卷　（清）王筠撰　清刻本　十一册　存二十一卷（二至八、十一至十六、二十一至二十四、二十七至三十）

430000－5416－0000011　11（1）
説文解字句讀三十卷　（清）王筠撰　清刻本　一册　存一卷（八）

430000－5416－0000012　12
東周列國志二十三卷一百八回　（清）蔡界評點　清刻本　六册　存十二卷（二至三、六至七、十至十一、十六至十九、二十二至二十三）

430000－5416－0000013　12（1）
東周列國志二十三卷一百八回　（清）蔡界評點　清刻本　四册　存十三卷（四至七、九至十五、十九至二十）

430000－5416－0000014　12（2）
東周列國志二十三卷一百八回　（清）蔡界評點　清刻本　五册　存八卷（二至三、十二至十五、二十二至二十三）

430000－5416－0000015　12（3）
東周列國志二十三卷一百八回　（清）蔡界評點　清刻本　五册　存十卷（一至二、六至七、九至十、十二至十三、十八至十九）

430000－5416－0000016　12（4）
東周列國志二十三卷一百八回　（清）蔡界評點　清刻本　一册　存二卷（八至九）

430000－5416－0000017　12（5）
東周列國志二十三卷一百八回　（清）蔡界評點　清刻本　一册　存一卷（一）

430000－5416－0000018　12（6）
東周列國志二十三卷一百八回　（清）蔡界評點　清刻本　二册　存五卷（十三至十四、三十六至三十八）

430000－5416－0000019　13
百子金丹十卷　（清）郭偉選註　清刻本　二册　存三卷（五、八至九）

430000－5416－0000020　14
詩經八卷　（宋）朱熹集傳　清刻本　三册　存三卷（一至二、四）

430000－5416－0000021　15
附釋音毛詩注疏二十卷　（漢）鄭玄箋　清刻本　九册　存九卷（一、三、六、八、十、十五、十七至十九）

430000－5416－0000022　16
新增詩經補注附考備旨八卷　（清）鄒聖脈纂輯　清刻本　二册　存四卷（一至二、四至五）

430000－5416－0000023　17
詩經體注圖考八卷　(清)高朝瓔纂　清刻本　一冊　存二卷(四至五)

430000－5416－0000024　18
皇朝駢文類苑十四卷　(清)姚燮選　清刻本　三冊　存三卷(一、十、十二)

430000－5416－0000025　19
鄉黨圖考十卷　(清)江永撰　清刻本　三冊　存七卷(四至十)

430000－5416－0000026　20
五虎平南後傳六卷四十二回　(清)□□撰　清刻本　一冊　存二卷(五至六)

430000－5416－0000027　21
四書撮言三十七卷　(清)胡蓉芝撰　清徽州黟縣五都臨川書屋刻本　八冊　存十五卷(論語一至三、十一至十六,孟子三至八)

430000－5416－0000028　21(1)
四書撮言三十七卷　(清)胡蓉芝撰　清刻本　四冊　存七卷(論語十一至十二,孟子七至八、十一至十三)

430000－5416－0000029　22
法戒錄八卷　清刻本　八冊　缺一卷(八)

430000－5416－0000030　24
七家詩選註釋七卷　(清)張熙宇輯評　清刻本　一冊　存四卷(一至四)

430000－5416－0000031　25
書經體註六卷　(清)范翔纂　清刻本　二冊　存四卷(一至二、五至六)

430000－5416－0000032　26
書經六卷　(宋)蔡沈集傳　清刻本　三冊

430000－5416－0000033　27
漱芳軒合纂四書體註十九卷　(清)范翔纂　清經元堂刻本　一冊　存二卷(孟子六至七)

430000－5416－0000034　28
文選六十卷　(南朝梁)蕭統輯　(唐)李善等註　清經元堂刻本　三冊　存十卷(一至四、十四至十九)

430000－5416－0000035　29
唐詩合選詳解十二卷　(清)劉文蔚註釋　清刻本　二冊　存五卷(八至十二)

430000－5416－0000036　30
廣治平略四十四卷　(清)蔡方炳撰　清光緒二十八年(1902)月香主人刻本　十一冊　缺二卷(四十一至四十二)

430000－5416－0000037　31
增補事類統編九十三卷　(清)黃葆真增輯　清刻本　六冊　存十卷(六至七、三十四至三十五、四十至四十一、五十九至六十、六十六至六十七)

430000－5416－0000038　31
增補事類統編九十三卷　(清)黃葆真增輯　清刻本　二十四冊　存七十五卷(三至六、十一至三十三、三十八至四十三、四十七至六十一、六十四至九十)

430000－5416－0000039　32
四書異同商六卷　(清)黃鶴撰　清光緒二十年(1894)澹雅書局刻本　七冊

430000－5416－0000040　33
讀通鑑論三十卷宋論十卷　(清)王夫之撰　清刻本　十五冊　缺四卷(讀通鑑論十至十三)

430000－5416－0000041　34
三國志六十五卷附考證　(晉)陳壽撰　(南朝宋)裴松之註　清同治十年(1871)成都書局刻本　十六冊

430000－5416－0000042　35
大文堂重訂古文釋義新編八卷　(清)余誠評註　清刻本　四冊

430000－5416－0000043　35(1)
大文堂重訂古文釋義新編八卷　(清)余誠評註　清刻本　二冊　存二卷(五至六)

430000－5416－0000044　36
文光堂重訂古文釋義新編八卷　(清)余誠評註　清文光堂刻本　二冊　存四卷(五至八)

430000－5416－0000045　37
安定堂重訂古文釋義新編八卷　(清)余誠評註　清安定堂刻本　二册　存二卷(七至八)

430000－5416－0000046　38
古文釋義新編八卷　(清)余誠評註　清經元堂刻本　二册　存四卷(一至四)

430000－5416－0000047　39
三讓堂重訂古文釋義新編八卷　(清)余誠評註　清三讓堂刻本　一册　存二卷(一至二)

430000－5416－0000048　40
古文析義六卷　(清)林雲銘註　清刻本(長沙積經堂藏板)　三册　存三卷(一、四至五)

430000－5416－0000049　41
文選六十卷　(南朝梁)蕭統輯　(唐)李善等註　清刻朱墨套印本　一册　存二卷(五十二至五十三)

430000－5416－0000050　42
聊齋志異十六卷　(清)蒲松齡撰　清刻本　二册　存二卷(六、十四)

430000－5416－0000051　43
新鋟後續南北兩宋繡像狄青初傳十四卷六十八回　(清)李雨堂撰　清刻本　一册　存三卷(六至八)

430000－5416－0000052　46
醫宗説約六卷　(清)蔣示吉撰　清刻本　一册　存二卷(五至六)

430000－5416－0000053　45
今古奇觀四十卷　(明)抱瓮老人輯　清刻本　一册　存二卷(七至八)

430000－5416－0000054　44
增訂精忠演義説本全傳二十卷八十回　(清)錢彩編次　清刻本　一册　存二卷(十九至二十)

430000－5416－0000055　45
春秋經傳集解三十卷　(晋)杜預撰　(唐)陸德明音義　清刻本　六册　存十二卷(五至六、十三至十四、十七至十八、二十三至二十八)

430000－5416－0000056　46.1
評點春秋綱目句解左傳彙雋六卷　(清)韓菼訂　清安定堂刻本　八册　存三卷(一至二、四)

430000－5416－0000057　47
重訂批點春秋左傳詳節句解六卷　(宋)朱申註釋　(明)孫鑛批點　清刻本　一册　存一卷(二)

430000－5416－0000058　48
經餘必讀八卷續編八卷三編四卷　(清)雷琳等輯　清嘉慶十二年(1807)益元堂刻本　五册　存十二卷(一至四、七至八，續編七至八，三編四卷)

430000－5416－0000059　49
四書味根録三十七卷　(清)金澂輯　清刻本　十二册

430000－5416－0000060　50
龍文鞭影四卷　(明)蕭良有纂輯　(清)楊臣諍增訂　(清)李恩綬校補　清刻本　二册

430000－5416－0000061　50(1)
龍文鞭影四卷　(明)蕭良有纂輯　(清)楊臣諍增訂　(清)李恩綬校補　清刻本　二册

430000－5416－0000062　51
周易四卷　(宋)朱熹集注　清刻本　一册　存二卷(二至三)

430000－5416－0000063　51(1)
周易四卷　(宋)朱熹集注　清刻本　一册　存二卷(二至三)

430000－5416－0000064　51(2)
周易四卷　(宋)朱熹集注　清刻本　一册　存二卷(二至三)

430000－5416－0000065　52
禮記十卷　(元)陳澔集説　清刻本　二册　存二卷(四至五)

430000－5416－0000066　52(1)
禮記十卷　(元)陳澔集説　清刻本　二册

存二卷(八、十)

430000－5416－0000067　52(2)
禮記十卷　(元)陳澔集說　清刻本　二冊　存二卷(三、七)

430000－5416－0000068　53
四書撮言三十七卷　(清)胡蓉芝撰　清刻本　四冊　存六卷(論語九至十、十三至十四,孟子九至十)

430000－5416－0000069　54
重訂文選集評十五卷　(清)于光華編　清刻本　一冊　存一卷(五)

430000－5416－0000070　55
昭明文選六臣彙注疏解十九卷　(清)顧施楨纂輯　清耕心堂刻本　一冊　存二卷(八至九)

430000－5416－0000071　56
御註孝經一卷　(唐)玄宗李隆基註　清刻本　一冊

430000－5416－0000072　57
備旨體註合訂□□卷　清刻本　一冊　存二卷(一至二)

430000－5416－0000073　58
新訂四書補註備旨十卷　(明)鄧林撰　(清)杜定基增訂　清刻本(方益元堂家藏板)　一冊　存一卷(一)

430000－5416－0000074　59
斷易金鑑三卷　清刻本　一冊　存一卷(中)

430000－5416－0000075　60
詩經增訂旁訓四卷　清刻本　一冊　存一卷(三)

430000－5416－0000076　61
象吉備要通書二十九卷　(清)魏鑒撰　清刻本　一冊　存二卷(八至九)

430000－5416－0000077　62
第五才子書水滸傳七十五卷七十回　(元)施耐庵撰　(清)金人瑞評　清刻本　五冊　存十九卷(二十三至二十七、五十至五十二、六十一至七十一)

430000－5416－0000078　62(1)
第五才子書水滸傳七十五卷七十回　(元)施耐庵撰　(清)金人瑞評　清刻本　二冊　存十卷(十八至二十一、三十四至三十九)

430000－5416－0000079　63
第一才子書六十卷一百二十回　(明)羅貫中撰　(清)毛宗崗評　清刻本　十冊

430000－5416－0000080　64
第一才子書六十卷一百二十回　(明)羅貫中撰　(清)毛宗崗評　清刻本　八冊

430000－5416－0000081　65
五虎平西前傳十四卷一百十二回　(清)□□撰　清刻本　一冊　存二卷(十三至十四)

430000－5416－0000082　100
歷代名臣言行錄二十四卷　(清)朱桓輯　清光緒二十六年(1900)湖南書局刻本　六冊　存六卷(一、三、十一、十五、十八、二十)

430000－5416－0000083　101
歷代名臣言行錄二十四卷　(清)朱桓輯　清刻本　十一冊　存十一卷(三上、四、七、十一下、十四至十五上、十六上、十八、二十一下至二十二、二十四)

430000－5416－0000084　102
再重訂傷寒集註十一卷　(清)舒詔撰　清刻本　二冊　存九卷(三至十一)

430000－5416－0000085　103
醫方集解□□卷　(清)汪昂撰　清刻本(安定堂書坊)　一冊　存一卷(二)

430000－5416－0000086　104
張仲景傷寒論原文淺註六卷長沙方歌括六卷　(清)陳念祖撰　清刻本　二冊　存四卷(傷寒論五至六、歌括四至五)

430000－5416－0000087　105
重訂七政臺曆萬年書　清照齋訂　清刻本　二冊

430000－5416－0000088　106

新編評註通玄先生張果星宗大全十卷 （元）鄭希誠註 （明）陸位校 清刻本 一冊 存二卷（三至四）

430000－5416－0000089 107
新鐫曆法便覽象吉備要通書二十九卷 （清）魏鑒撰 清刻本 二冊 存六卷（十二至十七）

430000－5416－0000090 108
鼎鍥趙田了凡袁先生編纂古本歷史大方綱鑑補三十九卷首一卷 （明）袁黄編纂 **御撰資治通鑑綱目三編二十卷** （清）高宗弘曆敕撰 清刻本 二十七冊

430000－5416－0000091 109
資治通鑑綱目前編十八卷正編五十九卷續編二十七卷 （明）陳仁錫評閱 清刻本 十六冊 存二十卷（前編六至八，正編四、九至十二、十六至二十、二十五、四十、五十九，續編四、六、八至九）

430000－5416－0000092 110
批選續四書義六卷 張謇評選 石印本 一冊 存二卷（五至六）

430000－5416－0000093 111
四書典制三十三卷 （清）閻其淵輯 清刻本 四冊 存四卷（八至十一）

430000－5416－0000094 112
湖南全省掌故備考三十五卷 王先謙纂 清光緒十四年（1888）長沙刻本 五冊 存十二卷（六、十二至十七、二十七至二十八、三十至三十二）

430000－5416－0000095 113
史論正鵠初集四卷二集□□卷 （清）王樹敏評點 石印本 五冊 存五卷（初集二至三、二集三至五）

430000－5416－0000096 114
詩學含英十四卷詩韻含英六卷 （清）劉文蔚輯 清刻本 四冊

430000－5416－0000097 115
賦學正鵠集釋十一卷 （清）李元度輯註 清光緒七年（1881）長沙金光樓刻本 一冊 存一卷（一）

430000－5416－0000098 116
新鐫趙田了凡袁先生編纂古本歷史大方綱鑑補四十卷 （明）袁黄編纂 **御撰資治通鑑綱目三編二十卷** （清）高宗弘曆敕撰 清光緒二十九年（1903）益元書局刻本 十八冊 存二十八卷（十三至十五、十九、二十二至三十二、三十四至四十，三編一至六）

430000－5416－0000099 117
新鐫珍珠旗五虎平西狄青演義□□卷 清刻本 一冊 存二卷（三至四）

430000－5416－0000100 118
新刻異説南唐演義全傳十卷一百回 （清）如蓮居士撰 清刻本 一冊 存二卷（五至六）

430000－5416－0000101 119
洗冤錄詳義四卷 （清）許槤編校 清刻本 一冊 存二卷（三至四）

430000－5416－0000102 120
增補綱鑑輯要四十卷首一卷 （明）袁黄編纂 **御撰資治通鑑綱目三編二十卷** （清）高宗弘曆敕撰 清光緒二十九年（1903）益元書局刻本 二十一冊 存三十九卷（一至八、十四至十五、十七至十八、二十至二十三、二十六至二十九、三十一至三十八，首一卷；三編一至十）

430000－5416－0000103 121
增補綱鑑輯要四十卷首一卷 （明）袁黄編纂 清刻本 十五冊 存二十二卷（五至八、十一、十三至十四、十六至二十二、二十五至二十九、三十六至三十八）

430000－5416－0000104 122
尺木堂綱鑑易知錄九十二卷 （清）吳乘權等輯 鉛印本 二冊 存十四卷（六至十二、六十一至六十七）

430000－5416－0000105 123
御批歷代通鑑輯覽一百二十卷 （清）傅恒等

撰　上海廣益書局石印本　三冊　存十二卷(四十六至五十、七十六至七十九、一百十一至一百十三)

430000－5416－0000106　124
批點春秋左傳綱目句解彙雋六卷　(清)韓菼撰　石印本　一冊　存一卷(二)

430000－5416－0000107　125
御批歷代通鑑輯覽一百二十卷　(清)傅恒等撰　石印本　八冊　存四十五卷(十五至二十七、四十七至五十二、五十八至六十二、六十九至七十八、九十一至九十五、一百七至一百十二)

430000－5416－0000108　126
訂正東醫寶鑑二十三卷目錄二卷　(朝鮮)許浚撰　上海校經山房石印本　一冊　存二卷(目錄二卷)

430000－5416－0000109　127
增註秋水軒尺牘四卷　(清)許思湄著　(清)婁世瑞註　寄虹軒主人輯　石印本　一冊　存二卷(一至二)

430000－5416－0000110　128
言文對照秋水軒尺牘四卷　(清)許思湄著　石印本　一冊　存一卷(三)

430000－5416－0000111　129
綱鑒總論不分卷　(清)周道卿編　清光緒二十三年(1897)澹雅書局刻本　二冊

430000－5416－0000112　130
新鐫玉茗堂批點按鑒補楊家將傳十卷五十回　(明)研石山樵訂正　清刻本　三冊

430000－5416－0000113　131
鼎鍥趙田了凡袁先生編纂古本歷史大方綱鑑補三十九卷首一卷　(明)袁黄編纂　**御撰資治通鑑綱目三編二十卷**　(清)高宗弘曆敕撰　清經綸堂刻本　二十八冊　存五十五卷(一至二、五至九、十一至二十、二十二至三十、三十二至三十九,首一卷;三編二十卷)

430000－5416－0000114　132
御批歷代通鑑輯覽一百二十卷　(清)傅恒等撰　清刻本　九冊　存十八卷(十一至十四、三十三至三十四、七十一至七十二、八十七至八十八、一百一至一百二、一百九至一百十、一百十五至一百十八)

430000－5416－0000115　133
庸庵外篇二卷　(清)薛福成撰　清刻本　一冊

430000－5416－0000116　134
書經體註大全合參六卷　(清)錢希祥纂輯　**詩經體註大全合參八卷**　(清)沈世階輯　清刻本　二冊　存八卷(書經四至六、詩經四至八)

430000－5416－0000117　135
批點聊齋志異十六卷　(清)蒲松齡撰　(清)王士禛評　(清)何守奇批點　清刻本　二冊　存四卷(一至二、十一至十二)

430000－5416－0000118　136
新鐫全像武穆精忠傳八卷　(明)熊大木撰　清刻本　一冊　存二卷(三至四)

430000－5416－0000119　137
增訂精忠演義説本全傳二十卷八十回　(清)錢彩編次　清刻本　二冊　存四卷(三至四、十六至十七)

430000－5416－0000120　138
增訂精忠演義説岳全傳二十卷八十回　(清)錢彩編次　清刻本　一冊　存三卷(十六至十八)

430000－5416－0000121　139
今古奇觀四十卷　(明)抱瓮老人輯　清刻本　三冊　存十八卷(一至十三、二十一至二十五)

430000－5416－0000122　140
第一才子書零本　(明)羅貫中撰　(清)毛宗崗評　清刻本　九冊

430000－5416－0000123　141
第五才子書水滸傳七十五卷七十回　(元)施耐庵撰　(清)金人瑞評　清刻本　一冊　存三卷(四至六)

郴州市桂東縣圖書館古籍普查登記目録

全國古籍普查登記目録

國家圖書館出版社
National Library of China Publishing House

430000－5412－0000001　A0001
康熙字典十二卷　(清)張玉書等編撰　清光緒十三年(1887)石印本　五册　缺亥集

430000－5412－0000002　A0002
詩經增訂旁訓四卷　清刻本　四册　存三卷(一至三)

430000－5412－0000003　A0003
禮記增訂旁訓六卷　(元)陳澔撰　清刻本(三讓堂藏板)　五册　存五卷(一至四、六)

430000－5412－0000004　A0004
春秋增訂旁訓四卷　(清)徐立綱撰　清刻本　一册　存三卷

430000－5412－0000005　A0005
國朝全蜀詩鈔六十四卷　(清)孫桐生輯　清刻本　四册　存十三卷(二十一至二十二、三十至三十三、四十一至四十七)

430000－5412－0000006　A0006
飲冰室壬寅癸卯全集二十卷　梁啟超撰　清光緒二十九年(1903)石印本　六册　存六卷(一、三至四、八、十至十一)

430000－5412－0000007　A0007
不可録一卷　(清)蔣仲子撰　清宣統元年(1909)刻本　一册

430000－5412－0000008　A0008
駱賓王文集十卷　(唐)駱賓王撰　清宣統三年(1911)石印本　二册

430000－5412－0000009　A0009
御批歷代通鑑輯覽一百二十卷　(清)高宗弘曆御批　清光緒二十九年(1903)刻本　一册　存五卷(一至五)

430000－5412－0000010　A0010
御批增補了凡綱鑑　(明)袁黄編纂　清光緒三十年(1904)石印本　二册　存七卷(一至三、三十七至四十)

430000－5412－0000011　A0011
樊山公牘四卷　樊增祥撰　清宣統三年(1911)刻本　二册

430000－5412－0000012　A0012
御案春秋左傳經解備旨十二卷　(清)鄒聖脈撰　清刻本　一册　存十卷

430000－5412－0000013　A0013
曾文正公文集三卷　(清)曾國藩撰　清光緒二年(1876)傳忠書局刻本　三册

430000－5412－0000014　A0016
重訂王鳳洲先生綱鑑會纂四十六卷　(明)王世貞撰　清石印本　一册　存八卷(二十九至三十六)

430000－5412－0000015　A0017
歷代名臣言行録二十四卷　(清)朱桓撰　清石印本　四册　存十二卷(八至十九)

430000－5412－0000016　A0018
歷代名臣言行録二十四卷　(清)朱桓撰　清鉛印本　一册　存二卷(十九至二十)

430000－5412－0000017　A0027
御選資治通鑑綱目三編六卷　(清)張廷玉等撰　清刻本　二册

430000－5412－0000018　A0029
文選考異十卷　(清)胡克家撰　清刻本　一册　存四卷(一至四)

430000－5412－0000019　A0036
續古文辭類纂三十四卷　王先謙輯　清光緒三十三年(1907)鉛印本　九册

430000－5412－0000020　A0044
御批歷代通鑑輯覽一百二十卷　(清)傅恒等纂　清光緒三十年(1904)鉛印本　三十三册　存九十八卷(一至三、八至三十五、三十九至四十一、四十八至五十九、六十三至八十一、八十五至八十七、九十一至一百二十)

430000－5412－0000021　A0045
兩朝御批通鑑輯覽一百二十卷　(清)傅恒等纂　清石印本　二十一册　存一百四卷(七至二十九、三十五至四十、四十六至一百二十)

430000－5412－0000022　A0058

點評春秋綱目左傳句解彙雋六卷　（清）韓菼重訂　清石印本　三册

430000－5412－0000023　A0078
增批歷史綱鑑補註三十九卷　（明）袁黄（明）王世貞撰　清宣統元年（1909）石印本十册　存三十七卷（一至二、四至六、八至三十九）

430000－5412－0000024　A0086
文選六十卷　（南朝梁）蕭統輯　清刻本　五册　存二十五卷（十一至三十五）

《衡陽市圖書館古籍普查登記目録》
書名筆畫字頭索引

二畫

三畫

四畫

五畫

六畫

七畫

八畫

九畫

十畫

十一畫

十二畫

十三畫

十四畫

十五畫

十六畫

十七畫

十八畫

十九畫

二十畫

二十一畫

二十二畫

二十三畫

二十四畫

《衡陽市圖書館古籍普查登記目録》
書名筆畫索引

二畫

三畫

四畫

五畫

六畫

七畫

八畫

九畫

十畫

十一畫

十二畫

十三畫

十四畫

十五畫

十六畫

十七畫

十八畫

十九畫

二十畫

二十一畫

二十二畫

二十三畫

二十四畫

《衡陽市衡南縣圖書館古籍普查登記目録》
書名筆畫字頭索引

二畫

四畫

五畫

八畫

九畫

十畫

十一畫

十二畫

十三畫

十四畫

十五畫

十六畫

十七畫

二十一畫

二十二畫

《衡陽市衡南縣圖書館古籍普查登記目録》
書名筆畫索引

二畫

四畫

五畫

八畫

九畫

十畫

十一畫

十二畫

十三畫

十四畫

十五畫

十六畫

十七畫

二十一畫

二十二畫

《衡陽市衡山縣圖書館古籍普查登記目録》
書名筆畫字頭索引

二畫

三畫

四畫

五畫

六畫

七畫

八畫

九畫

十畫

十一畫

十二畫

十三畫

十四畫

十五畫

十六畫

十七畫

十八畫

二十一畫

二十二畫

《衡陽市衡山縣圖書館古籍普查登記目録》
書名筆畫索引

二畫

三畫

四畫

五畫

六畫

七畫

八畫

九畫

十畫

十一畫

十二畫

十三畫

十四畫

十五畫

十六畫

十七畫

十八畫

二十一畫

二十二畫

《衡陽市衡東榮桓圖書館古籍普查登記目録》
書名筆畫字頭索引

四畫

五畫

六畫

八畫

九畫

十畫

十二畫

十三畫

十四畫

十五畫

十六畫

二十二畫

《衡陽市衡東榮桓圖書館古籍普查登記目録》
書名筆畫索引

四畫

五畫

六畫

八畫

九畫

十畫

十二畫

十三畫

十四畫

十五畫

十六畫

二十二畫

《永州市零陵區圖書館古籍普查登記目録》
書名筆畫字頭索引

二畫

三畫

四畫

五畫

六畫

七畫

八畫

九畫

十畫

十一畫

十二畫

十三畫

十四畫

十五畫

十六畫

十七畫

十八畫

十九畫

二十畫

二十一畫

二十二畫

二十三畫

二十四畫

二十六畫

《永州市零陵區圖書館古籍普查登記目録》
書名筆畫索引

二畫

三畫

四畫

五畫

六畫

七畫

八畫

九畫

十畫

十一畫

十二畫

十三畫

十四畫

十五畫

十六畫

十七畫

十八畫

十九畫

二十畫

二十一畫

二十二畫

二十三畫

二十四畫

二十六畫

《永州市祁陽陶鑄圖書館古籍普查登記目録》
書名筆畫字頭索引

二畫

三畫

四畫

五畫

六畫

七畫

八畫

九畫

十畫

十一畫

十二畫

十三畫

十四畫

十五畫

十六畫

十七畫

十八畫

十九畫

二十畫

二十一畫

二十二畫

二十四畫

《永州市祁陽陶鑄圖書館古籍普查登記目録》
書名筆畫索引

二畫

三畫

四畫

五畫

六畫

七畫

八畫

九畫

十畫

十一畫

十二畫

十三畫

十四畫

十五畫

十六畫

十七畫

十八畫

十九畫

二十畫

二十一畫

二十二畫

二十四畫

《永州市寧遠縣圖書館古籍普查登記目録》
書名筆畫字頭索引

二畫

三畫

四畫

五畫

六畫

七畫

八畫

九畫

十畫

十一畫

十二畫

十三畫

十四畫

十五畫

十六畫

十七畫

十八畫

十九畫

二十二畫

《永州市寧遠縣圖書館古籍普查登記目録》
書名筆畫索引

二畫

三畫

四畫

五畫

六畫

七畫

八畫

九畫

十畫

十一畫

十二畫

十三畫

十四畫

十五畫

十六畫

十七畫

十八畫

十九畫

二十二畫

《郴州市桂東縣圖書館古籍普查登記目録》
書名筆畫字頭索引

四畫

八畫

九畫

十一畫

十二畫

十三畫

十五畫

十六畫

十七畫

二十一畫

《郴州市桂東縣圖書館古籍普查登記目録》
書名筆畫索引

四畫

八畫

九畫

十一畫

十二畫

十三畫

十五畫

十六畫

十七畫

二十一畫